우리가 몰랐던
북간도 독립운동
이야기

우리가 몰랐던
북간도 독립운동
이야기

이옥희 지음

바이북스
ByBooks

척박한 만주 땅에서

벼농사를 일구어낸

조선 소작인들,

절망 속에서

조국의 독립을 꿈꾸었던

경신참변의 희생자들,

그리고

자유시참변의 희생자들에게

경신참변 100주년,

자유시참변 99주년 되는 해에

뜨거운 마음을 작은 책에 담아

충심으로 감사와 경의를 표합니다.

가슴으로 쓴
《우리가 몰랐던 북간도 독립운동 이야기》
출판을 축하하며

이원택 (국회의원, 전북 김제시 · 부안군)

평화를 빕니다!

이원택 국회의원입니다.

우리나라 일제강점기 시절에 있었던 잘 알려지지 않은 북간도의 기독교 독립운동 이야기와 왜곡되거나 잘못 알려진 독립운동 이야기를 화산처럼 뜨거운 가슴으로 쓴, 이옥희 저자의《우리가 몰랐던 북간도 독립운동 이야기》출판을 진심으로 축하드립니다.

역사를 잊은 민족에게 미래는 없다!

이 책을 통해 독립운동가들의 가슴에 불탔던 조국 사랑과 독립을 위한 고난과 희생을 기억하며 다시 한 번 역사를 잊은 민족에게는 미래가 없다는 사실을 되새기는 시간이 되길 기원합니다.

독립운동에 관한 많은 책이 있지만《우리가 몰랐던 북간도 독립운동 이야기》는 초기 북간도 기독교인들이 각종 단체를 통해 펼쳤던 독립운동을 자세하게 소개하고 있습니다. 그들은 독립운동의 일환으로 교회와 학교를 세우며 교육과 신앙에 근거한 구국론을 설파했습니다. 그들은 용정에서 3·13 만세시위를 주도하여 독립선언식을 하였습니다. 그러나 일제의 무차별 사격으로 평화시위가 유혈사태로 끝나자 기독교인들은 마침내 총을 들었습니다. 그리하여 캐나다장로교 교회를 지회로 해서 만든 간도지역에서 가장 큰 〈간도국민회〉가 탄생하였고 안무가 이끈 〈국민회군〉은 〈간도국민회〉 산하의 독립군으로서 〈봉오동전투〉와 〈청산리전투〉에 참여를 해서 빛나는 승리를 거두었습니다.

역사는 되풀이 된다!

그러나 지금 우리들은 우리나라의 고통스러운 식민지 통치, 피 흘린 독립운동, 나라를 지키기 위한 지난한 역사에 대해 무관심합니다. 역사는 얼마든지 반복될 수 있습니다. 그러므로 우리는 수치스럽고 고통스러웠던 과거를 잊지 말고 교훈을 삼아 아픈 역사를 되풀이하지 않도록 깨어있어야 합니다. 그러기 위해서 우리는 독립운동사를 공부하며 스스로를 지키기 위한 결단과 준비를 하며 망국의 시간을 살아 낸 우리 조상들에 대한 고마운 마음을 잊지 않아야 합니다.

평소 독립운동 역사에 대해 관심이 없었던 분들도 《우리가 몰랐던 북간도 독립운동 이야기》를 읽으시면 일제강점기 시절 나라를 잃고 북간도에서 조국의 독립을 염원하며 산화했던 우리 조상들의 역사를 가슴에 새기고, 수많은 선열들의 고귀한 희생과 애국헌신 정신이 조국 광복과 건국으로 성취되었다는 사실을 깨닫게 될 것입니다.

기독교의 영향을 받아 독립운동가의 길로 들어선 분들의 삶. 그리고 그 역사의 맥을 조명하여 어렵게 책을 펴내신 저자와 이 책을 쓰는데 물심양면으로 협조해주신 모든 분들께 감사와 아낌없는 박수를 보냅니다.

사랑만이 가슴에 남는다!

저자는 어렸을 때 기독교에 입문하였습니다. 매사에 다른 사람의 입장을 먼저 생각하고 배려하는 따스한 사람이었습니다. 항상 자신을 겸허히 돌아보며 기도하며 남에게 위로와 도움이 되는 기독인으로서 하나님 나라에 대한 희망을 가지고 살았으며 하나님 나라에 대한 희망을 사람들과 나누려고 노력하였습니다. 제가 이렇게 말할 수 있는 것은 저자가 저의 큰 누님이어서 늘 곁에서 보았기 때문입니다.

지난 1997년 저자는 당시 40세에 하나님 나라에 대한 소망으로 많은 사람들의 만류에도 불구하고 여성의 인권과 안전이 보장되지 않는 열악한 인도에 가서 선교 활동을 펼쳤고, 어느덧 20여 년의 세월이 흘렀습니다.

그는 지난 20여 년간 인도 달리트들에게 복음을 전하며 배움의 기회를 가난한 학생들과 나누고자 학교를 세웠고 에이즈로 부모를 잃은 고아들을 위하여 고아원을 세우는 등 많은 일들을 하였습니다. 타국에서의 나그네 살이는 결코 쉽지 않았을 겁니다. 그러나 그는 역경을 이겨내며 달리트와 아디바시 속에서 희망으로 존재하고자 혼신을 다하였습니다.

그러나 뜻밖의 일로 인하여 인도 밖으로 나오며 절망에 빠지기도 하였습니다. 그럼에도 불구하고 그는 그것을 핑계 삼아 적당히 안일하게 살지 않고 계속 도전하였습니다. 그가 중국에서 거주한 3년 사이에 중국어 공부와 인도사역을 계속하며 전공과는 전혀 거리가 먼 역사 이야기를,《우리가 몰랐던 북간도 독립운동 이야기》로 써서 출판하였다는 것 자체가 그의 뼈를 깎는 치열한 삶을 웅변해줍니다. 그의 그런 자세와 태도가 남은 여정에서 어떤 새로운 역사와 기적을 이루어낼지 기대가 됩니다.

그는 모금하고 섬기며 죽도록 수고한 자신의 삶을 《선교사는 거지다》, 《사랑만이 가슴에 남는다》 등에 기록하여 많은 사람들의 가슴을 따스한 눈물로 촉촉이 적셔 주었습니다.

오늘 우리 대한민국은 구춘선 간도국민회 회장, 황병길 대장, 이동춘 회장과 같은 수많은 독립운동유공자들과 경신참변과 자유시참변에서 학살당하신 수많은 무명의 투사들의 희생과 죽음으로 탄생하였습니다. 우리 후손들에게는 지금 이 땅에서 그 분들이 꾸었던 꿈을 펼쳐 나가가야 할 의무와 책임이 있습니다. 저는 저자처럼 애타는 심정으로 그러한 뜻을 받들어 부강하고 자유로운 조국, 평화와 소통의 미래를 향하여 한 명의 국회의원으로서 미력하나마 최선을 다하고자 합니다.

저자 이옥희의 《우리가 몰랐던 북간도 독립운동 이야기》 출판을 자랑스럽게 생각합니다. 이 책은 그의 가슴의 온도만큼 뜨겁고 간절하며 진지합니다. 때로는 너무 자세하고 섬세해서 한 편의 논문을 읽는 기분이 들기도 합니다. 그러나 이 책은 우리를 독립운동의 현장인 북간도로 안내하여 우리를 제2, 제3의 독립운동가로 만들 것 입니다. 다시 한 번 귀한 책을 써주신 저자에게 깊은 감사를 드리며 출판을 진심으로 축하드립니다. 그리고 이 자리를 통해 독립군과 독립운동가의 후손 분들에게도 깊은 위로와 뜨거운 감사를 전하고 싶습니다. 감사합니다.

민(民)의 민(民)에 의한
민(民)을 위한 역사의 노래

이정덕 (전북대 글로벌 프론티어 칼리지 학장)

조선말 1800년대 중엽부터 많은 조선인들이 압록강과 두만강 넘어 간도로 가서 농지를 개간하며 삶을 개척하였고 1900년에 이미 10만 명이 넘는 사람이 간도로 이주하였다. 이러한 흐름은 일제의 침략이 시작되며 더욱 가속화되었다. 처음에는 함경북도와 평안북도에서 주로 건너갔다. 그러나 조선팔도에서 의병활동이 진퇴양난에 빠지자 의병이나 독립운동에 뜻을 둔 사람들이 간도로 건너가서 무장투쟁을 계속하였다. 특히 일제의 조선 병탄 후, 더욱 많은 지사들이 국경을 넘어가 만주에서 연해주에 이르기까지의 광대한 지역을 무장독립운동의 근거지로 만들었다.

이런 국외 독립운동이 가능했던 것은 1880년대부터 조선정부의 수탈과 학대를 피해 중국으로 건너가 정착한 기존의 조선 이주민들이 있었기 때문이었다. 망명 지사들은 그들을 기반으로 하여 민족교육과 군사교육을 위한 학교와 교회를 세웠으며 각종 종교단체들이 가세하여 독립운동의 열기가 확산되었다. 이에 일제는 1909년 중국과 〈간도협약〉을 맺고 이후에 영사관을 설치하고 간도보통학교를 세우고 보조금을 지원하여 치외법권을 이용하여 조선인들을 분열시키고 감시를 강화하였다. 또한 일본은 만주에 대한 영향력을 강화하며 독립운동을 원천, 차단하고자 조선인 마을에 친일단체를 세우며 은행융자 등으로 이간질시켰다.

북간도의 독립운동이 경신참변과 자유시참변으로 된 서리를 맞은 후, 독립운동의 무게중심이 상해로 쏠리게 되었다. 독립운동이 임정의 완전 개혁을 주장하는 창조파 사회주의계열과 임정 고수를 주장하는 민족주의 계열로 재편되었다. 물론 임정의 일부를 개혁하여 독립운동의 일치를 꾀하고자 했던 개조파가 있었지만 그들은 독립운동의 두 흐름의 간극을 뛰어넘지 못하였으며 이후로 간도를 포함하는 만주는 사회주의 계열의 독립운동이 대세를 이루는 장이 되었다.

해방 이후, 한국의 정치생태로 말미암아 독립운동의 역사가 민족주의 계열의 명망가 위주로 정리되며 간도에서 이름 없이 빛도 없이 생명을 바친 수많은 민초들과 천민 출신 독립운동가들이 자연스럽게 망각되었고 사회주의 계열 독립운동가들도 마찬가지로 제외되었다.

저자는 이 점에 주목하여 우리가 무관심했던 민초와 사회주의계열의 독립운동가의 삶과 활동을 현지에서 스스로 배우고 익히는 중에 답사하며 자료를 찾아 나름대로 정리하였다. 그는 우리에게 숨겨졌던 그들의 삶과 활동을 세세하게 구성하여 《우리가 몰랐던 북간도 독립운동 이야기》를 때로는 봄비처럼 조용히 때로는 소낙비처럼 격렬하게 쏟아 붓는다.

저자는 고등학교 때부터 나와 함께 〈고전독서회〉라는 동아리 활동을 해온 친구이다. 동기로서 동서양 고전을 같이 읽으며 고등학교 시절을 보냈다. 그는 그때도 글쓰기와 토론하기를 즐겼는데 이순이 지난 지금도 독서와 글쓰기를 계속하고 있으니 참으로 〈고전독서인〉이라 칭하여도 손색이 없는 친구임이 분명하다.

그는 중·고 시절에 이미 크리스천이었으며 가난한 자와 병든 자, 약한 자들을 사랑하며 살고자 하는 열망을 가지고 있었다. 그는 꿈을 따라서 대학교에서 신학을 전공하였고 1997년에 선교사로서 인도를 향해 떠났다. 그는 남인도의 데칸고원 오지에서 선교활동을 하면서 현장에서 만난 천민계급, 달리트의 운명적인 고난과 절망을 자신의 삶으로 수용하였다. 그러나 비자문제로 인도의 문이 닫히자 많은 우여곡절 끝에 인도를 품기 위해서 한국을 떠나 중국으로 들어갔다.

그는 틈틈이 연변에서 출판된 독립운동 서적을 읽으며 우리의 독립운동이 반공을 앞세우는 보수 민족주의 계열의 독립운동가들 중심으로 기술되었다는 점을 어렴풋이 깨달으며 몹시 당황하였다. 무엇보다도 민초들, 조선이주민들의 희생과 공로가 몇몇 명망가 독립운동가의 공로로 처리되었다는 생각이 지워지지 않아 그는 민초들과 한국사회에 잘 알려지지 않은 사회주의 계열 독립운동가의 삶과 활동을 글로 쓰려는 강한 열망을 품게 되었다. 그리하여 독립운동유적지 답사그룹의 멤버들을 따라다니며 그들에게 같은 독립운동에 대한 다양한 버전들을 들었다. 그는 독립운동 유적지를 하나하나 찾아서 답사하며 현장에서 그들의 행적과 맞춰보며 비로소 근대 한반도의 가장 어둡고 힘든 시기의 잊히어진 조선인이주민들의 만주 정착과 그들이 지원하고 참여한 독립운동 이야기들을 하나 둘 글로 쓰기 시작하였다.

본서는 일제가 조선을 침탈하자, 생명을 걸고 조국을 되찾고자 노력했던 민초들과 사회주의 영향권을 넘나들며 활동한 사람들의 이야기이다. 그 동안 제대로 기록되지도 못하고 언급되지도 못했던 사람들, 그들의 희망과 꿈, 아픔과 삶을 담아내는 것이 본서의 주된 목적이다.

1부의 〈간도국민회 회장 구춘선과 구례선 선교사〉는 교회의 지도자이며 사회주의 계열 독립운동가로 분류되고 있는 구춘선과 구례선 선교사를 다루고 있다.

그는 구례선 선교사에 의해 비교적 초기에 개종한 크리스천으로서 용정교회를 설립하며 독립운동으로 뛰어들었고 1919년 3월 13일 용정만세 시위를 주도하였다. 이후 고려공산당에 가입하여 조기 공산주의자 이동휘와 함께 활동하다가 64살이 되던 1927년 무장투쟁에서 은퇴하고 하마탕으로 돌아와 장로교 조사로서 은밀히 〈간도 국민회당〉을 조직하는 일에 매진하였다. 저자에 따르면 그의 4년간의 공산당 활동은 기독교의 부정이 아니며 기독교 선교를 우주적인 성육신의 차원으로 실천하려는 노력의 일환이었다. 이렇게 캐나다장로교 선교부와 협력하여 자기들의 마을에 교회와 학교를 세워서 복음을 전하며 항일민족교육과 계몽운동을 펼친 조선인마을들이 무려 100여 개에 이르렀다. 그러나 그들의 현실적 희생과 고난의 측면이 무시되었으며 그들은 일방적으로 사회주의자나 공산주의자로 낙인이 찍혀버렸다. 따라서 저자는 초기 북간도 기독교 독립운동가들의 활동이 어떠한 진지한 고민과 신학에서 출발되었으며 어떠한 고난과 역경을 겪으며 진행되었는지가 오늘날 우리에게 제대로 전해지지 못하였다고 본다.

저자는 초기 간도 캐나다 선교사들의 독립운동관, 선교활동, 교회와의 연계, 그리고 사회주의 활동을 다양한 자료를 찾아서 현장을 답사하며 초기 기독교 독립운동가인 구춘선을 그려내고 있다. 본서는 북간도장로회와 기독교인들이 초기 무장투쟁에서 얼마나 많은 역할을 해왔는지, 그리고 이들의 활동이 어떻게 잊히어졌는지를 잘 보여주고 있다.

1920년대 초까지는 기독교가 북간도 독립운동을 강력하게 추동해왔지만 자유시참변 이후로 독립운동계가 좌우로 나뉘면서 종교인들의 운동이 두각을 나타내지 못하였으며 좌파와 우파 양쪽 모두에게 경원시 되었다. 당시 기독교인으로서 독립운동을 가장 활발하게 한 사람이 소작인 출신 〈황병길〉이다.

황병길은 1919년 3월에 〈기독교우회〉를 근거로 하여 〈훈춘한민회〉를 설립하여 무장투쟁을 주도하다가 일제의 총격으로 부상을 입어 치료하는 중에 순국하였다. 그는 기독교 지도자로서 캐나다 선교사들과 함께 훈춘지역을 돌아다니며 여러 개의 교회와 학교를 설립하였고, 전도, 미신타파, 계몽운동, 조선인 단결, 항일의식 고취, 군자금 모금에 전력투구를 하였다. 교육구국을 위하여 훈춘지역에 많은 학교를 세웠고 독립운동단체를 설립하였다. 15,000명이 참여한 3·20 훈춘 만세시위를 주도하고 200여명의 독립군을 양성해 무장투쟁에 앞장섰다. 황병길은 그 자신 뿐 아니라 아내와 자녀들 그리고 사위들도 독립투쟁의 과정에서 목숨을 잃었다.

그들 가족의 피어린 처절한 독립운동은 북경이나 상해 등지에서 외교론이나 실력양성론의 논쟁만 일삼던 양반관료 출신의 독립운동가들과 비교할 수 없을 정도로 범위가 넓고 역량도 뛰어났다. 그럼에도 불구하고 황병길 가족의 치열한 무장독립운동 이야기는 한국에서는 거의 언급되지 않고 있다. 그의 자녀들 정선, 정신, 정일, 정해 모두가 중공공산당의 지휘 아래서 유격대와 항일연군에서 무장투쟁을 했기 때문이다.

본서는 이러한 독립운동가들의 이야기로 가득 차 있다.

간민교육회 회장이었던 이동춘 같은 경우 1900년대 초기 25년까지 뛰어난 중국어와 중국인 관료신분 그리고 안정된 부와 재산으로 북간도 독립운동의 대부가 되어 독립운동을 이끌어왔지만 중국관료 출신이라는 이유로 그의 독립운동은 제대로 평가받지 못하고 있다.

2부 〈경신참변에 불탄 52개 교회를 찾아서〉는 한일합방 이후에 간도에서 있었던 모든 독립운동은 북간도에 와서 선주민으로 산 천민 조선인들의 고난과 희생 그리고 독립에의 열망에 기초되었다고 강조한다. 그들이 세운 조선인 마을, 학교와 교회들이 독립군의 인력을 충원해주고 의연금으로 물자를 공급해주었으며 마을을 독립운동의 기지가 만들었기 때문에 오늘날 한국인들이 자랑스럽게 여기는 〈봉오동전투〉와 〈청산리전투〉의 승리가 가능했다는 것이다.

그러나 오늘날 우리 역사는 〈봉오동전투〉와 〈청산리전투〉의 영웅으로 알려진 몇 사람들만 기억할 뿐 자녀들을 독립군으로 보내주고, 의연금을 내서 무장을 갖추어 주고, 정보원이 되어서 활동하며 독립군들의 숙식을 제공해준 조선인 이주민들의 공로와 희생을 전혀 고려하지 않고 있다. 북간도독립운동의 기층이 되었던 조선인 마을들은 그 때문에 일제에 의해 대대적으로 고난을 겪었는데도 말이다. 특별히 간도국민회 지회가 있었던 캐나다장로회 소속교회들 52개가 불에 타고 크리스천들과 양민들이 무려 4000여명에 가깝게 학살을 당했는데도.

3부 〈알고 싶지 않은 역사, 자유시참변〉은 독립운동사에서 가장 비극적인 사건이다. 1920년 6월 봉오동전투에서 조선독립군이 승리하자 일본군은 이에 대한 보복으로 간도에서 조선인들을 무차별 학살하였다. 일본군의 강력한 탄압과 공격을 피해 간도의 독립군들은 1921년 초부터 러시아령 아무르주 자유시로 피신하였다. 그러나 상해파 (비귀화 고려인)와 이르쿠츠크파(귀화 고려인, 러시아 국적인)공산당의 주도권 싸움으로 고려인 독립군들 사이에 충돌이 일어나 결과적으로는 독립군이 독립군을 사살하는 대학살극이 발생하였다.

소비에트 러시아는 일본과의 협상에 장애물이 되는 요소를 사전에 제거하기 위해 독립군에게 무장해제를 요구했다. 그러나 상해파 독립군들이 이르쿠츠크파에게 주도권을 빼앗기지 않으려고 강경하게 항거하자 소비에트러시아군인과 이르쿠츠크파에 속하는 자유시대대가 그들을 공격하였고 결국 대학살에서 살아남은 독립군은 모두 다 소비에트 군에 편입되었다. 이 사건으로 상해파와 이르쿠츠크파의 갈등이 심화되었고 이후부터 독립운동의 중심지가 북간도와 연해주를 벗어나 상해가 되며 무장독립운동가들 보다 외교론자들과 실력양성론자들이 대세를 이루게 되었다.

저자는 자유시참변이 양상은 사회주의 운동가들의 이념 갈등과 주도권 싸움처럼 보이지만 실상은 러시아, 일본, 중국의 정치적 상황이 약자인 조선독립군을 희생양으로 만든 것으로 본다. 그러므로 저자는 자유시참변을 공산주의 독립운동에 대한 악선전과 이념갈등을 조장하는 도구로 사용하는 것이 한반도의 미래를 고착화시킬 우려가 있다고 지적하며 새로운 지평에서 타산지석으로 삼아야 한다는 의견을 강력하게 피력한다. 그는 자유시참변에서 희생당한 독립군들의 희생이 조국의 독립을 원하는 그들의 애국심이었음을 기억하며 그들을 길이 기림으로서 그들의 죽음을 가치 있게 만들 것을 주장하고 있다.

독립운동에 헌신했던 무명의 독립투사들에 대한 저자의 집요한 관심은 저자의 가난한자, 약자, 소외된 자에 대한 사랑을 절절히 느끼게 한다. 오로지 그 절절한 사랑으로 아무나 쉽게 관심을 가질 수 없는 힘없고 약한 밑바닥 사람들인 수전민들의 희생과 기여를 알리며, 그들의 후예로 독립운동에 몸담아 독립투쟁과 자유시참변 등에서 희생당한 무명의 독립투사들을 기리기 위하여 본서를 써준 저자의 용기와 인내에 깊은 감사를 드린다.

본서에 우리가 몰랐던 내용이 많아 신선하고 충격적이며 때로는 예리함에 찔리기도 한다. 특별히 독립운동의 시작을 조선이주민들의 수전개발로 보는 시각, 독립운동의 최대의 공로자를 간도독립운동의 기반이 된 조선인이주민으로 보는 발상이 새롭다.

민(民)의 민(民)에 의한 민(民)을 위한 역사관을 가진 저자는 이념과 사상, 출신가문과 성분, 출신지, 활동지역에 따라 과장하고 영웅화하는 기록을 무시하지는 않지만 높게 평가하지 않는다. 그는 본서에서 독립운동가들의 구체적인 활동과 역사적인 정황에 근거하며 어느 편에 치우치지 않는 종합적인 기술을 시도하고자 하였다. 그러므로 독자들은 민(民)과 생명(生命)의 자리에서 가슴과 발로 쓴 본서로 말미암아 사상과 이념을 넘어서서 다양한 부류의 독립운동가들의 이야기를 선입관과 편견 없이 들을 수 있어서 기쁘다.

그러나 현대사회를 '포스트 조선사회'라고 주장하는 그의 사대주의 DNA에 대한 언급과 통찰은 아니라고 부정하기에 우리가 인진왜란과 병자호란 사이에 있는 조선인과 너무 닮아 있어서가슴이 아프다. 그는 고종과 대한제국의 사대주의 대 행진, 임시정부의 사대주의 행각과 분열, 대한민국 수립 후 지금까지도 진행되고 있는 사대주의와 그로인한 민족의 분열을 직시하며 우리 사회를 조선의 연장이라고 못 박는다. 그는 한국이 거족적으로 국가적으로 사대주의를 극복하지 못하는 한 조선사회를 벗어나지 못할 것으로 예언한다.

본서를 읽으며 저자의 조선인수전민들과 무명의 독립운동가에 대한 깊은 애정과 외경심이 느껴져서 절망적인 역사적인 사건 속에서도 희망의 메시지를 들었다. 또한 그들의 희생과 헌신을 민족의 미래와 희망으로 제시하는 본서의 시각에 깊이 공감하였다.

저자 이옥희는 본서를 통하여 우리를 독립에의 열기로 가득 찬 1900년대 초기의 용정과 연길, 왕청과 훈춘, 연통라자와 장암촌으로 이끌어 간다. 그리고 간도의 위대한 독립운동이 불과 100여 년 전에 있었던 우리 할아버지 시대의 역사 이야기이며 우리들이야말로 바로 그 바통을 이어받아 미완의 독립운동을 완성시켜야 하는 사명이 있음을 깨닫게 해준다.

우리가 몰랐던 북간도 독립운동 이야기

서 승(온다라 역사문화 연구원장)

저자는 연변에서 조선족 동포를 가까이 지켜보며 동포들의 기원을 찾아 독학하는 중에 연변이 조선독립운동의 위대한 성지임을 깨닫고 북간도 독립운동을 알리려고 하는 일종의 막중한 책임감을 느끼면서 역사 이야기를 썼습니다. 그런 의미에서 《우리가 몰랐던 쓴 북간도 독립운동 이야기》는 저자의 북간도 조선이주민들의 정착과정과 독립운동에서 겪은 고난과 고뇌, 희생과 헌신에 대한 깊은 통찰과 그들에 대한 깊은 사랑의 고백입니다.

저자는 본인이 역사를 제대로 공부하지 않았기 때문에 '역사'라고 할수 없어 '이야기'라고 제목을 붙였다고 말합니다. 참으로 겸손합니다.

서양말로 역사를 history라고 합니다.

hi + story 가 이야기입니다.

고대 그리스 사람 헤로도토스(현대 그리스어: Ηρόδοτος)가 답사 여행으로 알아본 이야기(ἰστορίαι)를 라틴어 히스토리아(historia)로 번역하고, 오늘날 영어를 비롯한 여러 유럽어에서 역사(history)를 뜻하는 말이 되었습니다.

저자가 인용한 수많은 역사 기록들은 남북분단으로 우리가 알지 못 했던 사실들입니다. 월강한 조선이주민 내지는 그 후손으로서 간도에서 파란 만장한 삶으로 살아온 북간도인들의 독립운동과 역사적인 시련을 적은 《우리가 몰랐던 북간도 독립운동 이야기》는 헤로도토스(현대 그리스어: Ηρόδοτος)의 이야기(ιστορίαι)와 비교가 됩니다.

9권으로 편집된 헤로도토스(현대 그리스어: Ηρόδοτος)의 이야기(ιστορίαι)가 페르시아 제국과 그리스 도시국가들을 비교하고, 터키와 스키타이, 에집트, 에디오피아까지 정치, 경제, 지리, 문화를 배경으로 전쟁 이야기를 펼쳤다면, 본서는 봉건시대 착취와 일본 군국주의 침탈을 피해 삶을 찾아 이주했던 동포들이 겪은 〈경신참변〉과 〈자유시참변〉 그리고 조선이주민 교회들의 민족교육과 독립운동, 독립은 되었지만 두 개로 나누어진 조국의 극복과 회복을 위한 제언으로 이루어졌습니다.

저자는 4부 〈다시 용정에서 보다〉에서 아직도 끝나지 않은 독립운동. 우리 힘으로 해결하지 못하는 분단과 휴전을 고뇌하며 더욱 처절하게 펼쳐야 할 21세기 독립운동을 외치고 있어서 책을 읽는 사람들의 가슴을 뜨겁게 격동시킵니다.

그런 의미에서 한반도의 평화통일과 교류의 필요성을 느끼지 못하고 있는 신세대들에게 100년 전 우리 조상들이 독립을 위해서 생명을 바친 북간도 독립운동의 이야기를 강력하게 추천합니다.

다만 북간도의 역사가 백두산정계비와 청일간의 간도협약, 그리고 조중국경조약으로 시작된 것이 아니라, 보다 오랜 역사를 가지고 있는 고려와 조선의 모화사대주의가 낳은 오랑캐역사에서 비롯된 것이 밝혀지지 않은 것이 아쉽습니다.

우리 한민족 배달겨레의 홍익인간 정신이 회복되어 민족통일 뿐만 아니라 세계평화 인류공영에 이바지하게 되길 간절히 바라며《우리가 몰랐던 북간도 독립운동 이야기》추천사를 가름합니다.

독립운동가 추모탑이 세워지길 기원하며

홍순원 목사 (한국기독교장로회총회 영성수련원 원장)

운전 중에 저자로부터 전화를 받았습니다. 평소 테레사 수녀와 비슷하게 느껴지는 이 목사님은 제게 어려운 분이신데 다짜고짜 추천사를 좀 써주었으면 좋겠다고 하셨습니다.

"금번에 출판하는 책이 북간도에서의 캐나다장로교 선교부가 지원하였던 북간도 독립운동과 기독교 선교에 대한 역사" 서적이므로 제가 추천사를 쓰는데 적격이라고 하였습니다.

제가 알고 있는 것은 주체적이고 진보적인 그리스도교 신앙이 북간도, 특히 용정에서 캐나다 장로회의 도움으로 싹텄다는 것 정도의 상식적인 이해밖에는 없는데도 말입니다. 딱히 거절할 수 없어서 "알겠습니다." 라고 대답했습니다.

대답은 했지만 추천사는 선배가 후배에게, 전문가가 입문자에게 써주는 것이므로 제가 추천사를 쓰는 것이 전혀 맞지 않다는 생각이 들었습니다. 그리고 막상 책을 읽어보니, 만만하지 않았습니다. 무엇이든 좀 슬렁슬렁한 제가 추천사를 썼다가는 도리어 저자를 욕되게 할 것이 틀림없다는 생각이 들었습니다. 때문에 저는 추천사가 아니라《우리가 몰랐던 북간도 독립운동 이야기》를 읽으며 느낀 소감을 적으려고 합니다. 그것도 책 내용을 앵무새처럼 반복하기보다는 정독하면서 제 머리와 가슴에 떠오른 것들을 널 뛰듯이 자유롭게 오가며 소감을 나누려고 합니다.

실제로 책을 읽고 보니 《우리가 몰랐던 북간도 독립운동 이야기》는 단순히 캐나다장로회와 독립운동과 기독교 선교 이야기가 아니고 순전히 북간도의 독립운동 이야기였습니다. 전혀 신학과는 관계가 없는 책이었고 역사에 제법 관심을 가진 사람이 연구하고 답사 한 뒤에 쓰는 역사적인 기록물 같은 것도 아니었습니다. 한 마디로 '전문 역사서'였습니다.

아마도 저자가 북간도의 역사와 거기에서 일어난 독립운동에 관해 글을 쓰다 보니, 북간도선교를 시작한 캐나다장로회를 만났을 겁니다. 그리고 캐나다장로회가 북간도 독립운동에 엄청난 영향을 주었으므로 저자가 그것을 자연스럽게 서술하지 않을 수가 없었을 것입니다.

책의 분량도 적지 않고 몹시 세밀하기 때문에 한 두 장의 글로는 책의 내용을 제대로 소개하기는 불가능합니다. 따라서 인상 깊게 느낀 것 몇 가지를 적으려고 합니다.

북간도에 대한 전문 역사서라고 했습니다. 그런 만큼 역사적 사실도 바로잡고 잊힌 것도 발굴하고 있습니다. 우리는 상식으로 이상설이 1906년 10월에 세운 서전서숙이 최초학교이고, 일제 탄압과 운영난으로 폐교되자 김약연이 이것을 계승해서 명동서숙을 세우고 1909년에 명동학교로 발전시켰다고 알고 있습니다. 그러나 그에 앞서서 1904년에 4월에 이미 훈춘에 기독교 사립학교인 〈동광학교〉를 비롯해서 1906년 1월 하다문에 〈용진

학교〉가 세워지고, 같은 해인 8월에는 〈남신학교〉가 세워졌음을 밝히고 있습니다. 잊힌 마을도 알게 되었습니다. 〈서성〉일대에 〈진달래촌〉이라고 하는 조선족 민속마을이 있다고 합니다. 그 이름을 알아보니 〈명암촌〉이었고, 1910년 당시 평강벌에 사는 주민들이 집단 개종해서 이루어진 마을이었던 〈성교촌〉, 〈구세동〉, 〈예수촌〉 중에서 명암촌이 바로 예수촌이라는 이름으로 불리어졌음을 확인하게 되었는데, 이것은 말 그대로 발로 뛰어다니며 자료를 찾고 탐사했기 때문입니다. 이뿐 아닙니다. 이 책에는 북간도의 역사는 물론 북간도에서 활동한 모든 인물들, 모임들, 단체들, 교회들의 이름 목록도 빠지지 않고 모두 수록되어 있는데, 이것은 우리 역사책에서는 도저히 찾아보기 어려운 것들입니다.

역시 캐나다장로교회를 알지 못하면 북간도를 알 수 없습니다. 한국에들어온 장로교는 네 개 였습니다. 미북장로교와 남장로교, 호주장로교, 그리고 캐나다 장로교입니다. 이 네 장로교가 서로 선교지를 나누었는데, 캐나다 장로교회는 함경도와 북간도 지역에서 활동하게 되었습니다. 이것은우리 겨레를 위한 하나님의 커다란 은총이었습니다. 다른 근본주의 색채를 가진 장로교회와는 달리 캐나다 장로교는 아주 진보적이었으며, 우리겨레의 독립운동을 적극 지지했습니다. 선교 초창기부터 캐나다 장로교는조선인마을에 교회를 짓고 근대식 학교를 지어 독립운동을 적극 지원했습니다. 더욱 놀라운 사실은 캐나다장로교회 선교부는 사회주의나 이념에관계없이 그리스도교 신앙으로 민족해방투쟁을 하는 북간도인들의 활동을 정죄하지 않고 지원하였다는 사실입니다. 캐나다장로교회를 통하여 기독교에 입문한 인물들이 우리 한국의 교회에서 진보적인 신학과 신앙으로민주화와 인권, 평화 통일에 큰 역할을 한 것이 결코 우연이 아니라는 생각이 들었습니다. 캐나다장로교회의 위대한 기도와 헌신이 실로 아름답고 눈물겹습니다.

이 책의 두드러진 특징은 편견 없는 객관성입니다. 이 책의 처음을 열고 있는 인물은 구춘선인데, 저는 그의 이름을 들어본 적이 없습니다. 해방 이후 우리의 분단 상황 때문이겠지만, 구춘선은 진실한 그리스도인으로 교회를 섬겼고, 누구 못지않게, 독립운동에 크게 기여했지만 그가 잠시 공산당에 가입했기 때문에 제대로 알려지지 않은 것입니다. 한 예를 들면 우리는 용정을 독립투사들과 윤동주의 마을로만 인식하고 독립운동에서 사회주의자들을 배제했는데, 실제로는 1925년을 기점으로 용정은 완전히 사회주의 물결에 휩쓸렸으며, 사회주의 독립운동의 온상이 되었다고 합니다. 그러면서 사회주의와 기독교가 독립이라는 목표로 함께 할 수 없었는지 아쉬움을 전합니다. 저자가 이렇게 객관적인 글을 쓸 수 있었던 것은 많은 중국 측 자료들을 사용할 수 있었기 때문이라고 생각합니다.

《우리가 몰랐던 북간도 독립운동 이야기》는 북간도로 이주한 조선인들의 위대한 꿈과 투쟁도 보여주지만 그 참혹한 역사도 전해줍니다. 1860년대 함경도와 평안도의 조선인들이 재해와 기근, 관리들의 수탈로 두만강을 넘어 북간도로 이주합니다. 이 북간도는 사람이 살지 않는 곳이었습니다. 청조가 자기 조상들의 발상지로 성역화 시키면서 〈봉금령〉을 내린 곳이었습니다. 그러나 사람이 살지 않아서 너무 황량해졌기 때문에 자연스럽게 수탈과 억압을 피해 달아난 조선인들의 거주지가 되었습니다.

독일 성 베네딕도회 상트 오틸리엔 수도원 총아빠스 인 노르베르트 베버(Norbert Weber, 1870년~1956년)는 한국에 두 명의 선교사를 파견하여 최초의 남자 수도원인 베네딕도회를 시작하였습니다. 그는 1911년과 1925년 두 차례 조선을 방문하여, 조선의 아름다운 풍습과 문화, 그리고 생활상을 많은 사진과 기록으로 남겼으며 조선을 몹시 사랑했습니다. 그가 왔을 당시 로마교황청의 지도에는 서간도와 북간도는 물론 연해주 깊숙이까지 원산 교구로서 조선의 영토로 표기되어 있었습니다. 조선인들은 이 척박한 땅을 일구어 비옥한 땅으로 만들었습니다. 그러자 청조는 200년간의 봉금령을 해제하고 한족이 이주하여 살게 했습니다. 동북각지에 한족 점산호(店山戶)가 생기기 시작했고, 마침내는 조선이주민들이 들어가 개발한 땅들을 강탈하기 시작했습니다.

우리가 개간한 땅에서 중국과 일본의 횡포와 수탈이 자행되었습니다. 중국도 일본에 저항했지만, 조선인을 수탈하는 데는 일본과 한패가 되었습니다. 1920년의 훈춘사건은 일본제국이 봉오동 전투의 패배를 만회하기 위해 중국 마적단과 짜고 일부러 일본 관공서를 습격한 사건입니다. 일본은 이것을 조선인에게 뒤집어씌우며 그해 9월에 서북간도에 2만 5천 명의 군인과 경찰, 헌병을 파병하여 독립운동단체와 한인독립기지로 지목되는 한인촌과 학교, 교회 등을 습격하는 〈경신참변〉을 일으켰습니다. 이듬해 5월까지 3,664명을 피살하고, 155명을 체포하고, 수천 채의 가옥과 학교와 교회들을 불 질렀습니다.

이 책의 초반부는 즐거웠으나 뒤로 갈수록 마음이 무거워진 이유는 북간도 조선인들이 당한 참혹한 역사 때문입니다. 그럼에도 북간도의 역사를 알아야 하는 이유는 진실과 역사의 교훈 때문입니다. 교과서는 이념과 체제문제로 말하지 않고 도리어 숨긴 것들이 있습니다. 어떤 경우든 역사는 사실대로 밝혀야 하는데 말입니다. 중국, 러시아, 일본의 대결과 야합 속에서 북간도의 독립운동이 러시아로 또는 중국 본토로 갈 수밖에 없는 현실이 있었습니다. 지금도 다르지 않습니다. 우방은 없습니다. 스스로 힘을 기르고 지혜를 모아 헤쳐 가는 것만이 길입니다. 이 책에 "설마 동족이 동족을 독립군이 독립군을 죽이지는 않겠지."라는 소제목이 있습니다. 러시아의 한인들이 블라디보스토크에서 추방당하고(1914), 러시아의 붉은 군대가 한인무장독립군들을 포위하고 사살한 소위 〈자유시 참변 사건〉(1921년 6월 28일)이 있었습니다. 이런 중에도 조선인들은 자기들끼리도 서로 모략하고 배타하고 주도권을 가지려고 동족끼리 해한 사실도 잊어서는 안 되는 역사의 교훈입니다.

이 책의 마무리 이야기가 던지는 교훈 중의 교훈입니다. 3. 1운동 백 년이 지나도 달라지지 않는 역사인데 그것은 우리 안에 있는 사대주의 DNA라는 것입니다. 저자는 용기 있게 말합니다. "남북분단은 독립운동가들이 서로 다른 강대국에 의지해서 항일 투쟁을 벌일 때부터 이미 그 씨앗이 심어졌다"(323쪽)고. 독립운동의 과정 속에 있었던 이율배반적인 참혹한 역사와 온갖 군상들의 언어도단적인 행위가 당시 북간도만의 이야기일까요? 아닙니다. 지금도 우리는 그 역사를 되풀이하고 있습니다. 우리가 이 사실을 이 책에서 느끼고 깨닫고 나눌 수 있다면 우리 역사에도 희망이 있으리라고 생각합니다.

저자는 이 책을 발로 썼다고 표현하였습니다. 3년 동안이나 중국의 책방들을 뒤지고 이곳저곳을 샅샅이 찾아다니며 보고 느끼며 깨달았기 때문이겠지요. 몸의 고생도 고생이지만 이 책은 저자의 피땀과 열정의 결정체입니다. 가슴에서 쏟아져 나온 우리나라를 위한 기도이며 절규입니다. 책을 읽는 내내 간도 수전개발과 독립운동에서 죽임당한 작은 자들의 희생과 헌신을 역사의 전면에 부각시키려고 하는 저자의 치열한 고민과 뜨거운 심장의 박동소리를 듣게 됩니다. 부끄러움으로 옷자락을 여미며 마음을 추스르지 않을 수 없었습니다.

오랫동안 인도에서 박애주의자로 사셨던 분이 중국에 가서 자신의 전공과 전혀 다른 역사에 관심을 가지시고 쓰신《우리가 몰랐던 북간도 독립운동 이야기》출판을 진심으로 축하드립니다. 우리가 정말로 몰랐던 북간도 독립운동의 이야기가 많이 읽혀지고 널리 알려지고 저자의 염원대로 한국의 심장부에 〈독립운동가 추모탑〉이 세워지는 날이 오길 간절히 바랍니다. 감사합니다.

경신참변 학살의 현장
장암촌에서 미래를 묻다

《우리가 몰랐던 북간도 독립운동 이야기》를 쓰면서 경신참변, 일본군의 잔인한 학살과 폭력을 만천하에 알린 장암촌 대학살사건에서 자주 길을 물었다.

4월 이래로 가만히 있어도 카톡으로 기아에 직면한 인도, 네팔, 미얀마, 우간다의 가난한 사람들의 슬픈 소식을 계속 듣게 된다. 참으로 가슴 아픈 것은 어느 나라에서든지 코로나팬데믹의 대부분의 희생자들이 가난하고 힘없는 사람들이라는 사실이었다. 돈이 없어서 치료받지 못하고 세상을 떠난 분들에게 지극히 죄송한 마음이다. 세상은 그분들의 죽음을 비참하고 불행하다고 생각하지만 나는 그분들의 희생이 인간의 탐욕으로 멸망할 수밖에 없는 인류를 새 삶과 새 길로 인도할 것이라고 믿는다. 병든 문명의 시대를 사는 우리를 대신해서 운명적으로 십자가를 지신 그 분들을 바라보며 깊은 성찰과 묵상에 잠긴다.

장암촌으로 가는 길이 보인다.
옛날 장암촌은 용정에서 동남쪽으로 6키로 미터 떨어진 산비탈에 자리를 잡았다. 현재 동명촌이라고 불리는 마을 입구에서 안으로 들어가는 대

로를 따라 쭉 걷다보면 옥수수 밭이 나오며 그 사이로 한적한 산길이 이어진다. 작은 실개천을 건너고 험한 길을 따라서 10여 분을 걷다 갈림길에서 좌회전해서 올라가면 햇볕 좋은 언덕배기에 자리 잡은 경신년 〈참안기념비〉가 호젓하게 서있는 것을 볼 수 있다. 기념비 우측 앞에 시원하게 자란 이태리포푸라 서너 그루가 있고 탁 트인 전망은 연이어진 야트막한 구릉들 끝에서 연길의 모아산과 모아산타워를 환상처럼 보여준다. 사다리꼴 모양의 기념비 뒤에는 경신대학살에 희생당한 36위 독립투사들의 재가 된 몸을 합장한 둥그런 봉분이 있다. 봉분 뒤의 넓은 공지는 불에 타버린 장암교회 터이다. 그리고 산 능선 쪽으로 난 길을 따라서 계속 올라가 재를 넘으면 명동촌이 나온다.

산언덕 중간 앞장대에 초연하게 서있는 기념비 좌측면에 세로로 새겨진 다섯줄의 글이 바위덩이가 〈경신년대참안비〉임을 말해 준다.

일본침략군은 경신년대참안을 벌릴때인

1920년 10월 말에 이곳에서

무고한 청장년 36명을 이중학살하여

천고에 용서못할 죄행을 저질렀다.

위의 경신대참안 기념비 내용에 장암교회 교우들이 간도국민회 회원으로서 독립운동에 참여한 기록이 전혀 나오지 않을 뿐만 아니라 문장이 너무 단순하고 무미건조해서 감동이나 아픔이 전혀 느껴지지 않았다. 연변의 110개 군내에 610개의 사회주의 계열의 열사기념비가 도처에 널려 있어서 다양한 기념비를 많이 보았던 터라 일제의 대학살이 있었던 북간도의 140여 개 마을의 대표 격인 장암촌에는 어느 정도 그와 같은 수준의 격식을 갖춘 기념비가 있을 것이라고 생각을 하였었다.

경신참변! 우리 역사 속에서 장암촌학살사건의 현주소가 보인다. 그래서 더더욱 일본에 대한 분노와 증오심으로 무시로 하나님께 정의의 심판을 요청하며 일본군이 장암촌에서 저지른 모든 만행을 그 후손들에게 고스란히 갚아 주시되 백배로 갚아 주시라고 간구하였다. 그리고 저주와 심판의 기도가 하나님 전에 전달되었을 것을 확신하였다.

어느 날 충격적인 환상을 보았다. 기념비 앞쪽으로 30여 분의 교우들이 십자가에 달려 있었다. 그들은 한국 독립운동의 몸 바친 장암교회의 성도들이었다. 그런데 십자가에 달려 있는 그들의 모습이 한스럽거나 고통스러워 보이지 않았다. 그들은 피를 흘리고 있으면서도 피의 복수를 부르짖는 증오와 원한에 맺힌 사람이 아니었고 폭력과 불의를 이긴 겸허한 수난의 종의 모습이었다. 세상에서 가장 악랄하고 비열한 일본군에게 두 번이나 죽임당하는 치욕을 겪었지만 십자가에 달려있는 그들은 피의 복수의 차원을 넘어서 있었으며 평화의 주님을 닮아 보였다.

나는 그 분들에게 "NO!" 라고 외치며 "일본은 지금도 악합니다! 반드시 원수를 갚아야 됩니다! 심판해야 합니다! 그래야 민족정기도 바로 잡고 하나님 나라 정의도 세워집니다! 그들이 용서를 빌기 전에는 결코 용서할 수 없습니다!"고 천둥벽력처럼 소리를 질렀다. 그러나 소리는 나오지 않고 마음만 활활 불타올랐다. 불구대천 원수 일본을 결코 용서할 수가 없다고 머리를 흔들며 눈을 감았다.

장암동은 현재 용정시 동성용향에 소속되어 있으며 용정에서 동남쪽으로 6 키로 미터 떨어져 있는 산언덕에 자리 잡고 있다. 1911년에 강백규의 전도로 김동섭, 김동의, 김동희 등 10명이 잇달아 입교함으로서 교회가 세워졌고 이어서 영신학교가 설립되어 마을은 문자 그대로 항일민족 교육의 요람이 되었다. 〈3·13〉용정 만세시위에 주민들과 영신학교 학생들과 교직원들이 모두 적극적으로 참여하였으며 그 후에 교회와 마을이 〈간도국민회〉 제2 동부지방회 제 4분회에 소속되었고 대다수 주민이 〈간도국민회〉 회원이 되었다. 그들은 마을 자체 경호대를 조직하였으며 독립 의연금 모집을 활발하게 전개하였으며 〈의군부〉와도 관계를 맺고 있었다. 일제는 이미 장암촌에 대한 정보를 가지고 〈불령선인의 근거지〉로 낙인찍었다.

일제군은 10월 30일 새벽 6시 장암동을 포위하고 주민들을 강제로 교회로 집합시킨 후에 36명의 청장년을 총으로 위협해서 교회당 안에 가두고 불을 질러 죽였다. 비참하게 가장을 잃은 가족들은 시체를 찾아서 겨우 장사를 지냈다. 그러나 며칠 후 잔악무도한 일본군은 다시 마을을 점령하고 모든 유족들로 하여금 아버지와 남편과 아들의 시체를 파헤쳐서 한 곳에 모으게 한 뒤, 석유를 부어서 재가 되도록 시체를 태웠다. 그리고 그들은 독립운동에 대한 엄한 경고와 협박을 하고 철수하였다.

일제는 장암촌에서 30여 분의 독립운동가들을 불태워 죽였을 뿐만 아니라 교회와 영신학교와 많은 가옥들을 방화해서 참혹한 재난을 당한 주민들이 추운 겨울철을 견뎌낼 수 없도록 만들었다.

가슴과 발로《우리가 몰랐던 북간도 독립운동 이야기》를 쓰면서 부단히 과거와 현재를 넘나들었다. 혼자만의 여행이 아니었고 일본 군국주의 폭력으로 흘린 무고한 피와 억울한 죽음에 분노하며 슬퍼하는 벗님들, 평화를 사랑하는 분들, 하나님 나라를 사모하며 날마다 죽는 벗님들과 함께 하였다. 우리는 현재 속에서 과거를 보며 과거 속에서 현재를 보며 역사의 현장을 주시하였다.

1장의 〈북간도 독립운동의 태두들〉에서는 1900년대 초반에 일찍이 조선이주민 사회에서 독립운동을 시작하였으나 그들의 활동과 역량에 비해 한국사회에 알려지지 않은 구춘선, 황병길과 그의 가족들, 이동춘을 다루었다.

2장의 〈북간도 조선이주민들의 꿈과 참혹한 역사〉는 북간도에서의 조선인 이주민들의 삶이 중국인과 일제 침략자 사이에서 날마다 죽는 처절한 몸부림이었다는 사실을 밝히고 싶었다.

3장 〈알고 싶지 않은 역사, 자유시참변〉에서는 자유시참변을 상해파와 이르쿠츠크파의 주도권 다툼의 차원을 넘어서 당시 동아시아 정치 흐름에서 바라보았다. 뿐만 아니라 속 좁은 패권적 당파성을 가진 못난 독립운동 지도자들에게 절망하면서 그들을 따라나선 이름 없는 청년 투사들의 순수한 나라사랑과 용기에 감동하며 그들을 기리고 싶은 마음을 담았다.

4장 〈다시 용정에서 보다〉는 독립운동의 완성은 조선 멸망의 내부적인 진짜 요인을 철저히 분석하고 각성할 때 이루어진다는 주장이다. 자기 성찰이 없는 망명 지사들의 독립운동의 기여와 한계에 대한 분석, 정치체재는 바뀌었지만 여전히 지역, 학벌, 가문으로 움직이는 한국사회와 조선시대의 사색당파와 다름없는 수준의 정치 대한 비판과 대한민국의 건국의 일꾼인 유명무명의 독립투사를 국가의 중심부에 모시고 우리 후손들이 언제나 그들의 나라 사랑의 피 묻은 메시지를 듣도록 하자는 요지를 담았다.

각각의 글에서 읽기 편리하도록 미주를 없앤 것에 대하여 여러분들의 양해를 구하는 바이다.

불의와 악이 득세한 세상 속에서, 패거리와 파당의 인간관계로 선악이 규정되는 세상에서 사랑의 사랑에 의한 사랑을 위한 삶을 살 수 있도록 이끌어주시는 하나님과 고통과 고독과 불안을 감수하며 은혜로 살 수 있도록 기도하며 축복해주시는 남편과 부모형제자매들, 목회자님들과 교우

님들, 여러 벗님들, 선배와 후배님들, 온고을의 귀한 분들에게 깊은 감사
를 드린다.

편치 않은 글을 읽어주시며 추천사를 써주신 서승님, 이정덕님, 홍순원
님과 축사를 써주신 이원택님과 원고 수정에 도움을 주신 선욱님과 현웅
님과 아낌없이 주시는 김 권사님과 친구 연희 그리고 정성을 다하여 책을
만들어 주신 출판사의 편집부 직원들과 윤사장님께 감사를 드린다.

코로나팬데믹 칩거 중 백구우담에서 저자

차례

1부

북간도 독립운동의 태두들

1부

북간도 독립운동의 태두들

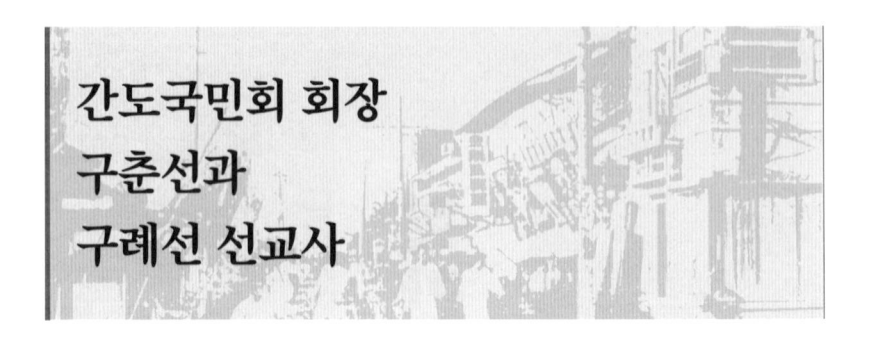

간도국민회 회장
구춘선과
구례선 선교사

구춘선을 크리스천 독립투사로 호칭하면 그가 1921년 11월에 고려 공산당에 가입하고 12월에 국민회 회원들과 함께 총합부을 조직함으로 서 〈간도국민회〉를 사실상으로 해체한 것과 사회주의계 청년들이 조직한 〈적기단〉을 지원한 사실, 조선 최초의 사회주의자 이동휘와 가까웠으며 고려 공산당 주요 성원들과 지속적으로 교류한 사실을 들어서 부정할 사 람도 있을 것이다. 그러나 그의 80여년 생애 면면을 살펴보면 그에 대한 이해와 시각이 달라질 것이다.

간도국민회 회장인 그의 경력은 다채롭다.

그는 종교인으로 캐나다장로회 선교부에 소속하여 교회를 개척, 설립 하였으며, 교회 조사(전도사)로 활동하였다. 또한 교육가로서 하마탕에 〈보 진학교〉를 세웠으며 〈간민교육회〉와 〈간민회〉 지도자로서 간도 조선인 교육과 계몽에 앞장섰다.

독립운동가로서 3·13 용정만세시위를 주도하였으며 차후에 〈간도국민회〉를 조직하고 회장으로서 〈국민회군〉을 창설하여 무장독립운동에 적극적으로 참여하였다. 그는 임시정부의 승인 아래 간도의 무장독립단체들의 연합과 통일 운동을 주도하여 〈봉오동전투〉와 〈청산리전투〉의 승리의 기초를 놓았으며 자유시 참변 이후에 〈국민회〉 성원들과 함께 〈고려공산당〉에 가입하여 이동휘 노선과 적기단 활동을 적극 지원하였다.

1924년에는 은퇴를 선언하고 하마탕으로 돌아와서 교회 조사로서 시무하며 〈간도국민회〉 재건에 힘을 다하였다. 그러나 북간도 독립운동의 태두인 그의 다양하고 치열하며 지속적인 민족운동과 독립운동에 비해서 그의 이름은 그리 알려지지 않았으며 잘못 알려진 부분도 적지 않다.

〈봉오동전투〉와 〈청산리전투〉 그리고 〈경신참변〉 100주년을 맞이하며 우리는 당시 용정의 끓는 가마 속에서 구국일념으로 그 시대의 고난과 고통을 감수한 크리스천 독립투사 〈구춘선〉을 주목해야 한다.

구춘선은 북관의 땅이 자연재해와 기아에 극심하게 시달리기 시작하는 1860년 도문을 마주보고 있는 온성에서 태어났다. 홍상표 저서 《간도독립운동소사》에 따르면 그는 대한제국군으로 입대해서 궁궐의 수문장을 하였다고 하나 이는 대한제국이 수립된 해가 1897년 10월이고, 그가 가족들과 함께 만주로 이주한 해가 1897년이므로 검토가 필요한 대목이다.

그가 이민을 떠난 1897년은 청조의 이민실변으로 두만강 북안 동서 700여리와 남북 40~50여리가 조선인개발전문지역으로 선포되고 난 지 12년째가 되는 해이다. 그 보다 3년 전인 1894년 통계에 의하면 북간도 (연변, 동만주) 지역에 이미 조선인 5,990세대가 자리를 잡고 있었다. 이는 동학농민혁명과 청일전쟁, 고종의 아관파천으로 나라의 존망이 위태하고 날마다 생명과 생존이 위협당하는 상황에서 보호를 받을 길이 없는 백성들이 각자 살 길을 찾아 간도로 떠났기 때문이다.

온성은 에돌아서 두만강을 마주보고 있는 도문으로 탈출하기 아주 쉬운 곳이어서 구춘선은 남부여대하고 살길을 찾아 고향을 떠나는 이주민들을 수없이 많이 지켜보았을 것이고 그 또한 절망의 벼랑 끝에서 이민 대열에 합류하였을 것이다. 그가 1897년 연길현으로 이주한 것은 분명하지만 이주 후, 행적은 확실하지 않다. 그러나 1903년에 이범윤의 사포대를 따라서 오늘날 도문의 량수진에 속한 양수천자에서 조선이주민 보호활동을 하였고 이범윤이 1905년 러시아로 떠나자 용정으로 이주했다는 기술은 그 후 그가 용정교회 설립자로 공식적인 기록에 나타나는 것을 볼 때 사실일 가능성이 높다.

1906년에 그의 이름이 캐나다장로회 소속 용정교회 설립자 중의 한 사람으로 비로소 역사 기록에 분명하게 나타난다. 그는 1906년에는 용정교회 설립자로, 1913년에는 하마탕교회의 설립자로 캐나다장로회 선교부와 밀접한 관계 속에서 북간도사회에 등장하였으며 하마탕교회에서는 캐나다장로회 소속 조사로서 시무하였다. 그는 북간도 크리스천 지도자들 대부분이 활동했던 간민교육회와 간민회의 교육과 다양한 계몽활동을 통하여 이주조선인들을 섬기며 사랑하였고 독립운동의 기지로서 "구국교육", "신앙구국"을 실천을 포함하는 이상촌을 하마탕교회에서 세우고자 하였다.

1919년에 그는 또한 크리스천들이 중심이 되어 2만 여명이 서전대야에 모여 독립을 선포하며 조선인의 기개를 중국사회에 널리 알린 3·13 용정 만세시위를 주도한 〈독립운동의사부〉의 지도자이었으며, 이어서 만들어진 〈간도독립운동기성총회〉의 회장이었고 그 후에 일어나는 무장독립운동을 위해 간도 최대의 독립운동 단체인 〈간도국민회〉를 조직하여 안무와 함께 〈국민회군〉을 만들었다. 그는 3·13 용정만세시위 후에 우후죽순처럼 나타난 독립운동단체들의 연합을 위하여 노력하여 1920년 5월, 최진동의 〈도독부〉, 홍범도의 〈대한독립군〉, 김규면의 〈신민단〉 등을 〈대한북로독군부〉로 묶어 〈봉오동전투〉를 승리의 길로 이끌었다. 또한 봉오동전투 후에 흩어진 대한독립군, 국민회군, 의군부군, 한민회군, 광복단군, 의민단군, 신민단군 등을 〈연합부대〉로 결성시켜 〈청산리전투〉의 승전의 기초를 놓았다.

자유시참변 후, 그는 1921년 11월, 이동휘의 권유로 강구우, 마진과 함께 고려공산당에 가입하였으며 돈화현지부에 소속되었다. 그 해 12월 15일에 양수천자에서 간도국민회 조직원들과 함께 총합부 (총감부)를 조직하여 부장으로 선임되었으며 주로 국내 진공작전, 일본 경찰관 암살, 사관학교 설립, 군자금 모집을 계획하였다. 1922년 4월 안도현 도두산 부근에 사관학교를 설립해 사관을 양성할 계획과 노령에서 암살대를 모집하여 온성과 종성 일대의 경찰관주재소를 습격할 계획을 세웠으며 일제의 수사망에 걸리지 않도록 기독교 단체로 가장하였다.

1923년 이동휘를 지지하여 그와 함께 개조파 일원으로 활동하며 같은 해 2월에 조직된 〈적기단〉의 활약을 위해 적극적으로 모금하며 지원하였다.

1924년 64세가 된 그는 독립운동에 관한 사업을 젊은 세대에게 인계하고 하마탕으로 돌아와서 1931년, 만주국이 세워지기 전까지 조사(전도사)로서 복음전파에 전념하였다. 1927년에는 국민회 동지들, 강백규, 마진, 김영학, 정재면, 김약연 등과 북간도 간도국민회 재건 운동에 착수하였고 1928년에는 돈화현의 마진에게 간도국민당 조직을 명하였다. 그 후 그는 만주국 치하에서 일제의 감시와 탄압을 피해 다니며 북간도 기독교 독립운동의 지하조직을 구축하는 일에 심혈을 기울이는 등 1944년 세상을 떠날 때 까지 캐나다장로교회의 지도자로서 조선의 독립과 해방을 위해 노고를 아끼지 않았다.

앞에서 살펴 본 대로 구춘선이 84년의 긴 생애 속에서 고려 공산당에 가입해서 활동한 시기는 넉넉잡아도 만 4년에 불과하다. 4년의 활동 이후로 그는 다시 하마탕으로 돌아가서 전도사 직분에 충실하였으며 만년에 캐나다장로교회를 백그라운드로 해서 만든 간도국민회 재건과 간도국민당을 만들기 위해서 노력한 일 등을 감안할 때 그의 고려공산당 가입은 기독교를 부정하고 교회를 등지고 떠난 것이 아니었음을 알 수 있다. 그의 공산당 가입은 시대적인 흐름도 있었지만, 민족의 고난에 침묵하며 영혼구원과 사후천국을 부르짖는 기성 교회에 대한 회의와 성찰의 결과로 보아야 할 것이다. 그의 공산당의 활동은 대승적인 기독교 선교의 한 면이었으며 교회의 사회참여와 소명, 진보적인 신학과 신앙에 대한 모험과 탐색의 과정으로 보인다. 그러므로 우리는 〈크리스천 독립투사〉이며 북간도 독립운동의 태두로 사회참여에 앞장선 그의 실천적인 신학과 신앙을 탐구하며 배워야 할 것이다.

1900년대 초반 20여 년 동안 훈춘을 포함하는 북간도에서 두드러지게 활약을 한 독립투사들 대부분이 캐나다장로회 선교부의 지원과 보호 아래 있었다.

이동춘, 정재면, 황병길, 이명순, 오병묵, 이동휘, 구춘선, 남공선, 김약연, 양진섭, 양형섭, 강백규, 마진 등 대부분의 지도자들이 캐나다장로회 선교부와 협력하며 자기들의 마을에 교회와 학교를 세워서 복음을 전하며 항일민족교육과 계몽운동을 펼쳤다. 그럼에도 불구하고 연변에서 발행된 많은 책들이 당시 독립투사들에게 영향을 준 캐나다장로회와 교회에 대하여 침묵하며 그들의 생애 속에서 기독교 신앙을 제거하거나 약화시켜 버렸다. 그리고 그 빈자리에 이동휘를 왕왕 집어넣었다. 그리하여 초기 민족주의 계열 크리스천 독립투사들의 대부분이 이동휘에게 사상적 세례를 받은 사람이 되어 버렸다. 후세 사가들의 이념에 따른 고의적인 왜곡이나 방조로 말미암아 그들은 일찍이 기독교에서 사회주의자로 전향한 이동휘를 따라 교회를 독립운동의 수단으로 이용하는 위장 크리스천으로 전락하였으며 그의 추종자로 그려진다.

초기 20여 년 동안 활발하게 독립운동을 견지한 투사들을 이동휘 추종자로 만들지 않으려면 이동휘의 연변 방문 일정과 체류 기간을 살펴보아야 한다.

이동휘가 캐나다장로회와 관련을 맺게 된 것은 1909년이다. 그는 성진에 있는 캐나다선교부의 그리어슨(구례선) 선교사를 찾아가서 조사로 채용해줄 것을 부탁하였다. 당시 캐나다 선교부 성진 본부는 조사(전도사)가 필요 없었으므로 구례선 선교사는 그에게 매서인 자리를 제안하였다. 그는 구례선의 매서인이 되어서 캐나다 선교부 관할 하에 있는 함경도 일대를 다니며 복음을 전하였고 마을마다 교회와 학교를 세우기를 권하며 교육과 신앙에 근거한 구국론을 설파하였다. 1년 후, 구례선이 그를 조사로 임명하자 그는 캐나다 선교부의 지원을 받으며 복음전파의 장을 항일계몽운동의 장으로 적극적으로 이용하였다.

1911년 1월, 이동휘는 구례선 선교사와 성진교회의 교우들이 만든〈한아청삼국전도회〉의 경제적인 후원 아래 북간도 여러 지역을 순회하며 전도집회를 열었다. 그는 2월에 명동에서 대사경회를 열었는데 그 자리에 200여명의 크리스천들이 참석하였다. 그 모임에서 그들은 1909년에 김약연, 정재면, 박태환 등이 만든〈길동기독전도대〉를 성진교회의〈한아청삼국전도회〉에 합하여 함께 공동으로 삼국에 복음을 전하기를 결의하였다.

성진으로 돌아온 이동휘는 1911년 3월에〈105인 사건〉으로 체포되어 재판을 받아 경기도 앞 바다에 있는 대무의도에 유배를 당하였고 1912년 6월 말에 석방되어 나온다.

그 후 이동휘는 구례선 선교사의 도움으로 1913년 2~3월(또는 7월) 사이에 용정촌으로 망명을 하였으며 그 해 9월에 러시아령 연해주 블라디보스토크로 떠났다.

그 후 그는 북간도의 하마탕, 훈춘, 라자구 등과 연해주를 오가면서 독립운동단체들의 연합과 독립군 양성에 주력하였다. 1917년 1월에 이종호가 라자구무관학교 운영자금으로 준 독일 화폐를 소지한 혐의로 간첩으로 몰려서 자유시 지방의 러시아 육군감옥에 투옥되었으며 같은 해 12월에 석방되었다. 그는 감옥 안에서 공산주의 이론을 학습하였고 출옥 후에 김 알렉산드라를 비롯한 사회주의자들의 지도를 받으며 1918년 4월 28

일에 한인사회당을 창당하고 위원장이 되면서 기독교 전도사의 신분을 완전히 벗어 던지고 사회주의자로서 행보를 과감하게 시작하였다. 그는 피압박민족의 해방을 주장하는 레닌에게서 조선독립의 서광을 보았으며 그가 진정으로 약소민족을 도울 것이라는 환상과 기대로 모스크바를 향해 힘차게 달렸다.

그는 북간도로 망명한지 만 5년 만에 기독교에서 사회주의로 개종을 하였으며 그와 함께 했던 김립, 오영선, 남공선, 계봉우, 윤해, 장기영, 김규면 등의 적지 않은 사람들이 그와 함께 사회주의로 전환하여 흔히들 말하는 조기 공산주의자 이동휘 사단을 형성하였다.

앞에서 언급한 이동휘의 북간도 전도집회 일정이나 망명이 다 구례선 선교사의 계획과 파송으로 이루어진 일이었다. 1903년 북간도로 망명할 때도 그의 신분은 캐나다장로회 선교부 소속 조사(전도사) 신분이었으며, 망명 이후에도 캐나다 선교부와 연계되어 전도집회 활동을 하였다는 사실을 염두에 두면 20년대 초반에 북간도에서 활동한 여러 독립투사들에게 덧칠해진 이동휘 그림자를 벗겨낼 수 있을 것이다.

간도국민회 회장인 구춘선에 대한 기술에도 이동휘 덧칠 현상이 나타난다.

연변에서 나온 책자 중에는 구춘선이 왕궁 수문장으로 복무를 할 때부터 이동휘를 만났으며, 그가 왕궁진위대를 사임할 때 그의 충고를 따랐다고 한다. 그가 간도로 망명한 것 또한 그의 지시에 의한 것이며, 소영자의 광성학교에서 교편을 잡은 것도 그의 안내라고 한다. 그들은 구춘선이 하마탕에 교회와 학교를 세워 독립운동기지를 창설한 것도 이동휘의 무장독립운동 전략 중의 하나였으며, 그가 간도국민회 회장으로서 1921년 11월에 고려공산당에 가입하고 돈화에 고려공산당 중령총감부를 설치한 것, 적기단에 협력한 것 등 그의 모든 활동을 무조건 이동휘의 지시와 영향으로 보는 것이다. 그러나 두 사람의 나이 차이와 간도 이주의 시기를 고려해보면 진위 여부가 선명하게 드러난다.

구춘선은 1860년 함경북도 온성 출생이고, 이동휘는 1873년 함경남도 단천 출생이기 때문에 조선에서 조우했을 가능성은 희박하다. 뿐만 아니라 구춘선은 1897년에 연길로, 이동휘는 1913년 7월경에야 용정으로 망명을 하였기 때문에 이동휘가 1913년에 구춘선이 설립하는 하마탕교회 영향을 주었다고 보기 어렵다. 하마탕에 교회와 보진학교를 설립할 때 그는 이민살이 16년째의 사람이었고 이동휘는 막 두만강을 건너 온 망명 초년생이거나 아니면 조선 성진에서 망명을 준비하는 중에 있었을 것이다.

이동휘는 캐나다장로회 소속 조사였으므로 같은 교단 소속인 하마탕교회 설립자이며 조사인 구춘선의 집에 언제든지 머물 수 있는 사람이었다. 구춘선은 조선이주민의 대선배이자 동료로서 후배인 이동휘를 언제든지 맞아줄 수 있는 위치에 있었으므로 그들은 필요할 때마다 서로 만날 수 있었다. 또한 그는 먼저 정착한 조선이주민으로서 많은 노하우를 가지고 이동휘의 가족이 하마탕에 잘 정착할 수 있도록 도와줄 수 있었다.

흔히들 말하는 대로 하마탕교회와 보진학교를 기초로 하여 독립운동의 기지를 만들려는 계획은 이동휘의 구상이라기보다 초기 개종자이자 이민자인 구춘선의 깊은 생각과 오랜 숙원의 산물로 보는 것이 타당하다.

그러므로 간도국민회 성립 후에 회장인 구춘선의 교회가 있는 하마탕이 간도국민회의 최초의 본부가 되는 것은 너무도 당연한 일이었으며 그가 고려공산당에 가입한 뒤에 잠시 떠나 있다가 1924년에 다시 하마탕에 돌아 온 것도 그런 맥락에서 보면 자연스럽다. 그는 실로 진보나 보수의 틀에 매이지 않은 크리스천 지도자로 예수의 하나님 나라를 이상촌과 독립운동을 통하여 추구하고자 하였던 것이다.

그가 이동휘의 행보를 지지하며 고려공산당에 가입한 일에 그의 영향이 없다고 볼 수 없지만, 그가 당시 서구 기독교 국가들의 모임이라고 할 수 있는 파리강화회의가 조선 독립 문제에 보여준 태도에 분노와 좌절을 맛본 독립운동가의 한 사람으로서 레닌의 피압박민족 해방 메시지에서 희망을 가지게 된 것은 충분히 가능하며 일리가 있다. 그러나 그가 총감부를 설치하며 적기단을 지원한 행위는 조선의 독립을 염원하는 크리스천 독립운동가로서 좌우이념과 계급차별을 떠난 그의 정신적 성숙과 사회참여 신학과 신앙의 결과로 보는 것이 더 합리적이다.

하나하나 짚어 가면서 시시비비를 가리면 이동휘의 덧칠이 벗겨지고 진짜 망국의 시대를 살며 고민한 크리스천 독립투사 구춘선의 모습이 보인다. 그러나 조선 제 1호 공산주의자인 이동휘에게 모든 영광과 공로를 돌리고 싶어 하는 사회주의 세계는 팩트와 설화(說話)를 분별하려고 하지 않는다.

구춘선에게 덧칠해진 이동휘 그림자를 벗겨 내리려면 그를 한문과 유교 주자학의 사회에서 신학문과 기독교의 새로운 세계로 탈출시킨 사람들을 찾아내야 한다. 연변이나 한국에서 나온 책들이 그들에 대하여 직접적으로 많은 정보를 제공하지 않는다. 그러나 북간도에서 그의 삶의 궤적을 추적하며 그 흔적을 찾아낼 수 있다.

북경대학 조선문화연구소에서 편찬한 《종교사》, 145쪽과 142쪽에 의하면 구춘선은 일찍이 구례선 선교사를 만났다.

"룡정교회는 이듬해 캐나다선교사 구례선이 북만과 씨비리지역에 산재한 조선족들에게 전도할 목적으로 부친과 정아력, 조사 홍순국과 함께 룡정에 왔다가 조선족유지들인 구춘선과 집사 리보건의 협조를 받아 설립 되었던 것이다. 그 후 룡정교회는 조선으로부터 선후하여 구례선, 정아력, 부두일, 매길로(매길도의 오기이며 본명은 던칸 맥레), 박걸 등 선교사들의 방문 지도하에 점차 발전하여 룡정에서 뿐 만 아니라 연변지방에서의 선교근거지로 되었다."

"1908년 3월(음력 2월 9일), 함경북도 성진리에서 소집된 선교대회에서 선교사 구례선은 김계안 조사를 룡정에 파견하여 교회의 발전을 인도할 것을 지시하였다. 그 당시 룡정에 있던 장로교 신도들은 여전히 예수서사에 모여 례배를 드리고 있는데 신도들로는 구춘선, 박무림, 리보영, 한봉희, 최적식 등과 김계안 일가 도합 17명이였다. 이것을 연변의 첫 장로교 교회라고 할 수 있다. 김계안은 1914년 룡정교회 장로로 선임되었으며 이들을 가히 연변의 첫 조사와 전도사라고 할 수 있다."

첫 인용문에서 구춘선이 1906년에 용정에서 캐나다 선교사 구례선과 조사 홍순국을 만난 것을 알 수 있다. 또한 연이어서 구례선, 정아력, 부두일, 매길로, 박걸 등 선교사가 계속 용정을 방문한 사실도 알 수 있다.

두 번째 인용문에서는 1908년 구례선 선교사의 파송을 받은 김계안 조사가 용정에 와서 예수서사에서 예배드리는 구춘선 외의 성도들을 만났으며 그 후 용정에 남아서 계속 교회를 지도하였고 1914년에는 용정교회의 장로가 되었다는 사실을 알 수 있다.

두 인용문에 근거하면 구춘선은 이동휘를 만나기 훨씬 전, 1906년 이전에 복음을 받아들였고 최소한 1906년부터는 크리스천으로서 예배를 드린 북간도지역의 초창기 크리스천이었다는 사실을 알 수 있다. 뿐 만 아니라 그는 일찍이 구례선 선교사를 비롯하여 정아력, 부두일, 매길로, 박걸 선교사를 차례로 만났으며 그들의 정신적인 지도와 안내를 받으며 홍순국 조사와 김계안 조사를 통하여 크리스천으로서 교육과 훈련을 받았을 것이라는 것을 추측할 수 있다. 캐나다장로회 선교부와 선교사들 그리고 조사들을 살펴보기 전에 구춘선이 1906년 이전 언제 누구에게 복음을 들었을 것인가를 알아보기로 한다.

인터넷에서 로버트 그리어슨을 쳐서 나무위키에 나온 그에 대한 일부를 소개한다.

"이후 (구례선이) 1902년에 여러 선교단체의 지원을 힘입어 제동병원을 설립했고, 간도에서 선교활동을 벌여 한인 이주민들을 장로교로 인도했다. 1903년 여름에 블라디보스토크를 방문해 한인촌을 순회하며 성경을 나눠주고 복음을 전파했으며, 1906년에는 홍순국조사와 함께 용정에 예배 처소를 마련했다."

서굉일은 《북간도민족운동의 선구자 규암 김약연 선생》에서 캐나다장로회가 북간도 선교를 시작했다고 한다.

"북간도 선교는 캐나다장로회 선교부에서 착수했다.

1902년 성진 주재 그리어슨(구례선)이 홍순국과 함께 시베리아와 동만지방 선교답사 여행을 한 뒤 안순영을 전도사로 파송해 1906년 양무정자, 광제암교회를 개척했다. (한국기독교의 역사)"

서고도는 《한국에 온 캐나다인들》에서 구례선 선교사가 여러 번 북쪽 지역과 만주에 다녀왔음을 밝힌다.

"1909년 11월 7일 성진항에 도착했다. 맥러어드 목사는 블라디보스토크 한국인 목사 취임식에 참여하기 위해 그 전날 성진항으로 출발했던 로스목사와 그리어슨 박사 부부에 의해 환영을 받았다. 성진에 오자마자 그리어슨(구례선) 박사는 맥러어드를 데리고 그가 새롭게 얻은 한국의 북쪽 지역과 만주에 있는 선교현장을 소개하기 위해 지체 없이 순회 선교 여행을 떠났다. 그들은 12월 1일 성진을 떠나, 성탄절 직전에 돌아 왔다. 3주 동안 그들은 북쪽 지역에 있는 모든 전략적 장소와 용정을 포함하여 간도에 있는 10개의 그리스도교 공동체들 중 다섯 곳을 방문했다."

위의 첫 인용문은 시기는 1903년에 그리어슨 선교사가 연해주 한인촌 방문한 사실을 언급하고 있다. 누구와 같이 동행했는지 돌아오는 길에 북간도에 들렸는지 직접적인 표현은 없지만 그 뒤의 문장으로 보아서 홍순국 조사와 동행하였으며 돌아오는 길에 용정에 들렸음을 알 수 있다. 두 번째의 인용문에 의하면 1902년에 그리어슨 선교사가 홍순국 조사와 함께 연해주와 북간도에 선교 여행을 다녀온 사실과 그 뒤로 안순영을 동만지방(북간도)전도사로 파송한 사실을 알 수 있다. 세 번째 인용문의 "그가 새롭게 얻은 한국의 북쪽 지역과 만주에 있는 선교현장"이라는 표현 속에서 그리어슨이 만주 선교현장에 최소한 한 번 이상 다녀 온 사실과 그 당시 전도활동이 아주 활발하게 진행되고 있음을 알 수 있다.

정상규는《잊혀진 영웅들, 독립운동가》, 구춘선 편에서 구춘선이 그리어슨(구례선)선교사를 만나서 기독교도가 되었다고 말하고 있지만, 안순영 조사에게 받았을 가능성도 배제할 수는 없다. 그러나 누구를 통해서 복음을 들었든지 간에 그리어슨이 캐나다장로회 북간도 선교의 첫 머리이기 때문에 구춘선이 그리어슨을 통해서 복음을 받아들였다고 해도 틀린 말은 아니다. 그런 의미에서 구춘선은 구례선 선교사의 북간도 첫 열매라고 해도 무방하다.

구춘선은 1902년과 1905년 사이에 복음을 받아 들였고 그리어슨과 홍순국, 김계안의 지도 속에서 자유와 사랑, 정의와 평화, 평등의 복음에 천지개벽을 체험하고 남성중심의 조선사회의 불평등과 차별을 극복하며 일본의 정치, 경제적 침투로 망해 가고 있는 조선의 구원과 해방에 책임감을 크게 느끼는 크리스천으로 거듭났을 것이다. 연변에서 나온 책들이 말하는 것처럼 그는 이동휘의 영향과 지도로 독립운동에 투신한 인물이 아니었고 구례선 선교사와 홍순국 조사, 김계안 조사와 안순영 조사와의 만남 가운데 신앙과 교육을 통하여 독립운동에 눈을 뜬 것으로 보는 것이

자연스럽다. 뿐 만 아니라 그의 주변에는 초창기 캐나다장로회 선교부의
활동을 통해서 만나게 된 조선독립의 뜻을 품은 수많은 지도자들과 교회
설립자들과 학교 교사들이 있었다. 그는 이동휘를 만나기 전에 이미 정재
면, 황병길, 오병묵, 남공선, 김영학, 이동춘, 박태환, 김약연, 마진, 양형섭,
양진섭 등과 만났으며 그들과의 만남은 그를 자연스럽게 독립운동의 장
으로 이끌어 갔을 것이다.

  구춘선이 복음을 접한 이후, 사회참여의 신학과 신앙의 실천으로서 교
육과 신앙을 통해 독립운동을 추구하는 운동가가 된 것은 그에게 천지개
벽과 같은 새 세상의 복음을 전해준 사람들과 캐나다장로교 선교부의 영
향이 아주 큰 것으로 보인다. 그러므로 구춘선의 교육과 신앙을 통한 독
립구국 운동을 이해하려면 당시 캐나다선교부와 선교사를 알아야 한다.
  먼저 캐나다 선교부의 간도선교 역사와 활동을 살펴보고자 한다.

  호이전, 문홍복 주필,《연변문사자료 제8집 종교사료전집》, 114쪽에 의
하면, 캐나다장로교 해외선교부는 1898년에 연변을 선교구에 포함시켰다.
  캐나다 선교사들은 주로 원산, 성진, 회령 등지에서 전도활동을 하였는
데 1902년 또는 1903년에는 함경도에서 간도로 이민을 간 교우들을 따
라 북간도로 진출하였다. 그들은 이민 교우들을 통해서 이미 북간도의 조
선인들의 형편을 파악하고 있었다.
  그럼에도 캐나다장로교는 간도선교를 과감하게 밀고 나가지 못했다.
가장 큰 이유는 선교사 인력난의 문제였고 다른 하나는 감리회 선교부와
선교지 구역 조정 문제에 봉착하였기 때문이었다.

초기 감리회 선교부는 "캐나다선교부의 책임은 두만강에서 끝났고, 감리회 선교부는 그것을 넘어 모든 지역에서 환영을 받았다." 말하며 캐나다선교부가 북간도지역 선교를 감리회 선교부에 양보해주기를 원하였다. 간도지역 선교에 관심이 많았던 구례선 선교사는 갈등하며 다른 선교사들과 많은 논의와 숙고를 거쳐서 북간도지역을 감리회 선교부에 양도하기로 결정하고 캐나다장로회 이름으로 설립된 교회 명단을 감리회 선교부 하디(하리영) 박사에게 보냈다. 그런데 뜻밖에도 하디가 1909년 6월 29일자로 구례선 선교사에게 보낸 편지에 간도지역을 캐나다장로회 선교부에 양도한다고 밝힘으로 간도선교는 다시 캐나다장로회에게 맡겨졌다.

"나는 캐나다 선교부가 간도 지역의 그리스도교인들을 담당하고, 그 지역 선교를 시작하고자 한다면 감리회 선교부가 거기서 철수할 것이라는 사실을 알리고자 합니다."

하디의 간도지역 양도에 대한 회신을 받은 구례선 선교사는 북간도 복음전파에 대한 열정과 소명감이 다시 불붙었으며 캐나다선교부 또한 간도선교에 대한 책임감을 새롭게 각성하여 1912년 용정에 선교관을 건립할 부지를 구입하기에 이르렀다. 1913년에는 박걸 선교사 부부가 용정에 거주하며 주택 두 채와 선교부 본관 건물을 건축하였다. 그 후부터 캐나다장로회 북간도 선교부, 〈영국더기〉는 마을 방문을 포함하는 교육, 의료 및 봉사를 통해 복음을 전하는 다차원적 봉사와 교육활동으로 늘 활기찼다.

초창기 북간도 순회는 주로 구례선, 정아력, 부두일(푸트), 매길도(맥레)

선교사가 담당하였으며 순차로 방문하였다. 그들의 주요 업무는 조사들과 함께 설립된 교회를 순방하며 지도자와 교우들을 격려하는 일을 하였다.

캐나다선교사들은 조선말을 유창하게 하였고 마을을 순회할 때 마다 약을 가지고 다녔다. 그들은 마을에 들어서면 가장 먼저 환자를 돌아보며 정성껏 치료해 주었고 뿐 만 아니라 나라를 잃고 고향을 떠나서 곤궁하게 사는 조선인들의 절망과 비애를 성경 말씀으로 위로하며 용기를 주었다. 또한 조선인들이 가지고 있는 일본에 대한 증오와 독립에의 열망을 동정하고 지지하였으며 가난한 아동들에게 교육의 기회를 제공하며 일본인들과 중국인들에게 차별과 핍박당하는 조선인을 보호하고자 노력하였다. 남녀차별과 구습을 타파하며 망국 이주민들로 하여금 하나님의 뜻과 하나님 나라의 일환으로서 독립운동을 추구할 수 있도록 지도하였다.

이렇듯 캐나다장로회 선교사들의 선교활동은 상처가 많은 조선인들을 치유하였으며 망해버린 나라와 민족을 회복할 것이라는 기대와 희망을 주었으므로 선교사들은 어디에서나 대환영을 받았다. 그리하여 마을 전체가 집단 개종하는 곳도 있었는데 그 마을들에 성교촌(聖敎村), 구세동(救世洞), 예수촌 이라는 이름이 붙여졌다.

1913년 함경노회는 김내범목사를 전 간도 및 연해주까지 순회하는 목사로 용정에 파송하여 전도활동에 박차를 가하였으며 1914년에 캐나다장로회 선교부는 김계안 조사를 용정교회 장로로 피택하여 연변의 전도와 교육활동에 힘을 실어 주었다.

1914년 통계에 의하면 한 건물을 교회와 학교로 동시에 사용하는 곳이 38개나 되었다. 이는 단지 조직교회 숫자에 불과하며 미조직교회와 기도

처를 포함하면 숫자가 더 늘어날 전망이다.

캐나다장로회가 당시 연변사회에서 강력한 영향력을 끼치며 조선인들의 마음을 사로잡은 것은 그들의 복음에 대한 열정과 가난한 조선이주민에 대한 동병상련의 자세와 교회와 선교에 대한 진보적인 태도 때문이었다. 이 외에도 망명 지사들과 학생들을 대거 장로교회로 합류하게 만든 사회적 정치적 요인들이 있었다.

첫째는 캐나다장로회 선교사들이 일본의 조선 식민지 통치를 반대하며 독립운동을 지지한 것이고, 둘째는 독립운동에 투신한 인사들을 지지하고 신변을 보호해준 것이며, 셋째는 감금된 교사들과 학생들 석방을 앞장서서 교섭한 것이고, 넷째로 〈영국더기〉라고 불리는 캐나다 선교부 치외법권 구역 안에서 독립을 위한 각종 행사와 활동을 하도록 묵인한 것이며, 다섯째로 가난한 조선인들, 독립 운동가들과 독립군들을 무상으로 치료한 것이고, 여섯째로 선교사들이 일본군의 만행을 세계에 폭로하였으며 수시로 조선인들의 독립운동과 항일정서를 구미사회에 소개하였고 또한 세계정세를 조선이주민사회에 소개하여 세계와 연대감을 가질 있도록 미디어 역할을 해준 것 등의 영향이었다.

1910년대 캐나다장로회 소속 교우들의 활동은 크게 내부 종교 활동과 외부의 사회활동으로 나뉜다. 내부 활동은 예배와 성경공부, 복음전파와 신도 간의 친목, 단결과 상부상조 그리고 구습타파 등 계몽운동에 중점이 있었다. 내부 활동을 위하여 만들어진 단체로 〈삼국전도회〉, 〈기독교청년회〉, 〈기독교여성회〉등이 있었는데 그들의 활동이 곧 외부 활동을 위한 징검다리가 되었다.

외부 활동의 핵심은 항일민족교육이었다. 독립 운동의 일환으로 민족의식을 일깨우기 위해 사립학교를 세우고 계몽운동을 펼치며 구국의 인재를 양성하는 것이었다.

캐나다선교부는 교회의 구국교육을 적극 지원하였으며 교회가 있는 곳에 반드시 근대식 학교를 세우도록 격려하였다. 그리하여 어떤 교회들은 교회 건물을 주중에 학교로 사용하기도 하였다.

캐나다선교부는 1915년에 동북남(男)성경학원, 배신여(女)성경학원을 창립하여 교회 지도자와 여성 전도인을 양육하였고, 1916년 5월 20일에 제창병원을 개원하여 의료와 전도활동을 병행하였으며, 1913년 9월에 명신여자소학교와 중학교를, 1917년 2월에 은진중학교를 세워서 복음전파와 독립운동이라는 깃발을 동시에 들고 연변 조선인들을 진보적 신앙의 길로 인도하였다.

이런 캐나다장로회 선교부의 사회 현실을 외면하지 않는 대승적 선교의 영향으로 말미암아 장로회 교회 초기 설립자들인 구춘선, 정재면, 황병길, 김약연, 오병묵, 강백규 등은 간도의 조선인의 교육과 자치를 위해 〈간민교육회〉와 〈간민회〉에 조직에 헌신할 수 있었으며 〈3·13 만세시위〉를 주도할 수 있었다.

이런 진보적인 선교 흐름으로 캐나다장로회 선교부는 한국독립운동사와 교회사에 위대한 유산을 남겨 주었다.

그것은 다름 아닌 캐나다장로회 묵인 속에서 지 교회들이 1920년 3월에 일치단결하여 조직한〈간도국민회〉이다. 〈간도국민회〉는 독립운동사뿐 만 아니라 한국사에 길이 기억되어야 할 무장독립운동 단체로서 당시 국내외를 막론하고 가장 큰 규모의 단체였다.

〈간도국민회〉는 장로회 산하의 120여 개의 교회들이 지회로 가입하였고 지회장은 지 교회 목회자내지는 교회 대표로 세웠으며, 회장은 하마탕 교회 지도자인 구춘선 이었다. 본부 산하에 동서남북 지방회와 중앙지방회가 있었으며 초기에는 본부를 하마탕에 두었고 후기에는 의란구로 옮겼다. 그러나 국민회의 활동, 토의, 연락 장소는 일본영사관이 범할 수 없는 치외법권 지역인 〈영국더기〉 내 제창병원 지하실에 두었다.

마진은 명동촌에 가서 청장년과 명동중학생을 중심으로 하여〈충렬대〉를 조직하였고 김상호는 〈암살대〉를 조직하여 〈간도국민회〉지휘아래서 일본영사관과 〈동척〉 사무실을 방화하였다.

〈간도국민회〉는 지하신문 〈자유의 종소리〉를 발행하여 조선인들의 무장독립투쟁을 고취시키며 〈군자금〉을 모아서 무기를 구입하였으며 1919년 11월에는 〈충렬대〉와 〈암살대〉를 토대로 〈국민회군〉을 창설하고 안무를 지휘관으로 임명하였다.

〈간도국민회〉 본부는 〈군적등기회〉를 반포하여 장로회 소속 청장년들을 독립군에 참가하도록 동원하였으며 무관학교를 세워 군인을 양성하였다. 1920년 1월 3일, 군자금을 마련하기 위하여 일으킨 〈15만원 탈취사건〉은 〈간도국민회〉 소속 〈철혈광복단〉 성원들인 윤준희, 임국정, 한상호, 박웅세, 최봉설, 김준 등 일곱 사람이 일으킨 대사건이었다. 그들은 조선은행 회령 본청에서 〈길회선〉 철도 부설자금이 용정은행으로 온다는 정보를 듣고 동량리 어구에서 거금을 탈취하였다.

안무가 지휘한 〈국민회군〉은 450여명으로 발전하였으며 1920년 6월에는 홍범도의 〈대한독립군〉, 최진동의 〈도독부〉, 김규면의 〈신민단〉 등과 연합하여 〈군무독군부〉 일원으로 봉오동전투에 참여하였으며, 10월 하순에는 청산리전투에 홍범도의 〈연합부대〉로 참전하여 승리를 거두었다.

〈국민회〉는 상해임시정부의 호소에 적극 호응하여서 무장투쟁과 군자금 모금에 앞장섰으며, 우후죽순으로 난립하는 무장독립운동단체를 연합하여 〈군무독군부〉를 성립시켰고 봉오동전투 후에도 지속적으로 독립운동단체들의 연합과 통일을 주도하여 1920년 7월 7일 연길현 의란구에서 마지막까지 독자 노선을 걷고 있던 북로군정서에게 연합과 통일을 위한 동의와 서명을 받아서 독립군의 화합과 일치를 주도하여 청산리전투의 승리의 기초를 주도한 단체로서 공로가 참으로 크다.

그러나 겨울철에다 무기 부족과 식량 문제 봉착한 간도의 독립군들은 〈불령선인초토화계획〉을 세우고 동만과 서만을 포위하고 들어온 25,000여 명의 일본 정규군의 토벌을 피해서 러시아 자유시로 넘어가지 않을 수 없었다. 그 때를 기하여 일본의 군인들은 캐나다장로회 지교회가 있는 마을, 즉 간도국민회 지회가 있는 마을들을 포함하여 모든 무장독립운동단체의 기지가 있던 마을들을 찾아서 초토화 시키는 〈경신참변〉을 일으켰다.

〈경신참변〉의 최대 피해자는 캐나다장로회 소속 교회와 그 교우들이었다. 일제 토벌군은 교우들의 가옥과 교회, 학교와 식량을 불사르고 약탈하고 폭행하였으며 여성교우들을 강간하였다. 캐나다장로회 선교부는 죽음과 고통의 벼랑에서 신음하는 교우들과 무너진 교회를 일으키기 위해서 내부 활동으로 눈을 돌려야 하는 시점에 이르렀다.

캐나다장로회 선교사들이 교회의 사회참여를 주장하는 진보적인 사람들이었기에 〈간도국민회〉는 장로회 산하의 지 교회를 그대로 〈국민회〉지회로 조직할 수 있었다. 이러한 초기 캐나다 선교사들의 자유롭고 진보적인 신학적, 교육적 지원과 격려의 무드 속에서 구춘선, 황병길, 이명순, 장재면, 오병묵, 마진, 김약연 등의 교육과 신앙을 통한 구국의식이 크게 성장하였고 〈간도국민회〉 조직과 활동에서 꽃 핀 것으로 보인다.

초창기 구춘선을 비롯한 민족주의 계열의 독립투사들이 자주 접한 선교사는 구례선, 부두일, 매길도, 박걸, 정아력, 서고도 선교사 등이었다. 그들 중에 구례선과 박걸 선교사는 후에 제창병원 원장으로 부임한 민산해와 함께 국가보훈처로부터 건국훈장 독립장을 추서 받았다. 국가 보훈처로부터 건국훈장 독립장을 받았다는 것은 그들이 한국인들의 독립운동을 적극적으로 지원해주었다는 뜻이다. 캐나다 선교사로서 용정과 연변지역 최초로 방문한 구례선 선교사는 바로 그런 사람이었다.

그는 1868년에 캐나다 노바스코샤 핼리팩스에서 태어났으며 의사로서 신학을 공부하여 1898년 목사 안수를 받고 그 해에 결혼을 하고 바로 아내와 함께 캐나다장로회 선교사로 한국에 파송을 받았다.

1898년 9월 7일에 한국에 도착한 그는 원산, 성진, 함흥에서 선교활동을 전개하였는데, 성진을 선교 본부로 정하고 홍순국 조사의 도움을 받아 전도활동을 시작하였다.

1902년에 성진에 제동병원을 설립하였다. 1903년 연해주에 다녀오는 길에 용정을 방문하였고, 그 후에 안순영 조사를 용정으로 파송하였다. 1906년 용정 방문 시에는 구춘선, 박무림, 리보건 등을 만났으며 용정교회를 설립하였다. 연이어 양목정자와 광제욕교회도 설립에도 참여하였다. 그는 1908년에는 김계안조사를 용정교회로 파송하여서 용정과 간도 일대의 교회를 돌보게 하였고, 1909년 12월에 그는 맥리어드 선교사를 동반하고 용정과 간도에 있는 5개 교회를 순방하였다.

그는 1909년에 이동휘를 자신의 매서인으로 임명하였고 그 다음 해에 조사로 임명하여 전도활동과 함께 민족교육과 독립운동을 할 수 있는 장을 만들어 주었고, 그가 105인 사건으로 유배를 당했다가 풀려 나왔을 때 용정으로 망명할 수 있는 길을 열어 주었다.

그는 서울에서 3·1 만세시위가 일어나자 3월 7일, 자기의 거처를 성진 일대에서 만세시위를 계획하는 사람들에게 비밀모임장소로 제공하였으며 3월 10일 만세 시위가 일어난 후, 부상자가 속출하자 그들을 치료하여 주었다. 그는 성진만세 시위 건으로 경찰서에 잡혀갔지만 치외법권을 가진 외국인으로서 곧바로 훈방조치 되었다.

그는 감옥에 갇힌 이들을 면회하였고 여신도회원들로 하여금 교대로 면회를 하도록 지도하였으며, 갇힌 자들을 위하여 사식을 차입해서 넣어 주는 등 고난에 처한 독립 운동가들을 끊임없이 지원하며 격려하였다.

그는 1935년, 한국에 온지 38년 만에 은퇴하여 캐나다로 돌아갔으며 1965년 98세의 나이로 별세하였고 한국정부는 1968년 그에게 건국훈장 독립장을 추서하였다.

《한국에 온 캐나다인》이라는 책 속에서 서고도 선교사는 그를 아래와 같이 묘사하고 있다.

"그리어슨(구례선) 박사는 세 사람 중에서 가장 다재다능했다. 그는 언어를 빠르고 쉽게 배웠고, 열정적이었으며 규칙적이고 틀에 박힌 일을 잘 참지 못했다. 또한 아주 다양한 분야에 관심을 가지고 있어서, 당면한 과제에 고정되어 있기보다는 오히려 더 넓은 시야로 그 과제를 풀어 나갔다. 그는 의료 활동을 통해 선교를 도왔고 음악과 노래, 운동에 있어서도 두각을 나타냈다."

서굉일은 그의 논문 〈규암에게 기독교를 전도한 정재면의 신앙〉에서 정재면의 이야기로 캐나다 선교부와 선교사들에 대하여 아래와 정리하였다.

"이 캐나다 선교부의 선교사들은 스코틀랜드 출신으로 종교의 현실참여를 신학적으로 긍정하면서 한민족의 독립운동에 대한 지대한 관심과 동정을 가지고 적극적으로 지원하였다. 선교부는 명신여학교·제창병원을 설립하였는데, 제창병원은 독립군의 피난처요, 휴식처가 되었다."

그는 같은 책에서 그리어슨에 대하여 짤막하게 언급하였다.

"북간도 선교는 캐나다장로회 선교부에서 착수했다.
1902년 성진 주재 그리어슨이 홍순국과 함께 시베리아와 동만지방 여행을 한 뒤 안순영을 전도사로 파송해 1906년 양무정자, 광제암교회를 개척했다."
"그리어슨은 성진·함흥 선교부 설치를 비롯, 함경도 선교의 주역으로 항일운동도 적극 지원했던 인물."

이상의 내용을 종합하면 구례선 선교사는 개방적이고 진취적이며 모험적인 활달한 성격으로 형식과 습관의 틀에 구애받지 않는 자유롭고 진보적 경향의 선교사이다. 그는 약자인 조선과 조선 사람에게 따스하고 관대하였으며 조선 교우들에게 영혼의 구원 뿐 만 아니라 사회 참여와 크리스천으로서 사회에 대한 책임을 가르쳤고 교회로 하여금 민족교육과 신앙의 일념으로 독립운동을 추동해 갈 수 있도록 신앙과 신학의 기초를 잘 놓아 주었다. 그런 그의 한국 사랑과 한국 독립에 대한 공로를 국가보훈처도 인정하였으므로 그에게 건국훈장 독립장을 추서한 것이리라.

이제 마지막으로 크리스천 독립투사 구춘선 〈간도국민회〉 회장과 구례선 선교사의 관계를 정리해보자.

첫째 구춘선 회장과 구례선 선교사의 활동시기가 30년 정도 서로 겹친다.

1860년 출생인 구춘선 회장은 1897년 연길일대로 이주하여, 1906년 용정교회 창립멤버가 된 후로 1913년에는 하마탕에 교회를 세우고 조사가 되었으며 세상을 떠나는 1944년까지 줄곧 북간도에서 활동하였다.

구례선 선교사는 1868년 생으로 1898년에 한국에 입국하여 곧 바로 성진에 거주하여 1935년 은퇴하고 한국을 떠날 때까지 함경도 북부지역 선교와 북간도 선교에 주력을 하였다.

그는 1900년대 초기부터 간도로 이주한 교우들에게 간도 소식을 들었으며, 1902년에 캐나다선교부 선교사로서는 최초로 용정일대를 방문하였고 그 후부터 용정과 연변에 캐나다선교부 조사인 안순영, 김계안을 파송하여 교회와 학교 설립을 주도하였으며 1906년에는 용정교회 설립예배를 주도하였으며 1912년 용정에 선교부 부지를 마련하고 1913년 박걸 선교사가 상주하도록 하였으며 김내범을 순회목사로 용정에 파송하였다.

그 후, 그는 부록도, 부두일, 민소해, 서고도, 배례사, 노아력, 기애시, 맹혜련, 반부련, 육장안, 부례수, 백훈, 배의도, 업배시, 안도선 등등의 선교사를 파송하여 연변에 장로회 교회개척과 사립학교 설립에 힘을 실어 주었다.

둘째 구춘선 회장과 구례선 선교사의 활동 공간이 서로 겹친다.

구춘선 회장의 활동 공간은 용정을 중심으로 하는 북간도 전 지역이었고 구례선 선교사의 활동 지역은 북간도 전 지역과 함경북도 북부지역이었다.

셋째 구춘선 회장과 구례선 선교사는 캐나다장로회 선교부가 북간도 복음전파를 위해 활동하는 현장과 상호 협력하는 선상에서 만났다.

구례선 선교사는 복음을 전하는 자로서 용정에 왔고, 구춘선 회장은 복음을 받아들이고 개종하며 용정교회 설립자이자 교우로서 그를 만났다. 구춘선 회장은 구례선 선교사를 빠르면 1902년, 늦으면 1906년에 만난 것으로 추정되며 북간도 최초의 크리스천 그룹 리더 중의 한 사람이었다. 용정교회 설립 후, 그는 캐나다선교부의 북간도 선교활동에 적극 참여하였다. 그가 1913년 하마탕교회를 설립하면서 조사로서 하마탕교회에서 시무를 하게 된 것은 구례선의 영향으로 볼 수 밖에 없다.

넷째 구춘선 회장과 구례선 선교사는 신앙생활을 사후 세계나 교회 내부 활동에 국한시키지 않았다.

그들은 교회의 사회참여와 독립운동을 크리스천의 세상에 대한 책임과 소명으로 생각한 진보적인 인사들이었다. 결과적으로 구춘선은 용정 시위의 주도자가 되었고 구례선은 성진 시위의 배후가 되어 독립운동의 일선에 나섰다. 구례선은 이동휘가 일본 경찰의 요시찰 인물이라는 사실을 알면서도 조사로 채용하여 그로 하여금 복음전파와 항일 민족교육을 동시에 할 수 있도록 장을 제공하였을 뿐 만 아니라 북간도에 세워진 교회들이 민족운동을 추동할 수 있도록 지원하고 격려하였다.

1909년 여름, 구례선 선교사가 용정에 다녀간 뒤에 구춘선, 이동춘, 정재면을 비롯한 교회 지도자들의 발기로 〈간민교육회〉가 출범하였다는 사실은 많은 것을 시사해준다.

이상의 여러 고찰을 통해서 구춘선 회장이 이동휘의 사상적인 세례를 받았다는 주장과 그가 고려공산당에 가입하여 〈간도국민회〉가 사회주의자 단체로 변질되었다는 주장의 사실과 진실 여부를 미미하게나마 살펴보았다.

구춘선을 이동휘의 아류로 취급하는 것도, 그를 기독교 신앙을 떠난 사회주의자로 낙인을 찍는 것도 구춘선의 한 단면을 지나치게 강조함으로서 그의 생애를 왜곡, 폄하하는 것이다. 그는 크리스천 지도자 여운형처럼 좌우이념을 초월하여 민족이 하나 되어 조국의 독립과 하나님 나라를 이루어 가길 꿈꾼 위대한 지도자이며 참된 제자였다.

앞으로 더 많은 연구와 기록이 나와서 구춘선 회장의 원대하고 심오한 뜻이 우리 후손들의 심금을 울리게 되길 빌어마지 않는다.

끝으로 구춘선 회장에 대한 글을 쓰면서 김주용 저, 《북간도 독립운동의 파수꾼 구춘선》을 읽지 못한 것이 아쉽다.

앞으로 더 많은 자료들을 찾아서 〈간도국민회 회장 구춘선과 구례선 선교사〉에 대한 글을 계속 수정하며 보완해가고자 한다.

참고서적

1. 호이전, 문홍복 주필,《연변문사자료 제8집 종교사료전집》, 연변정협문
   사자료위원회, 1997

2. 북경대학 조선문화연구소 편《중국조선민족문화사대계 6 종교사》, 민족
   출판사, 2006

3. 윌리엄 스코트 저, 연규홍 역,《한국에 온 캐나다인들》, 한국기독교장로
   회출판사, 2009

4. 서굉일, 김지홍 저,《북간도민족운동의 선구자 규암 김약연 선생》, 고려
   글방, 1997

5. 중국조선민족발자취총서 1 편집위원회,《개벽》, 민족출판사, 1999

6. 김춘선, 안화춘, 허영길 저,《최진동장군》, 흑룡강조선민족출판사, 2006

7. 심영숙저,《중국조선족 력사독본》, 민족출판사, 2016

8. 룡정 3 · 13 기념사업회 외 편찬,《룡정 3 · 13 반일운동 80 돌 기념문집》,
   연변인민출판사, 1999

9. 김택 주필 외,《홍범도장군》, 연변인민출판사, 1991

10. 정상규 저,《잊혀진 영웅들, 독립운동가》휴먼큐브, 2017

11. 김방 저,《대한민국 임시정부의 국무총리 이동휘》, 역사공간, 2014

12. 서대숙 저,《간도 민족독립운동의 지도자 김약연》, 역사공간, 2017

13. 한국근현대사학회 편저,《한국 독립운동사 강의》, 한울아카데미, 2016

14. 김철호 저,《중국 조선족, 그 력사를 말하다 상》, 연변교육출판사, 2018

15. 〈연변조선족사〉 집필소조 편《연변조선족사 상》, 연변인민출판사, 2011

16. 김춘서 주필,《중국조선족통사 상권》, 연변인민출판사, 2009

17. 인터넷, 나무위키,《구춘선》외 기타 블로그

18. 인터넷, 나무위키,《로버트 그리어슨》외 기타 블로그

19. 도리스 그리어슨 엮음, 연규홍 역,《조선을 향한 머나먼 여정》, 한신대
학교출판부, 2014

20. 던칸 M. 맥레 저, 연규홍 역,《팔룡산 호랑이》, 한신대학교출팝부, 2010

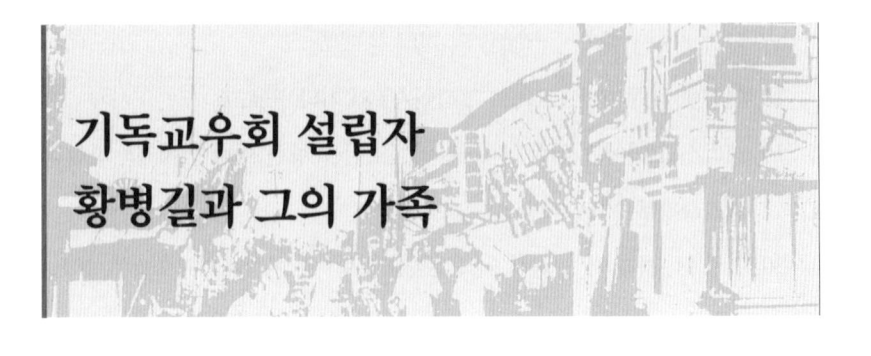

기독교우회 설립자
황병길과 그의 가족

2020년, 올해는 한국 독립운동사에 찬연히 빛나는 봉오동전투와 청산리전투의 100주년을 기념하는 해이다. 뿐만 아니라 일본정규군에 의해서 서간도와 북간도에서 자행된 민간인 대학살의 참변인 경신대학살도 100주년을 맞이하는 해이기도 하다.

자랑스러운 승리에 대한 기념도 중요하지만, 망국의 백성들이 억울하게 당한 학살을 기념하며 조상들의 피눈물과 사무친 한을 반추하며 이를 교훈 삼아 진보와 보수를 떠나서 나라와 민족을 바르게 보전하며 계승하는 일에 오천만 한국인들이 깨어나길 바란다.

연길에서 독립운동 유적지를 정기적으로 방문하는 역사탐방 그룹과의 조우는 나에게 가슴 벅찬 행운이었으며 신선한 충격이었다. 그 분들과 동행하며 내가 자부하고 있는 만주 독립운동에 관한 얄팍한 지식이 민족주의 계열 운동가들의 활동에 불과하다는 사실을 알았다.

무엇보다 당혹스러운 것은 리광인 저《겨레 항일지사들》전 6권 270여 명의 투사들 중에서 이름을 아는 투사가 10여 명에 불과하였고, 박문봉과 김광영이 주필한《중국조선족 항일지사 100인》에서도 이름을 아는 투사가 10여 명에 불과한 것이었다. 리광인과 림선옥이 지은《조선족 항일련군의 녀전사들》과《중국조선족 꼬마항일영웅들》에 나오는 항일투사들의 이름은 전부 생소하였다.

연변에서 출판된 많은 책을 읽으면서 나 자신의 연변과 조선족 이해, 간도의 독립운동과 독립운동가에 대한 무지와 편견, 선입관이 깨졌다. 독립운동 유적지를 답사하면서 이념의 논리에 사로잡혀 있는 나 자신의 역사 인식의 문제를 깨달았다. 그리고 만들어진 역사, 꿰맞추어진 역사를 벗어나려면 좌우로 치우침 없이 팩트를 찾아 수용하는 치열한 노력해야 한다는 사실에 눈을 떴다.

몇 가지 선입관과 고정관념이 깨지면서 비로소 동북삼성 전체가 한국 독립운동의 터였으며, 현재 중국에서 조선족으로 불리는 그들이야말로 조선 관료의 학대와 수탈, 망국노의 설움과 좌절, 경신참변의 비참과 고통, 만주국의 탄압과 다양한 독립운동의 간난신고를 두루 체험한 위대한 조선인들의 후손이라는 사실을 알게 되었다.

가장 먼저 깨달은 역사에 대한 무지와 몰이해는 조선인들의 간도 이주에 관한 것이었다.

연길에 들어가서 공부하기 전까지, 조선인들이 간도에 들어가기 시작한 것은 〈을사조약〉과 〈한일합방〉 후, 관리와 군인, 양반과 지사들이 독립운동을 위해 간 것이라고 알고 있었다. 그런데 놀랍게도 그것은 조선인

이주의 시작이 아니었다.

함경도와 평안도의 조선인들은 1860년대에 자연재해로 인한 기아, 관리들의 수탈과 학대, 양반토호들의 횡포와 폭력을 피해 생명을 걸고 "봉금법"을 어기며 구명도생을 위해 압록강과 두만강을 월강하였다.

통계에 따르면 1894년 두만강 북부, 연변 일대에 설치된 4개의 보와 39개 사의 조선인 수는 20,816명이었고 1904년에 연변의 조선인 인구는 5만여 명에 달하였고 1907년, 헤이그에 밀사로 간 이상설이 세운 서전서숙이 문을 닫는 시점에서 연변 일대의 조선족 마을은 529개에 달하였고 인구는 15,356세대, 72,076명이었다. 1909년, 연변일대의 조선인은 34,133세대 18만 4,867명으로 대폭 증가하였다. 그리고 한일합방으로 조선이 망한 1910년, 간도의 조선인 수는 무려 20여 만 명에 이르렀다.

이는 한국인들이 무의식적으로 생각하고 있는 1899년에 집단이주한 김약연 일행, 1906년에 용정에 들어온 이상설 일행, 1911년 초에 서간도로 들어온 이회영 일가와 이상룡 일가 등이 결코 간도이주의 선구자. 개척자가 아니라는 말이다.

두 번째의 무지와 몰이해는 간도에 세워진 조선인 학교에 관한 것이었다.

우리는 막연히 간도에서 가장 일찍 설립된 근대식 조선학교는 1906년 10월, 용정에 세워진 〈서전서숙〉이라고 알고 있다. 그러나 조선족 역사를 공부하면서 알게 된 근대식 학교의 효시는 그보다 2년 앞선 1904년 4월 16일에 세워진 기독교 사립학교인 훈춘의 흑정자 옥천동의 〈동광학교〉였다. 뿐 만 아니라 1906년 1월 5일, 하다문에 세워진 〈용진학교〉, 같은 해, 8월 20일에 세워진 남진맹의 〈남신학교〉 또한 서전서숙보다 일찍 세워진

학교들이었으며, 1907년 10월 10일에 설립된 사완자의 〈훈서학교〉, 1907년에 신풍(지금의 하다문 쌍신촌)의 〈신풍학교〉(종명학교)도 1908년에 세워진 〈명동학교〉보다 일찍 세워진 근대식 학교들이었다.

기아 상태에서 나라를 떠나온 간도 이주조선인들의 2세 교육이 그리 활발하지 않았을 것이라고 생각했던 나의 막연한 생각은 근거가 없는 착각이었다. 이주조선인들의 자녀교육은 조선인 민족주의자들과 중국정부, 조선총독부의 치열한 경쟁으로 활발하게 전개되었다.

1913년, 연변 4개현에 종교단체들이 설립한 학교 수는 43개에 이르렀고, 1916년 통계에 의하면 각종 종교단체와 민족의식을 가진 자들에 의해 만주 전역에 세워진 학교가 239개 였다. 이들은 독립운동의 요람이 되었으며 독립운동의 기지로서 수많은 독립투사를 양성하였다.

1928년 5월에 조사된 통계에 의하면 전 만주에 조선인사립학교가 470개가 있었는바, 민족주의 단체에서 세운 학교가 34개, 기독교를 포함한 민족종교에서 세운 학교가 108개, 개량식 서당이 328개 였다. 그 중에 기독교계에서 세운 학교는 조선인 목회자가 운영한 학교가 64개, 선교사에 의해서 세워진 학교 19개 이었다.

이 외에도 중국 정부 측에서 설립, 운영한 관립, 현립, 향립학교가 1928년 연길현, 화룡현, 왕청현, 훈춘현과 장백현에 만 하여도 174개가 있었으며, 조선총독부를 비롯한 일본 계열의 학교가 43개, 조선총독부의 조선인 보조학교가 52개가 있었다.

간도의 이주조선인 사회는 조선인, 중국정부, 일본식민정부가 벌인 교육 삼파전으로 조선인들은 학교 선택에서부터 살얼음판을 겪어야 했다.

세 번째 무지와 몰이해는 자유시 참변 이후 만주에서의 독립운동의 관한 것이었다.

1921년, 자유시에서 독립군들이 참변과 해체를 당한 이후, 만주에 참의부, 정신부, 신민부가 세워지고 이들의 유일당촉성운동이 실패로 끝나면서 삼부가 국민부와 조선혁명당, 한족총연합회와 한국독립당으로 이합집산하며 각기 독립운동을 벌이다가 만주국과 일제의 토벌을 견디지 못하고 관내로 이동함으로서 만주의 독립운동은 실제적으로 1925년에서 1930년 사이에 막을 내렸다고 생각하였었다. 그러나 독립운동사를 더듬으면서 1920년대 말부터 만주에서 사회주의 계열의 독립운동이 더욱 치열하게 전개되었으며 항일연군들이 러시아로 향하는 1941년까지 "추수투쟁"과 "춘황투쟁", 항일유격대와 유격근지에서의 항일유격전쟁, 동북인민혁명군, 동북인민항일련군의 항일투쟁이 봇물처럼 터졌다는 사실을 알게 되었다. 1935년 1월에 조직된 "동북인민항일련군"은 3로군 11군에 달하였으며 전성기에는 4만 여명에 달하는 대원들이 있었다. 이는 3·1운동 이후에 우후죽순처럼 만들어진 각종 무장단체의 단원들의 10배가 넘는 숫자였으며 나로 하여금, 역사의 기록이 국가의 이념과 방향에 따라 선택적으로 기록되어지며 과장 또는 왜곡 축소될 수 있다는 사실을 알게 해주었다.

이런 새로운 앎은 만주에서 독립운동을 하는 중에 이름 없이 빛도 없이 죽어간 수많은 선열과 19세기 중반부터 〈조선〉이라는 고난과 죽음의 자리를 박차고 나온 함경도지역의 소작인과 천민들에 대한 이해와 관심, 감사와 애정과 함께 가슴 속에 깊게 자리를 잡았다.

그 중에 한국에서는 이름을 들어보지 못했던 평범한 그러나 비범한 인물이 있었다. 그의 이름은 1900년대와 1910년대 연해주와 북간도에서 활동한 독립투사 서일, 최진동, 홍범도, 이동춘, 이동휘, 이위종, 이범윤, 구춘선, 안중근, 최재형에 관한 기록 속에 꼭 언급되는 훈춘 독립운동의 선구자, 황병길 투사이다. 그러나 그에 관한 단행본 책이 없었고 기록들이 그다지 많지 않아서 그의 독립운동가로서 면모를 충분히 이해하고 파악하기가 어려웠다. 인내심을 가지고 그에 대한 단편적인 기록들을 찾아 읽으며 놀라운 사실을 발견하였다. 그의 아내와 자녀들 또한 모두가 치열하게 활동한 독립투사였다는 사실이다.

실제로 그의 아내 김숙경과 네 자녀는 중국 조선족 항일투사로 인정되어 투사 명단에 등록되어 있다. 그러나 안타깝게도 황병길은 사회주의 기치 아래 독립운동을 한 사람이 아니어서 중국이 인정하는 조선족항일투사 명단에 포함되지 않았다. 반대로 한국 정부는 그와 그의 아내는 독립운동의 공로를 인정하여 독립유공자로 등록하였으나 사회주의 계열 독립투사로 순국한 그의 자녀들은 우리의 독립유공자 명단에 포함되지 않은 것으로 알고 있다.

한국의 독립운동사에 노블레스 오블리주를 자랑하는 양반·관료·학자 출신의 가문들이 있다. 안중근, 이회영, 이상룡, 유인석, 김가진 가문 등이다. 그들의 전기는 천편일률적으로 소위 명문 양반 가문 출신임을 자랑스럽게 기술하며 시작되지만 황병길은 그들과 급이 다른 소작인 천민 출신이다. 그는 가난한 소작인의 아들로 태어났고, 교육을 받은 적이 없으며, 독립운동자금을 마련하기 위해 팔 수 있는 전답 한 뙈기 없는 양반·사대부와는 거리가 먼 사람으로 향리의 양반과 토호들에게 천대와 멸시를 받고 수백 년을 살아 온 조선의 풀뿌리, 천민이었다. 그런 조선의 민초가 독립운동에 전 생애를 바쳤고, 그의 아내와 네 명의 자녀들 모두가 독립운동가로 독립운동에 헌신했다는 역사적인 사실! 그 팩트가 나의 심장을 강하게 울렸다.

공부를 하는 내내 안타까웠던 것은 황병길과 그 가족들로 하여금 소명의식을 가지고 독립운동의 길을 가도록 힘이 되어준 기독교 신앙이 그에 관한 모든 글들에서 희석되고 제거되어 있다는 점이었다. 언젠가 이념의 껍질이 벗겨지고 그들이 망국의 절망 속에서 희망을 보며 민족의 십자가를 졌던 신앙고백적인 삶의 일대기가 나오길 기대해 본다.

기독교우회 설립자 황병길

황병길 이름 앞에 수식어를 붙이자면 〈훈춘한민회〉가 더 적합할 것이다. 그러나 〈기독교우회〉라는 수식어를 붙인 것은, 그가 캐나다장로회 선교부와 협력하여 훈춘지역에 많은 교회를 세웠고, 교회를 근간으로 독립운동을 펼친 북간도 독립운동의 태두라는 사실을 강조하기 위해서이다.

황병길은 실로 20세기 초에 간도와 연해주 일대를 넘나들며 독립운동을 전개한 뛰어난 조직가이며, 나라와 민족을 넘어서 중국인들과의 깊은 인간관계로 활동의 폭이 넓었던 탁월한 지도자였다.

그는 1885년 음력 4월 15일, 경원군 양하면의 한 소작인의 아들로 태어나서 독립운동에 청춘을 다 바치고 36세 나이에 〈훈춘한민회〉 군사부의 부장으로서 대원들과 함께 훈련과 순회를 마치고 돌아오는 길에 일군의 추격으로 부상을 입어 봉오동 전투가 일어나기 사흘 전인 1920년 6월 1일, 마적달 피신처에서 급성 폐렴(열병)으로 세상을 떠났다.

그의 삶의 흔적이 종교, 교육, 계몽, 무장투쟁단체 설립 등등 제반에 걸쳐 있으므로 독립운동에 특별하게 헌신된 그의 삶을 보다 더 잘 알기 위하여 많은 책들을 뒤적이지 않을 수 없었다. 그 결과물로 2년 전에 《크리스천 항일투사, 황병길》이라는 작은 글을 써서 발표하였으므로 본 글에서는 그의 삶을 간략하게 돌아보고 그의 아내, 김숙경과 네 명의 자녀들의 독립운동에 지면을 할애하고자 한다.

간도 독립운동사에서 황병길의 발자국은 의외로 깊고 다양하다.

앞으로 보다 더 많은 연구가 진행되어야 하겠지만 나는 그의 정체성을 〈기독교우회〉를 만든 크리스천 독립투사로 본다. 그는 〈신앙구국〉의 정신으로 독립운동에 소명을 받은 사람처럼 자신이 할 수 있는 모든 노력을 교회와 교육과 독립운동에 쏟아 부었다. 그는 일찍부터 캐나다 선교부 소속 선교사인 그리어슨(구례선), 베이커(박걸)와 스코트(서고도)와 긴밀한 유대관계를 맺고 훈춘의 조선인 복음전도에 적극적이었다. 기록은 그가 1909년부터 사망하는 1920년 5월까지 크리스천 지도자로서 캐나다 선교부 소속 선교사들과 함께 북간도에 교회와 학교를 설립하는 일에 앞장섰음을 보여준다.

그는 1909년 오병묵과 함께 중국 교회 형식을 따라 훈춘 성내에 〈강서당〉을 구하여 예배와 전도를 겸하는 교회를 시작하였다. 그들의 열성적인 복음전파로 밀강, 대황구, 경신 등지에 교회가 세워졌다. 후에 강서당은 스코트 선교사와 그의 조사인 김주범의 지도하에서 〈훈춘성내교회〉로 정식으로 출범하였다. 뿐 만 아니라 그는 1911년 백규삼, 오병묵, 이동춘, 양하구 등과 함께 한민회의 전신인 〈기독교우회〉를 설립하여 훈춘현성과 훈춘 서북부지역을 순회하며 전도와 미신타파, 문화 계몽운동, 조선인 단결과 항일의식 고취와 군자금 모금에 전력투구를 하였다. 그는 1차 세계대전이 일어나자 무기 구입을 위해 이동춘, 김영학 등과 함께 〈애국저금단〉을 만들어서 본부를 동녕현에 두고 군자금 모금에 박차를 가하기도 하였다.

1907년 그는 자신의 "교육구국"을 지지하는 스코트(서고도) 선교사와 함께 신풍에 〈신풍소학교〉를 세웠으며 김종대를 교사로 임명하였다. 김종대는 1908년 가을, 1909년 초봄에 학교로 안중근의사를 초청하는 등 항일 민족교육에 앞장을 선 인물이었다. 훈춘현 지방사를 살펴보면 황병길이 스코트선교사와 함께 신풍학교를 시작으로 하여 훈춘일대에 많은 근대식 학교를 세우는데 크게 기여하였음을 알 수 있다. 1909년, 양하구와 김철수, 유백초는 대황구에 〈동창학교〉, 1911년 이명순은 남별리에 〈남별리학교〉, 춘화에 〈진명학교〉, 판석에 〈춘경학교〉가 설립되었다. 황병길은 1917년 양하구가 이동휘, 김남국, 양재환 등과 함께 〈동창학교〉를 기초로 하여 6년제 〈북일중학교〉를 세울 때도 적극적으로 협력하였다.

그는 여러 독립운동 단체의 성원이었으며 자신이 두개의 독립운동 단체의 창립을 직접 주도하였다.
그는 러일전쟁 때 러시아의 군의 통역관으로 전쟁에 참여하였고 그 후, 이범윤의 사포대에 참여하는 중에, 이범윤, 이위종, 최재형이 조직한 창의회 일원으로 1908년 7월에 국내에 진공하여 신아산전투, 고건원전투, 서수라전투에 참여하였다. 회령전투에서 대패한 후, 1909년 새해에 안중근 등과 함께 무명지를 자르며 조선독립을 위해 살기로 다짐하는 〈단지동맹〉을 맺었고 이토 히로부미 암살에 제3조로서 임무를 맡아 수분하지역에서 대기하기도 하였다.

그는 1912년에 전 훈춘순경국장 왕결청, 길림참모부원 빈보현, 오병묵, 이종활, 윤해 등과 함께 한족과 조선인이 연대하여 항일운동을 꾀하는 〈둔전영〉에 발기인으로 참여하였고, 또한 같은 해인 1912년에 항일사상 고취를 위해서 김학천과 함께 〈훈춘상무회〉를 조직하였다.

그는 1917년 10월에 훈춘일본영사분관에 체포되었고 1918년 일제는 그를 친일선전에 이용하고자 조선시찰단 단장으로 세웠다. 그는 시찰단 단장으로서 4월 28일 훈춘을 떠나서 5월 25일에 훈춘으로 돌아왔다. 그는 6월 2일에 일제가 기획한 시찰보고회에 예정대로 참석하였으나 독립운동에 대한 신념과 용기를 결코 잃지 않았다.

1919년 용정에서 3·13 만세시위가 있은 후, 그는 훈춘에서 노종환, 양하구, 이명순 등과 함께 3·20 훈춘 만세시위를 주도하고, 3월 말에 〈기독교우회〉를 근간으로 하여 이명순 등과 함께 무장독립운동단체인 〈훈춘한민회〉 창립하였다. 그는 범민족적 연대를 위하여 러시아 연해주의 〈대한국민의회〉와 연계하였고 8월에는 〈간도국민회〉와 연합하여 〈훈춘한민회〉를 〈간도국민회〉 훈춘지회로 만들었다. 그러나 그는 산하에 무장단체인 〈급진단〉을 두어 군사훈련과 군자금 모금 등은 독자적으로 전개하였다. 1920년 4월 말에는 〈급진단〉을 토대로 하여 의사단, 포수단과 병합하여

〈군무부〉를 만들고 군무부장이 되어서 군무를 총괄하였다.

그는 특별히 1919년 3월 20일, 노종환, 양하구 등과 함께 2,000여 명의 군중을 조직하여 훈춘시내에서 대규모의 만세시위를 단행하였으며 4월 1일에는 탑자구에 가서 2,000여 명의 군중을 시위에로 이끌었다. 자료에 의하면 그의 조직적인 활동과 영향으로 1919년 3월부터 4월 사이 훈춘현 47개 지방에서 항일만세시위가 있었으며 참가자는 15,000여 명에 달했다고 한다.

뿐 만 아니라 그는 군자금모금과 무기 구입, 양식 비축과 병기 수리, 군사 훈련과 항일무력투쟁을 위한 근거지 확보 등 맹활약으로 후에 〈청산리전투〉에 독립군 제1대대에 참여하게 되는 〈한민회〉의 약 200여 명의 군인을 양성해냈다.

이상으로 크리스천 독립투사 황병길의 생애를 간략하게 정리하였다. 이제는 그와 함께 독립운동가의 삶을 살았던 그의 아내 김숙경 독립투사와 아버지를 따라서 독립운동가의 길에 들어선 황정선, 황정신, 황정일, 황정해의 독립운동을 살펴 볼 차례이다.

솔직히 말해서 다섯 분의 독립운동에 대한 기록을 많이 섭렵하지 못하였고, 가장 기초적인 자료로, 연변역사연구소가 정리한 세 개의 방문 담화 자료인 〈황정일 방문기〉, 〈황정일 담화기록〉, 〈황정일할머니 집에서〉를 구경하지도 못하였다. 그럼에도 불구하고 단편적으로 소개되어 있는 그들에 대한 조각 글들을 모아서 정리하고자 하는 것은 한국 독립운동의 역사 속에서 황병길 일가처럼 부모와 자녀 세대가 혼연일체가 되어 독립운동에 치열하게 참여한 위대한 가문이 거의 없기 때문이다. 황병길은 일군에 추격당하는 중에 입은 상처와 급성 폐렴으로 죽었고, 김숙경 또한 일경의 핍박과 폭력에 맞서는 중에 식중독(또는 뇌졸중)으로 인사불성 상태에서 사망하였으며 황정신과 황정해는 전투 현장에서 순국하였고, 황정선도 남편 김규봉과 함께 항일유격대에 적극 참여하였으며 황정일 또한 남편과 함께 항일유격대에서 여성 지도자로 독립운동에 참여하였다. 뿐 만 아니라 사위 두 명도 항일투쟁 중에 목숨을 잃었으니 그의 일가의 조국독립을 위한 희생과 헌신이 주는 가슴 뜨거운 감동은 끝이 없다.

독립운동의 소명으로 피비린내 나는 무장투쟁과 각종 필요를 지원하며 고통과 고난의 십자가를 짊어진 황병길 일가의 아름다운 독립운동을 그의 서거 100주년을 맞이하면서 세상에 외치고 싶어서 부족한 자료를 모아서 정리해 본다.

훈춘애국부인회 창립자 김숙경

김숙경은 20세기 초 간도 일대에서 일제 침략에 저항하는 독립운동의 불길이 요원처럼 타오를 때 여성들을 계몽하면서 독립운동의 불길 속에 뛰어 들었다. 그는 〈훈춘애국부인회〉를 설립한 항일 독립 운동가이며 여성교육을 주장하며 미신과 구습타파에 앞장 선 계몽활동가였다.

김숙경은 일찍이 남편 황병길의 영향으로 자연스럽게 기독교로 개종한 것으로 보인다. 연변의 기록들이 말하고 있지 않지만, 일제치하에서 대부분의 애국부인회 창립이 교회 여성들에 의해 추진되었다는 사실에 비

추어 볼 때 〈훈추애국부인회〉 또한 김숙경을 비롯한 훈춘지역의 교회여
성들에 의해 주도된 것이 확실하다.

김숙경은 1886년 함경북도 경원군 양하면 가난한 소작농의 가정에서
태어났다.

가난을 이기지 못하고 연해주로 이사를 가게 된 그의 부모는 떠나기 전
에, 어린 딸을 이웃집 12세 소년, 황병길과 약혼을 시켰다. 그는 13세에
결혼식을 올리고 남편을 따라서 남의 집 사랑방에서 새 살림을 시작하였
다. 그러나 남편이 그의 나이에 15세 되는 해에 일거리를 찾아 집을 떠났
기 때문에 20세 될 때까지 시아버지를 모시고 홀로 살아야 했다.

그는 1905년 러일전쟁이 끝나고 남편이 다녀간 뒤에, 임신한 몸으로
일본 경찰에 끌려가 심한 구타를 당하였다. 아기를 낳은 후에도, 다시 남
편의 신원문제로 다시 잡혀 들어가 취조를 받았다. 그 때 그는 갓 태어난
아기를 잃는 고통을 겪었다.

1906년 그는 남편에 보내온 사람들을 따라서 연해주 연추로 이주하였다.

1907년 맏딸 황정선을 낳았으며 남편의 권고로 한글을 익히며 한문 공
부도 겸하였다.

그는 독립운동의 열기가 고조된 연추의 조선인 사회에 살면서 독립운
동가의 아내로 살기로 결심을 하였고 틈틈이 신문과 책을 읽으며 세상 돌
아가는 일에 관심을 가지게 되었다.

1908년 연해주는 조선독립 전쟁에 참전하는 의병들의 사기가 하늘을
찔렀으나 회령전투의 패배와 러시아정부의 탄압으로 독립운동가들이 연

해주를 떠나지 않으면 안 되는 상황에 직면하였다. 이때부터 황병길은 자주 훈춘으로 나가 활동하며 1909년에 오병묵과 함께 훈춘성내교회를 시작하였고 1910년 2월(음력)에는 가족과 오병묵을 비롯한 동지들과 함께 연추에서 가까운 양포 연통라자 서골로 이주해서 새로운 독립운동의 터를 닦기 시작하였다.

남편과 동료들은 귀틀집을 짓고 황무지를 대충 일군 후에 홀쩍 떠나고 그는 혼자서 둘째딸 정신을 낳았다. 해산을 했지만 제대로 쉬지 못하였다. 그는 언제나 남편 대신에 가족의 생계를 책임져야 했고 찾아오는 독립운동가들의 숙식을 위하여 나물을 채취하며 밭농사를 지어야 했다.

그는 남편이 복음전파와 교회설립, 사립학교 설립을 위해 훈춘현을 순회할 때 가끔 동행하며 지지발언을 하였고 한편으로는 서골에서 가까운 하다문과 마적달 등지를 돌면서 여성들에게 신교육의 장점과 필요성을 선전하였다. 몇 년 사이에 연통라자 서골, 하다문, 마천자 전선촌 등지 교회와 학교가 연이어 세워졌는데 이에 그의 공로를 부인할 수 없다.

그 사이에 막내딸, 정일과 아들 정해가 태어났고 그는 어머니로서, 아내로서, 동지로서, 여성 계몽운동가로서, 가족 부양자로서 1인 5역을 감당하는 벅찬 삶을 살았다.

1919년 용정 서전대아에서 있었던 〈3·13 만세시위〉와 3월 20일에 있었던 〈훈춘 만세시위〉는 그의 항일의식을 한층 고양시켰다. 그는 훈춘에서 만세시위가 끝난 후에 여성 동지들과 함께 사타자, 구사평, 투도구 등지를 돌면서 항일연설로 많은 사람들의 심장을 울렸다. 3월 28일부터 4월 1일 사이에 위 지역에서 있었던 만세시위에 수천 명에 달하는 사람들이 참여하였는데 구사평 시위의 참가자는 4,000여 명에 이르렀다.

그는 훈춘의 만세시위에서 맛본 감동과 민초들의 위력을 되새기면서 남편이 오랫동안 이끌어 온 〈기독교우회〉가 〈훈춘한민회〉로 재조직 되어 활발한 독립운동을 전개하는 것에 영감을 얻어서 여성 독립운동단체를 창립할 생각을 하였다.

훈춘한민회 회장 이명순과 황병길은 그의 의견을 적극 지지하였다. 마침내 1919년 9월 29일, 훈춘현 여성대표 200여명이 모여서 훈춘현성의 박봉식 집에 모여 〈훈춘애국부인회〉 창립대회를 가졌다. 〈훈춘애국부인회〉의 취지는 여성들이 단합하여 독립무장투쟁을 지원하고 여성교육과 여권확립을 도모하며 군인부상자들을 간호하는 것이었다. 그는 부회장으로 선출되었으며 강연을 통하여 여성들의 민족의식을 일깨우며 여성들의 무장독립운동의 참여와 지지를 간절히 호소하였다. 그는 남편의 사후에도 과부라는 운명에 굴하지 않고 마지막까지 부인회 목적과 강령대로 자기의 직무를 투철하게 감당하였다.

애국부인회는 설립과 동시에 의연금을 모금하였고, 독립군들의 군복과 장비를 만들어서 공급하였으며, 군사훈련을 받는 대원들의 숙식과 세탁을 책임졌다.

그는 남녀평등을 제창하였으며, 여성들에게 독립운동 참여와 관심을 촉구하였고, 문맹인 여성들을 위해 야학교를 열었으며, 때로는 남편의 소식을 이동휘와 오병묵에게 전해주고 그쪽의 소식을 남편에게 전하는 연락원의 일까지 맡았다.

그는 애국부인회 조직과 활동에 두각을 드러냈으며 좋은 성과를 거두었다.

1920년 4월 중순(음력), 그는 남편을 따라갔던 충견이 갑자기 집 앞에서 낑낑거리는 소리를 듣고 개의 목줄에 끼어있는 편지를 찾아서 읽었다. 편지에는 남편의 병이 위독하므로 마적달 뒷골 박씨 집으로 속히 오라는 사연이 적혀 있었다.

남편이 살아 있길 기도하며 그가 처소에 도착했을 때 남편의 몸은 불덩이처럼 타고 있었다. 그는 작전을 마치고 집으로 돌아오는 길에 일본군의 불의의 습격을 당하여 적을 피해 산길로 달리다가 어둠 속에서 부상을 당한데다 밤새도록 비를 맞아 급성폐렴에 걸려 사경을 헤매고 있었다.

두려움 없이 전쟁터에 뛰어들었던 훈춘의 호랑이, 황병길은 죽음을 예감하고 아내의 손을 잡고 그의 모든 노고에 대한 치하와 감사를 하였다. 그리고 "아이들을 잘 키워서 나라를 위해 힘쓰게 해주오."라는 유언과 함께 3호 권총 한 자루를 10년 후에 아들 정해에게 주라며 그의 손에 쥐어 주었다.

남편이 세상을 뜬 후에도 그는 무너지는 가슴을 안고 농사를 지으며 쌍신, 춘화, 리수구 등지를 다니면서 민족의식을 일깨우며 항일교육을 주제로 강연을 하였다.

1920년 10월 일제 토벌군이 연통라자에 쳐들어왔다. 일제는 황병길의 〈단지동맹〉의 유물을 찾으려고 혈안이 되었으며 찾지 못하자 그의 묘까지 파헤쳤다.

황병길의 유물을 찾지 못한 토벌대는 분풀이로 붙잡아 온 10여명의 사람들을 빈 건물에 몰아넣고 불태워 죽이려고 하였다. 그 때 김숙경이 "저

사람들은 무고한 사람들이다. 죄가 있다면 나에게 있으니 전부 풀어주어라!"고 고함을 질렀다. 토벌대는 김숙경의 요구대로 그들을 풀어주고 대신 그를 연행하여 마적달 아래 마을까지 끌고 갔다.

그 곳에는 자기들이 묻힐 구덩이를 파고 초조하게 죽음을 기다리고 있는 여러 마을에서 붙잡혀 온 사람들이 있었다. 한순간 기관총 방아쇠가 당겨지면 모두들 저 세상 사람이 될 터였다. 모두들 숨을 멈추고 있을 때 〈토벌대〉의 한 장교가 소리치며 달려와서 총살을 맡은 병사들의 발사를 멈추게 하였다. 병사들은 상관의 지시대로 잡혀 온 모든 사람들을 풀어주었다. 그 순간 김숙경은 몸을 가누지 못하고 졸도하였다. 다행스럽게도 인근에 황병길을 잘 아는 중국인들이 그를 알아보고 거두어 정성껏 간호해 주었다.

그의 건강이 회복되자 중국인들은 그를 마차에 태워 서골 집에까지 데려다 주었다. 17일 만에 집으로 돌아온 김숙경은 자기의 행방불명으로 슬픔과 절망에 빠져버린 자녀들을 붙잡고 통곡하였다.

그는 자신의 여생이 얼마 남지 않은 것을 예감한 사람처럼 큰 딸을 1924년에 대황구의 독립운동가인 김규봉과 둘째딸을 1927년에 양포의 리주옥과 결혼시켰다.

그리고 〈경신참변〉으로 사립학교들이 줄줄이 폐교를 당하자 민족교육을 포기하지 않고 자신이 직접 막내딸 정일을 가르쳤다. 그러면서 남편의 유지대로 독립운동가의 길로 들어설 아들에게 남편의 유물인 3호 권총을 자기 손으로 건네줄 날을 기다리며 자기에게 주어진 가족 부양과 애국부인회 일에 열중하였다.

그러나 1927년 음력 7월 27일, 심신이 쇠약해진 그는 식중독(중풍이라는 설도 있음)으로 혼수상태에 빠졌다가 의식이 돌아왔지만 말을 못하는 상태로 4일 동안 모진 고통에 시달리다가 42세의 나이에 세상을 떠났다. 그는 당시 남편의 〈단지동맹〉 유품을 간직하고 있었으나 자녀들에게 장소의 비밀을 전하지 못하고 눈을 감았다.

그는 빈농의 딸로 태어나서 크리스천인 남편을 따라 크리스천이 되었으며, 신교육운동가인 남편을 따라 신교육운동가가 되었으며, 계몽운동을 펼치는 남편을 따라 여성 계몽 활동가가 되었다. 그는 조선독립을 간절히 원하는 마음으로 여성 회원들만의 〈훈춘애국부인회〉를 창립하여 훈춘현의 여성들을 독립운동의 전면으로 끌어내면서 자신도 모르는 사이에 위대한 여성 독립투사가 되었다.

그는 독립운동가로 활동을 하면서 시아버지를 모시고 생계를 책임졌으며 남편 사후에도 한결 같은 자세로 독립운동에 몸담았으며 남편의 유지대로 자녀들 모두가 독립운동에의 길로 나아가도록 지도한 위대한 신앙의 어머니였다.

〈3·1학교〉교사이자 훈춘현 통신사업부 활동가 황정선

황정선은 황병길과 김숙경의 큰 딸로 1907년 연추에서 태어났다.

그는 부모님이 러시아의 조선 독립운동가 탄압을 피해 1910년 봄, 조선인이 전혀 살지 않는 연통산 아래 연통라자 서골로 이사 옴에 따라 산골짜기에서 조선 아이로 외롭게 성장하였다. 일찍이 아버지와 스코트 선교사의 노력으로 세워진 하다문 쌍신의 신풍학교에서 소학교 공부를 시작하였다. 1920년에는 집에서 멀리 떨어져 있는 조선인 마을, 용정에 캐나다선교부가 세운 명신여자중학교로 유학을 갔다. 그가 공부한 신풍학교나 명신여자중학교나 다 기독교 미션스쿨이었으므로 그가 기독교 신앙 안에서 성장하였으며 부모들의 신앙 고백으로 일찍이 세례를 받았을 것으로 짐작이 된다.

그는 1920년 5월에 아버지의 사망 소식을 듣고 서골로 달려와서 장례식에 참여하였다. 그는 하늘이 무너지는 고통과 절망에 빠졌으나 아버지의 유지를 받들어 독립운동에 투신하여 나라를 찾고 아버지의 원수를 갚기로 결심하며 학교로 돌아갔다.

1920년 6월 4일에 〈봉오동전투〉가 일어났고 패배에 분노한 일본제국주의는 조선 독립운동가들을 발본색원하기로 기획하고 〈훈춘사건〉을 날조하여 국제 여론을 환기시킨 후, 2만여 명이 넘는 정규군을 연변지역에 파견하여 경천동지할 민간인 대학살을 시도하였다. 이 때 독립사상을 심어주며 항일교육을 실시한 많은 사립학교와 교회와 가옥이 불탔으며 연변지역에서만도 거의 4,000명에 이르는 민간인이 떼죽음을 당하였다.

명신학교는 캐나다선교부가 직영하는 학교여서 안전하였지만, 그는 연통라자가 불령선인의 마을로 지목되어 일본군이 토벌하려 들어갔을 거라는 소문을 듣고 집으로 달려갔다. 일제의 수색으로 집안은 난장판이었고 모친은 이미 적들에게 끌려가서 행방이 묘연하였으며 부친의 묘는 파헤쳐있었다. 그는 동생들을 보호하며 모친의 생사를 수소문하였으나 10여 일이 지나도록 소식을 듣지 못하였다. 그러나 다행히도 그가 절망으로 지처있을 때 모친이 살아 돌아와서 그는 불안과 공포를 극복하고 모친의 격려를 힘입어 학교로 돌아갈 수 있었다.

황정선은 학업 성적이 우수하고 학교생활에 성실하였으므로 명신여자중학교 기애시(카스아) 교장의 추천으로 영국에 유학 갈 기회가 주어졌다. 그는 학위를 받고 그것으로 독립운동을 하려는 꿈을 꾸며 열심히 준비하였으나 "망국노 신세에 박사가 다 뭐냐. 먼저 일제 놈들을 내쫓아야 한다. 아버지가 채하지 못한 뜻을 이어받고 아버지의 원수를 갚아야 한다." 는 어머니의 말에 유학을 포기하였다.

그는 학교 졸업 후, 서골, 남별리 등지의 어린이 40여 명을 모아서 글을 가르치며 민족의식과 독립사상을 심어주었다.

1924년, 용정 은진학교 졸업생이며 대황구의 청년 지도자인 김규봉과 결혼을 하였고, 대황구의 〈3·1학교〉에 가서 교편을 잡았다.

그는 1927년 7월에 인사불성 상태에서 갑작스럽게 돌아가신 어머님을 아버지 곁에 묻었다. 그 후 두 동생과 할아버지(황오섭)를 모시는 일로 대황구에서 연통라자를 바쁘게 넘나들었다. 그는 부모님의 유언을 받들기 위하여 동생 황정해를 자신이 교사로 있는 대황구 3·1학교로 전학을 시켰다.

1930년 남편 김규봉의 소개로 중국공산당에 가입하였으며 부녀교육 계몽운동에 앞장섰으며 1932년 중국공산당 훈춘현위 통신부 사업에 앞장을 섰다.

그의 남편 김규봉이 1931년부터 중국공산당 훈춘현위 선전부장으로 연통라자 서골에 파견되어 항일유격근거지를 창설하였으며, 대중 속으로 들어가서 공산당을 조직하였다. 그는 헌신적인 항일독립투쟁의 지도자로 널리 알려졌지만 불행하게도 1934년 〈반민생단투쟁〉 시 민생단원으로 고발되어 억울한 죽음을 당하였다. 그는 남편을 지지하며 연통라자 항일 유격근거지 창설에 도왔다. 남편의 억울한 죽음 뒤에 황정선은 적군(위만군)에게 잡혀서 고초를 치르다가 도망쳐 나와 관내로 피신하였다. 그는 해방 후에 조선으로 들어갔고 그 뒤로 소식이 끊겼다.

죽음으로 일본 제국주의에 저항한 독립투사 황정신

둘째딸 황정신은 1910년 연통라자 서골에서 태어났다. 봉오동전투가 일어나기 사흘 전에 만 10세에 아버지를 잃었다. 그는 어머니의 주선으로 1927년 7월 양포에 사는 이주옥(이주룡)과 결혼하였다. 그러나 남편 이주옥은 항일투쟁에 관심이 없었으므로 그는 결혼 시작과 함께 많은 고통과 갈등을 겪었다.

결혼 한지 한 달도 되지 않아서 그는 모친의 사망 소식을 듣고 친정으로 달려갔다. 장례를 치른 후에 그는 모친의 죽음으로 남겨진 할아버지와 어린 두 동생을 돌보기로 하여 고향인 연통라자로 다시 돌아 왔다.

1930년 그는 공산당의 지도아래 있는 농민협회와 부녀회에 가입하여 항일투쟁을 하였으며 1931년에는 중국공산당에 가입하여 연통라자구의 선전위원사업을 맡았다. 1932년 12월 연통라자에 소비에트정부(노농병대표대회)가 세워질 때 그는 서골 소비에트정부의 부녀위원으로 활동하였다. 그는 "코신부대"에 소속되어 남성들과 마찬가지로 유격전에 참가하였으며 틈틈이 옷 공장에서 밀림에 몸을 숨길 수 있는 색깔로 유격대원들의 옷을 지어 보냈다.

1933년 6월 삼도구에 있는 동북인민혁명군을 위문하고 밤이 늦어 유격대실에서 숙박하고 있을 때, 100여 명의 일본군과 위만군의 습격을 받았다. 그 때 그는 적을 유인하기 위하여 동지들과 반대방향으로 달리다가 사로잡히게 된 순간에 벼랑 아래로 뛰어내렸다. 마침 몸이 바위에 걸려서 바위를 끌어안고 견디었으나 어깨가 일본군의 총알에 맞아 부상을 입어 손이 풀려서 강으로 떨어졌다. 그러나 구사일생으로 물속에서 떠밀려 나온 그는 곧 사람들에 의해 구조되어 남구 귀틀집으로 호송되었다.

같은 해 11월에 일본군 토벌대가 연통라자 유격대의 귀틀집을 습격하였다. 부상 중에 있던 그는 강을 건너다가 얼음판에 쓰러져서 생포를 당하였다. 그는 모진 고문을 받으며 무의식중에라도 기밀을 누설하지 않으려고 혀를 깨물어 잘라 버렸다. 일본군은 기절한 그를 초막에 던져 넣고 불을 질렀다. 피난 나갔던 농부들이 돌아와서 불을 끄고 불에 그슬린 채 쓰러져 있는 그를 끌어냈다. 그 집이 생나무로 지어져 불이 더디게 타는 바람에 다행스럽게도 그는 죽지 않고 살아났다.

1934년 2월 14일, 음력 정월 초하룻날, 설 명절에 정의단과 일본 토벌대 300여 명이 남구 유격구를 습격하였다. 최현숙과 만족 투사인 안서지는 부상 중에 있는 그를 부축하고 도망치다가 토벌대와 마주쳤다. 피할 길이 없는 그들은 포로가 되지 않으려고 벼랑에서 깊은 물에 뛰어들어 전사하였다. 며칠 후 후퇴했던 유격대원들이 돌아와서 그들의 시신을 찾았지만 오래 동안 찾지 못하였다. 그러나 그들을 지도하며 동고동락했던 연통라자 부녀부장 안순화가 얼음장 아래 있는 그들의 시체를 발견하고 고이 묻어 주었다. 당시 그는 23세의 꽃다운 청년이었다.

항일투사 김남극의 며느리,

중공연구구위 부녀회장 황정일

셋째 딸 황정일은 1913년 연통라자 서골에서 태어났다. 1920년, 7살에 아버지를 잃었으며 1927년, 14살에 어머니를 여위었다.

〈경신대학살〉로 교회와 항일투사들이 세운 숭신학교, 진명학교, 북일학교 등 사립학교들이 폐교되어서 그는 어머니의 꾸준한 가르침으로 한글을 터득하였다. 그는 한글을 터득하면서 어머니의 민족의식과 항일정신도 이어받았다.

그는 1929년, 16살 되는 해에 대황구 항일투사 김남극의 아들이자 중국공산당원이며 항일연군의 간부인 김원익과 결혼하였다. 그는 1930년 청년단에 자진 가입하여 본격적으로 항일투쟁에 뛰어들어 부녀회에서 종사하였다. 1932년 1월 남편은 중공연구구위의 공청단서기가 되었고 그는 부녀회장이 되었다. 그러나 함께 활동하며 일하는 기쁨도 잠깐이었고 1933년 남편이 일본군과의 전투에서 순국하는 고통을 겪어야 했다. 그는 아픔을 이기며 1935년 동녕현공산당 지부에서 활동하던 중, 일제 위만군들에게 체포되었다가 풀려 나왔다.

1945년 해방 후에 그는 훈춘에서 의류업에 종사하였으나 1948년에, 동녕현에서 포로로 잡힌 건으로 투쟁을 당하여 당적과 군적을 잃게 되었다. 그는 독립투사 황병길로 딸로서, 순국한 남편의 아내로서 40년에 가까운 세월 동안 멸시와 치욕의 삶을 살아야 했다.

1987년 1월, 〈역사문제〉가 해결되고 그의 항일투쟁의 공로가 재평가되어 그는 여생 동안 항일투사로서 간부 대우를 받았다.

대황구 김남극의 묘소에 가면 묘원 뒷부분에 그와 그의 남편 김원익의 묘가 나란히 자리 잡고 있는 것을 볼 수 있다.

동북항일연군의 소대장 황정해

황병길의 아들 황정해는 1918년 10월 17일, 연통라자 서골에서 태어났다. 그는 2살에 아버지를 잃었고 9살에 어머니를 여위었고 1928년, 10살에 의지하던 할아버지를 잃고 고아 아닌 고아로서 누님들의 보살핌 속에서 성장하였다. 그는 어렸을 때부터 마을과 학교와 집에서 위대한 독립투사인 아버지, 황병길에 대한 이야기를 들으면서 아버지처럼 투사가 되는 꿈을 꾸었다.

1925년 7살 때, 삼가자의 한족 소학교에 입학하였고 1929년 11살에 소학교를 졸업하고 큰 누나가 교편을 잡고 있는 대황구 〈3·1학교〉에 입학하였으나 1930년에 학교가 폐교되자 서골로 돌아와서 농사일을 도왔다.

1931년 가을, 중공훈춘현위의 지도성원인 자형, 김규봉의 지도 아래 연통라자에 공산당지부가 결성되자 아동단에 가입하였다. 그는 아동단원들과 함께 보초를 서거나 통신연락을 하였으며 때로는 변장하고 훈춘성내로 들어가 삐라를 살포하였다.

1932년, 그는 〈9·18사변〉 1주년 기념 군민연합대회에서 아동단 단장으로서 연설하였으며, 같은 해에 연락병으로 마안산밀영에 가는 중, 〈토벌대〉를 가득 실은 트럭이 서골 쪽으로 향하는 것을 발견하고 다른 단원에게 편지를 맡기고 서골로 달려가서 급보를 전하여서 유격대원들이 매복하고 있다가 토벌대를 덮쳐서 대승을 거두게 만들었다.

같은 해에 그는 공청단에 가입하였고 훈춘현위, 중공동만특위의 통신원으로 통신 임무를 훌륭하게 감당하였다.

그는 1933년 15세에 그는 셋째 누나의 남편인 자형, 김원익의 순국을 목도하였으며, 1934년, 16세에 일본군과 정의군 토벌로 정초에 둘째 누나를 잃었으며, 마음속으로 의지했던 자형 김규봉투사가 〈반민생단사건〉으로 억울하게 죽임을 당하는 것을 지켜보아야 했다.

그런 와중에서 그는 1935년에 악명 높은 일본의 은퇴군인들로 구성된 〈빨간 소매부대〉와 싸우게 되는 〈로흑산전투〉에 참여하였다. 그의 임무는 적진에 들어가서 정세를 살피고 적들을 충동질하여 출동하게끔 유인전을 펴는 것이었다. 그는 지하공작원을 적의 주둔지로 보내어 자기들의 위치와 침공 계획을 밀고하게 만들었다. 혁명군의 작전에 넘어간 〈빨간 소매부대〉는 곧 바로 추격해 왔고 전투를 시작한지 한 시간도 못되어서 전투는 인민혁명군의 대승리로 끝이 났다.

1937년, 19세가 된 그는 중국공산당에 가입하였으며 9월에는 제2군 교도퇀 2련의 기관총 패장(소대장)이 되었다. 1938년 5월에는 항일연군 제1로군 사령부의 기관총반 반장이 되었고 후에 다시 기관총패의 패장이 되었다가 사령부의 경위패장(소대장)이 되었다.

1940년 제 1로군 부사령 위증민이 교수하전투에서 부상을 입은데다 위병과 심장병이 재발되어서 대부대와 함께 이동할 수 없게 되자 사령부에서는 그에게 10여명의 군인을 데리고 위증민을 고동하상류에 있는 서북차 밀영지로 호송하고 병을 치료하는 동안 경위임무를 수행하라고 지시하였다. 그는 위증민의 병 치료를 위해서 동료들과 심산 밀영지에서 겨울을 나며 식량난과 토벌대에게 공격을 당하는 이중의 위험과 고통을 겪어야 했다. 그들은 계속해서 몰려드는 토벌대를 피하기 위해 위증민을 조심스레 보살피며 고동하를 떠나 화전현 쟈피구밀영지로 떠났다.

1941년, 봄이 왔어도 쟈피구밀영지는 유달리 추웠고 먹을 것이 하나도 없었다. 양식을 구하러 내려가면 토벌대에게 죽고 산에 남아 있으면 굶어 죽을 수밖에 없는 상황에서 그는 부하 한 사람을 데리고 식량을 구하러 나갔다. 그는 먹이를 찾아 헤매는 곰을 발견하고 자기 몸을 던져서 사투를 벌인 끝에 곰과 함께 죽었다. 남아있는 부하들은 자신들을 위해 희생한 피투성이 된 그의 몸을 끌어안고 울부짖으며 그의 이름을 불렀다.

23세의 항일투사 황정해는 자신의 생명을 부하들에게 밥으로 주고 세상을 떠났다.

크리스천 독립투사 황병길과 그의 가족의 위대한 정신

독립투사 황병길과 그의 가족은 한국의 독립운동사에서 아주 특별한 메시지를 던져준다.

그들은 한 가족이지만 부모와 자녀세대가 서로 다른 사상과 의식으로 극변하는 시대적 배경 속에서 치열하게 독립운동에 참여하였다. 한 마디로 말하자면 부모세대는 진보적인 크리스천으로서 민족주의 계열에 속한 투사들이었고 자녀세대는 중국공산당의 지도아래서 활동한 사회주의 계열의 투사들이었다.

우리 독립운동사에는 양쪽 계열의 독립운동가들의 암투와 경쟁으로 뼈아픈 사건들이 많이 일어났지만 황병길의 가족은 조국의 독립 앞에서 사상 문제로 갈등하거나 대립하지 않았다.

아버지 황병길과 어머니 김숙경은 크리스천으로서 계몽운동에 참여하며 민족교육을 통해 항일운동을 전개한 독립투사로서 치열하게 살았다. 그들의 사후, 그의 자녀들은 중국공산당에 가입하여 활동한 사회주의계열의 독립투사로서 역시 뜨겁고 치열하게 살았다.

황병길과 그의 가족은 마치 독립운동의 제단에 희생의 피를 붓기 위하여 태어난 사람처럼 소명의식을 가지고 뚜벅뚜벅 제단을 향해 걸었다. 그리고 아낌없이 자신들의 피를 쏟아 부었다. 실로 그들의 순수하고 의롭고 뜨거운 희생은 십자가상의 예수 그리스도를 연상시킨다.

아름다운 항일투사 황병길과 김숙경 그리고 네 자녀에게는 공통되는 위대한 정신이 있다.

첫째는 모두가 독립운동을 자신들의 삶의 목표와 과제로 삼았다.

그들은 서로 다른 시대에 활동했지만, 자기들의 시대적 사명을 알았으며 그 시대의 흐름에 적당히 안주하며 좌고우면지 않고 시대가 주는 아픔을 통째로 끌어안고 살며 끝내는 독립운동의 제단에 자신들의 피를 쏟아 부었다. 여섯 분 모두가 독립운동이라는 과녁에 자신들의 삶이라는 화살을 아낌없이 쏘았다.

둘째는 모두가 〈조선독립〉이라는 민족의 꿈과 희망을 성취하기 위하여 자신들의 생명을 초개처럼 여겼으며 안전을 돌보지 않았다.

황병길은 36세, 김숙경은 42세, 황정신은 24세, 황정해는 23세에 사망하였다. 맏딸 황정선은 남편이 〈반민생단사건〉으로 억울한 죽음을 당한 후, 일군에게 잡혀서 고난을 당하였으며 탈출후에는 관내로 피신하였다. 셋째 딸 황정일은 80여세까지 장수를 누렸으나 20세에 이미 남편을 항일전쟁에서 잃는 고통을 겪었으며 해방 이후에 동녕현에서 위만군들에게 포로로 잡힌 사건으로 당적과 군적이 박탈되어 명예가 회복될 때 까지 40년의 세월을 백의종군하는 삶을 살았다. 황병길과 그의 가족은 주권을 상실한 나라와 민족을 회복하는 일에 고난을 두려워하지 않았으며 생명을 아끼지 않았다.

셋째는 그들은 독립운동의 현장에서 지위, 명예나 권력에 연연하지 않았다.

황병길은 자신이 이끌어 온 〈기독교우회〉를 근간으로 해서 〈훈춘한민회〉를 만들 때 이명순에게 회장직을 양보하고 자신은 사교부장의 직분을 맡았다. 김숙경은 자신이 제안해서 만든 〈훈춘애국부인회〉 창립시 주신덕에게 회장 자리를 양보하였다. 황정선은 자신에게 영국 유학의 기회가 주어졌지만 어머니의 권고를 받고 과감히 포기하고 고향으로 돌아와서 아동들을 위한 교육과정을 열었다. 황정신은 17세에 결혼하였으나 20세에 중공공산당에 가입하였고 1932년 12월 연통라자에 소비에트정부(노농병대표대회)가 세워질 때 서골 소비에트정부의 부녀위원으로 활동하였다. 그는 기혼자로서 자기 형편에 맞는 일에만 우선적으로 종사할 수 있음에도 군복제작, 위문활동, 무장투쟁 등 주어지는 험악한 일들을 마다하지 않았으며, 종족이 다른 만족 출신의 투사와도 호흡을 잘 맞추었다. 황정일은 1935년 동녕현에서 활동하던 중, 적들에게 체포되었고 그 사건으로 말미암아 1948년에 무고를 당하여 당적과 군적을 고스란히 잃었다. 그는 〈역사문제〉가 해결되어 자신의 억울함이 밝혀질 때 까지 자신을 변명하지 않고 무고한 고난을 감내하였다. 황정해는 1938년 5월 동북항일련군 제1로군 사령부 기관총반(특무조)의 반장이 되었으나 1940년 여름, 기관총반이 기관총패로 개편됨에 따라 다시 패장(소대장)으로 강등 되었을 때 불평 없이 수용하였다. 뿐 만 아니라 〈반민생단사건〉으로 시끄러운 동만항일연군 상황에서 그는 중국인 상관인 위증민의 치료와 안전을 위해 모든 고난을 묵묵히 감수한 끝에 장렬하게 죽음을 맞이하였다.

넷째는 가족 모두가 독립운동사에 길이 빛날 투사들임에도 불구하고 그들의 생애에 대한 기록이 많지 않다.

크리스천 황병길과 김숙경은 민족주의계열의 독립운동이 최고로 꽃 피었을 때 활동하였던 분들이었다. 그러나 그 분들 사후 전후에 연변일대 〈경신참변〉과 〈자유시참변〉으로 인한 고난과 사회주의에로 전향하는 사상적 대 변동기였으므로 특정한 독립운동가에 대한 기록이 쉽지 않았을 것이고 그나마 있는 자료도 유실되었을 것으로 보인다.

황정선, 황정신, 황정해는 중국공산당의 지도하에 항일유격대, 동북인민혁명군, 동북인민항일연군으로서 항일투쟁 끝에 일찍이 순국하거나 투쟁으로 인한 고난을 겪는 중에 사망하였으므로 본인들 스스로 자전적인 기록을 남길 수 없었다. 그리고 당시 일제의 식민지 위만국의 통치하에서

투쟁을 기록하는 일은 첩자로 오해 받을 여지가 있었으며, 오해를 받지 않는다 하더라도 기록이 적의 손에 들어가게 되면 도리어 적군에게 아군의 사정을 알려주게 되어 엄청난 피해를 불러일으킬 수 있으므로 누구도 쉽게 기록을 남길 수 없었을 것이다.

해방 이후, 황병길 가문의 독립투쟁의 역사를 기록으로 남길 수 있는 사람은 막내딸 황정일 이었으나 그는 〈역사 문제〉로 당적과 군적을 잃었으므로 마음 편하게 저술 작업에 임할 수 없었을 것이다. 그나마 다행스러운 것은 몇몇의 사학자들이 늦게나마 그를 인터뷰하여 자료를 남기어 준 것이다.

안타깝게도 연변에서 나온 대부분의 기록들이 황병길과 김숙경의 삶의 핵심이었던 기독교 신앙을 제거해 버렸다. 머지않은 시일 내에 그들에게 덧칠해진 사상과 이념의 무거운 껍데기가 벗겨지고 진짜 피와 살을 가진 그 분들의 이야기가 자연스럽게 쏟아져 나와 우리를 당시 간도와 연해주의 독립운동의 장으로 이끌어 주기를 기대해 본다.

부모님의 얼을 그대로 이어받아 민족적인 수난과 고통을 운명처럼 감당해낸 불굴의 항일투사 황정선, 황정신, 황정일, 황정해의 마음이 우리 후손들의 얼에 스며들길 바란다.

북간도 독립운동의 태두였던 크리스천 독립투사 황병길의 가족은 실로 한국독립운동사에서 길이 기억되어야할 성스러운 가문이다. 그들은 하나같이 무장독립운동에 헌신하여 민족 해방의 제단에 성스러운 피를 아낌없이 바쳐 위대한 〈항일독립운동의 가문〉을 이루었다.

황병길의사 서거 100주년을 기념하며 부모와 자녀, 두 세대가 민족주의자와 사회주의자로서 망국의 시대를 살아낸 〈황병길과 그의 가족〉이 우리 민족의 가슴에서 힘차게 부활하여 한반도에 변화의 불길이 일어나게 되길 간절히 기원한다.

참고문헌

1. 룡정기념사업회 외 편저,《룡정3·13반일운동》 80돐기념문집, 연변인
   민출판사, 1999

2. 김춘선 저,《북간도 한인사회의 형성과 민족운동》, 고려대학교 민족문화
   연구원, 2016

3. 심영숙 저,《중국조선족 력사독본》, 민족출판사, 2016

4. 양봉송 편저,《훈춘조선족발전사 》, 연변대학출판사, 2016

5. 양소전 외 4인 공저《중국조선족혁명투쟁사》312~316쪽

6. 박규찬 주필,《중국조선족교육사》, 동북조선민족교육출판사, 1990

7. 최삼룡편,《승리의 기록》, 연변인민출판사, 2015

8. 리광인은 저,《겨레 항일지사들 3》, 민족출판사, 2007

9. 김택 주필,《길림조선족》, 연변인민출판사, 1995

10. 최석승저,《훈춘조선족이민사》,연변교육출판사, 2015

11. 북경대학교 조선문화연구소 편,《종교사》, 민족출판사, 2006

12. 조선민족발자취총서 편집부,《개척》, 민족출판사, 1999

12. 연변정협문사자료위원회 편《연변문사자료 제5집 교육사료전집》, 1988

13. 김양 편,《항일투쟁반세기》, 료녕민족출판사, 1995

14. 박문봉, 김광영 주필,《중국조선족 항일지사 100인》, 민족출판사, 2015

15. 리광인, 림선옥 저, 《항일련군의 조선족녀전사들》, 연변인민출판사,
    2015

16. 김철호 저,《중국 조선족, 그 력사를 말하다 상 》, 연변교육출판사, 2018

18. 전철수 저,《연변녀성운동사》, 연변임민출판사, 1992

19. 호이전, 문홍복 주필,《연변문사자료 제 8집, 종교사료전집》, 연변정협 문사자료위원회, 1997

20. 양소전 외 4인,《중국조선족혁명투쟁사》, 연변인민출판사, 2009

21. 주영돈, 한상호 저《중국동북조선족녀성과 항일투쟁》,연변대학출판사, 1997

22. 김춘선 주필,《항일전쟁과 중국조선족》, 연변인민출판사, 2015

23. 리광인, 림선옥 저,《중국조선족 꼬마항일영웅들》, 연변인민출판사, 2015

24. 김주용 저,《한국독립운동과 만주-이주 · 저항 · 정착의 점이지대》, 경인문화사, 2018

간민교육회 회장
이동춘

독립운동에 관심이 많은 사람이라 할지라도 독립운동가 이동춘의 이름을 기억하고 있는 사람은 많지 않을 것이다.

우리는 이상설이나 김약연, 윤동주나 송몽규를 기억해도 1900년대 초반기 북간도 조선이주민 사회의 대부로서 〈간민교육회〉를 창립하여 최초로 전 조선 이주민사회에서 공적으로 항일민족운동을 추동시킨 교육회 회장 이동춘을 잘 모른다.

그의 독립운동의 공이 제대로 인정받지 못해서 1977년에야 겨우 건국 포장을 추서 받았지만 그의 헌신과 공로는 여타의 독립운동가에 못지않다. 북간도에서 최초로 공적인 독립운동의 단체인 〈간민교육회〉를 출범시킨 자체만으로도 그는 이미 북간도 독립운동의 태두이다. 그러나 우리는 그가 누구이며 무슨 일을 했는지 관심이 없다.

아무리 위대하고 심오한 사상과 꿈을 가진 사람이라 할지라도 거주하고 있는 나라의 언어와 문화를 모르면 그 나라에서 자신이 원하는 꿈과 이상을 펼칠 수 없다. 본인은 해외에 거주하며 언어불통으로 인한 고통과 불편, 제약을 많이 체험하였기 때문에 1900년대 초반의 북간도 독립운동가 중에 자타가 인정하는 탁월한 언어능력과 외교와 행정능력을 갖춘 이동춘 독립운동가를 더욱 주목하게 되었다.

그는 당시 보기 드물게 중국어와 일어에 뛰어난 인재로서 청조의 관리로 발탁되어 조선에 가서 통역관으로 일하였고 다시 북간도로 돌아와서 〈양정학교〉를 세워 친중 항일의 인재를 양육하였다. 후에 연길 변무독판 오록정의 통역관으로 활동하며 이주조선인들을 위한 민족운동의 최초 공식적인 단체인 〈간민교육회〉를 창립하여 간도에 민족 교육과 항일계몽운동의 힘찬 새 바람을 일으켰다. 그는 무엇보다 언어불통과 청의 관리들의 횡포에 시달리는 수많은 조선인들과 독립 운동가들의 간도정착과 귀화, 학교 설립과 교육활동에 큰 도움을 주었다.

그의 개방적이고 진취적인 자세와 태도, 독립 운동가들에 대한 관심과 배려, 중국 관료들과 협력과 협상에 임하는 외교 능력과 열정, 항일 근대 교육에 대한 신념과 실용정신 등이 북간도 이주민사회와 독립운동사에 끼친 영향이 지대하다. 그러나 그의 공로가 남한 사회에 잘 알려지지 않았으며 세월이 흐르면서 그의 공로를 주변 사람들이 가로채간 느낌이 없지 않다.

그는 마치 시골 할머니 주머니 속에 있는 진주 같다. 보석함 속에 있는 진주는 사람들의 눈길을 끌며 찬사를 받지만 시골할머니 주머니 속에 있는 진주의 값어치는 아무도 모른다. 시골 할머니 주머니 속에 있는 진주가 제대로 평가를 받으며 빛을 발할 날이 속히 오기를 바란다.

1900년대 초반의 북간도 독립운동가로 계몽운동 및 교육 운동과 민족교육에 전력투구했던 많은 사람들 중에 특별히 이동춘의 생애에 관심을 가지는 이유가 있다.

첫째 여러 차례 중국 관리로 등용될 정도로 그의 중국어 실력이 아주 탁월하였다.

그는 늦어도 1880년 이전에 두만강을 건너 중국으로 이주하였고 중국의 관리로 등용될 만큼 중국어 실력을 닦았다. 리광인의《겨레 항일지사들 1》에 의하면 그는 1894년 〈파총〉이란 관직을 받고 조선에서 원세개의 통역관으로 일했다. 그가 어디서 원세개의 통역관의 일을 했는지 분명하지 않지만 원세개가 청나라의 〈총리교섭 통상대신〉으로 일하는 시기에 조선에서 일했을 가능성이 있다. 그 후 1909년 5월에 그는 길림 변무 독판 오록정의 변무공서 교섭과 통역관으로 임명되었다. 그는 실로 중국어 실력을 인정받아 중국에서 조선인들의 창구가 되었다.

둘째 그는 개방적이며 진취적이었고 실용정신이 뛰어났다.

그는 청조가 조선인에게 귀화의 표시로 강제한 치발역복을 자발적으로 수용하여 시대의 변화에 신속하게 적응하였다. 치발역복을 해야만 토지소유권을 받을 수 있었음에도 많은 조선인들은 치발역복을 수치스럽게 생각하고 집단적으로 거부하였다. 그런 상황 속에서 청년이 스스로 치발역복을 한 것은 그의 실용정신과 진취성과 개방성을 잘 보여준다.

그는 화룡욕의 관리인 장조린과 영원보 지역의 유지인 현덕승의 도움을 힘입어 1907년 3월에 광소 상천평에 조선인과 중국의 학생들이 함께 수학하는 〈양정학당〉을 세워 9세부터 30세까지 청소년들과 청년들에게 면학의 길을 열어주었다. 최초 입학생은 60명이었는데 그는 가난한 학생들에게 무료 교육의 기회를 주기 위하여 중국지방관청으로부터 경작지 60헥타르를 받았으며 지방 유지들에게 기부금을 받았다. 1년 후에는 학교를 관립학당 체제로 전환하여 관청으로부터 매월 학교운영비를 지원받았다. 그는 교장을 겸한 교사로서 한어(중국어), 일본어, 체조(체육)과를 자원하여 지도하였다.

그 이후, 오록정의 통역관으로 특채된 그는 연길시 시장인 오록정에게 조선인과 중국인이 함께 공부하는 교육정책을 제언하여 연길에 있는 관립학당인 순경학당을 조선인과 중국인의 공용학당으로 출범시켰다.

그는 이주 조선인들이 중국어와 중국 문화를 익혀서 중국인들과 어깨를 나란히 겨루는 실력을 갖추어 중국사회에서 살아남을 뿐만 아니라 당당하게 독립운동의 길을 모색할 수 있기를 원하였다.

셋째 그는 처음부터 항일 의지를 분명하게 천명하였다.

1907년 8월 23일, 〈조선통감부 간도파출소〉가 용정에 문을 열고 사이또가 조선인 보호와 감독에 관한 공시문을 붙이자 용정의 조선 이주민사회와 지방 관원들이 갈피를 잡지 못하며 불안에 떨었다. 그러나 그와 현덕승은 조선 이주민사회를 이간질시키고 감시하려는 일본 제국주의의 진의를 파악하여 일본의 관리와 보호를 거부하였으며, 학생들과 학부형을 비롯한 용정사회를 향해 침략자들의 감언이설에 속지 않도록 경고하였다. 또한 일본의 조선통감부 간도파출소 용정 진출에 대한 강한 반감으로 연길 국자가에서 열린 자희 태후 〈만수절〉에 학생 60명 전원을 이끌고 참가하여 체조와 노래를 공연하여 친 중국 조선인으로서 항일 의지를 보여주었다. 이 일로 영원보 13사 마을의 지도자인 조선인 현덕승은 일경에 체포를 당하였으며 간도파출소는 양정학당의 공개적인 반일 행위에 대하여 조선통감부와 북경주재 일본대사에게 보고를 하였다.

양정학당 건립으로 시작된 이동춘의 항일 의지는 〈간민교육회〉, 〈대한인국민회 간도지방회〉, 〈간민회〉 활동을 통하여 줄기차게 이어진다. 그는 간민교육회 회장으로, 대한인국민회 간도지방회 회장으로, 간민회 식산과장으로서 북간도 조선 이주민들의 항일의식고취를 위해 언제나 앞장서 있었다.

넷째 그는 초창기 이주자로서 실리에 밝았으며 경제적으로도 성공하였다.

우선 그는 이주 조선인이었지만 중국관리로 특채되어 월급을 받았으므로 경제적으로 안정되었다. 또한 그는 월급 외에도 황무지 개간과 농업을 통하여 큰 부를 이루어 서 북간도 사회의 대부가 될 수 있었다.

그에게는 사립학교인 〈양정학당〉을 곧바로 관립학당으로 승격시킬 수 있는 실무 능력과 열정, 청나라의 귀화정책을 신속하게 파악하고 대응하는 민첩성, 허례허식에 매이지 않고 토지소유권을 받을 수 있는 중국의 토지정책의 실리를 꿰뚫어 보는 혜안과 실천력 등이 있었다. 그는 양정학당을 세울 때도 중국 관청과 조선인 유지들의 후원을 이끌어 냈으며 연길 국자가에서 간민모범학당을 위해서 기금 모금을 할 때도 탁월한 수완을 발휘하였다.

1913년 〈간민회〉가 세워졌을 때 그는 국자가에 있는 자기 집을 사무실로 사용하게 하였으며 서일을 비롯한 많은 항일지사들에게 도움을 주었고, 안창호, 이동휘, 안중근 등 지사들이 간도를 순회하거나 어려움에 빠졌을 때 자기 집에 머물도록 배려하며 후원하였다. 실제로 용정의 그의 집은 북간도 항일지사들의 거점으로 구심점 역할을 하였다.

다섯째 그에게는 조선인 사회를 이끌어 갈 수 있는 지도력과 행정능력, 외교적인 협상 능력이 있었다.

조선인 교민사회는 일본의 압력과 방해, 중국 관리의 무시와 홀대, 중국인들의 방해와 횡포로 늘 불안하였으며, 귀화입적의 문제, 토지 및 세금 문제, 지주들의 횡포 등의 문제로 늘 소란하였다. 당시 그러한 조선 교민들의 복잡하고 다양한 문제를 풀 수 있는 지도자, 적임자는 중국 관리이며 중국어에 능통한 그였다. 그는 조선인들의 문제를 해결하기 위해서 북경이나 성의 관청을 자주 드나들었다. 뿐만 아니라 중국 관청을 움직여서 북간도 독립운동사에 길이 남을 〈간민교육회〉을 공식적 기관으로 만들어서 민족 교육의 틀을 확립하였으며 사립학교 건립의 붐을 조성하였다. 〈간민회〉를 기초하여 식산과장으로서 농촌마을의 개발과 생산성을 높이기 위하여 수고를 마다하지 않았다.

그는 실로 조선 이주민들의 간도 정착을 도왔으며, 캐나다장로회를 중심으로 하는 크리스천 지도자들과 함께 교육과 계몽활동을 통해서 20세기 초의 조선 민족 교육과 항일 독립운동의 초석을 놓은 북간도 독립운동의 태두이다.

마지막으로 그의 생애 연보를 간략하게 살피며 그의 남다른 점을 다시 주목해보고자 한다.

그는 1872년 함경북도 종성에서 태어났으며 어렸을 때 부모를 따라서 화룡현 광제욕(현재 용정시 광개향) 으로 범월잠입 하였다. 일찍이 한족 서당에서 공부하여 한어에 탁월하였으며 중국경찰학당을 졸업하였다. 그는 청의 지방 사무소인 〈광제욕분방경력아문〉에서 통역을 하였으며 그 일로 인하여 1894년 서울의 〈총리교섭통상대신아문〉에서 〈파총〉 관직으로 통역하는 파격적인 기회를 얻었다.

1904년 러일전쟁 전에 광제욕으로 돌아온 그는 조선인들의 생활과 교육을 업그레이드시키는 일에 주력하기로 결심하였다.

1907년 광제욕의 관리, 장조린(장조기)과 영원보의 책임자인 현덕승의 도움으로 이상설의 〈서전서숙〉보다 몇 개월 늦게 광제욕 상천평(지금의 광개향 광소촌)에 친중 반일의 기치를 들고 조선인들과 중국인들이 함께 공부하는 사립 〈양정학당〉을 세웠다. 그 자신과 교사들의 헌신적인 노력으로 학교 교육이 원만하게 마을 주민들 속에 자리를 잡게 되자 그는 중국 관리 허덕유의 도움을 받아서 학교의 운영을 나라가 책임지는 관립학교로 승격시켰다.

1909년 그는 연길변무공서 독판으로 승진한 오록정에 의해 연길의 변무공서교섭과 통역관으로 등용되었다. 그 해, 그는 양정학당 졸업생 16명과 기타 조선 청년 10명을 연길경찰학당에 입학시켜 교육 과정을 마친 뒤, 변무공서와 각지의 파판소(파출소)에 배치하였다.

같은 해에 그는 오록정이 국자가에 〈순경학당〉을 설립하자. 중국인들과 조선인들이 함께 공부하는 학교로 개교하도록 제언하였고 양정학당에서 조선학생 15명을 모집하는 등 그의 노력으로 순경학당 47명 학생 중 조선인 학생이 26명이 되었다.

1908년에는 김립 등과 함께 소영자에 〈광성학당〉을 만들어 학생들에게 군사지식과 군사훈련을 시켰다.

1909년, 가을 이동춘은 개신교와 천주교 등 조선인 종교계 지도자 40여 명과 함께 조선인 자녀들의 교육을 위하는 〈간민교육회〉를 설립하기 위해 연길부윤 도빈에게 인가신청을 하였다. 연길부윤에 의해서 정식으로 인가를 받은 〈간민교육회〉는 회장에 이동춘, 부회장에 박찬익, 윤해, 평의장에 손운순, 재무장에 허순, 서기장에 허곤이 임명되었다. 1911년 통계에 의하면 회원이 130여 명에 달하였다. 당시 소영자의 길동기독학당에는 〈간민교육회〉의 중진들이 운집해 있었다.

〈간민교육회〉는 기관지인 〈월보〉를 발간하여 청년들의 항일정신을 고취시켰으며 계봉우 등 학자를 청하여 조선인 사립학교의 교과서를 편성하였다. 또한 조선인 마을에서 모범농촌활동을 펼쳐서 조선인들의 경제생활을 향상시키며 마을 주민들을 조직하여 야학을 열어서 문맹퇴치운동을 활발하게 전개하였다. 길동기독학당에는 소학부와 중학부, 야간 여학부를 두었고 후에 중학부는 교사양성을 위한 속성사범부가 되었다. 1910년, 그는 박문용, 이숙우와 함께 국자가 동로소학당을 〈간민모범학당〉으로 개조하여 조선인과 중국인이 함께 수학하도록 하였다. 1913년에는 국자가에 있는 길신여자학교 교장의 직무를 맡았다.

이동춘은 1911년 신해혁명이 일어나서 청나라가 망하고 중화민국이 건국되고 중화민국 임시정부가 〈연성자치제〉를 주장하자 이에 고무를 받아 〈간민교육회〉 대표로 조선인 정재면, 박찬익, 장기영과 함께 북경에 가서 여원홍 부총통을 만나 신해혁명의 승리를 축하하고 연변지구 조선간민사회 상황을 보고한 뒤에 〈간민자치회〉 성립을 인가해주고 민국정부에서 지지와 원조를 해줄 것을 청원하였다. 여원홍은 〈간민자치회〉의 성립을 지지하면서 〈자치〉라는 두 글자를 제하라고 요청하였다.

이동춘은 1912년, 연길지방정부의 허가를 받고 〈간민회〉 설립 준비위원회를 만들었다. 그는 김약연, 김립, 장기영 등과 함께 설립 준비위원이 되어 국자가에 본부를 두고 활약하였다.

실제로 〈간민회〉는 일제가 〈간도협약〉 이후 연변 각지의 상부지에서 조선인에 대한 치외법권을 행사하고 보통학교와 보조서당을 건립하여 친일교육을 실시하자 이에 저항하기 위한 방편으로 조선인들을 중국국적에 가입시키고 중국 정부에 의거하여 중국법률의 보호 아래서 자치를 실시하며 나아가서는 연변을 항일 독립운동의 기지로 만드는 것을 목적으로 하였다.

이동춘과 준비위원회는 1913년 5월에 〈간민회〉 총회를 소집하고 장정을 통과시키고 회장에 김약연, 부회장에 백옥포, 총무에 도성, 서기에 박찬익을 임명하였다. 이동춘은 조선인들의 생업개발을 도모하며 증진시키는 식산흥업과장이 되었다.

〈간민회〉는 발족되자마자 민국지방정부와 함께 일제의 식민지 통치를 반대하여 조선인들의 귀화입적을 서둘렀다. 그 해에 개신교와 천주교 신자 약 3,000여 명을 입적수속 시켰으며, 각현에 지회를 건립하고 매 회원에게 회비 30전을 징수하였다. 〈간민회〉는 회비로 사립학교 설립을 지원하였다. 1915년 통계에 의하면 연변에 각종 형태의 사립학교가 150여 개에 이르렀으며, 학생수는 1,600여 명에 달하였다. 〈간민회〉는 호구조사사업을 실시하여 지회를 세웠으며 간민을 대상으로 의무금을 징수하였으며 〈간민회〉를 기반으로 조직적이고 계획적인 민족교육, 일제에 대한 저항운동을 시작하였다. 뿐 만 아니라 성공하지는 못했지만, 조선 간민들의 토지 매입의 문제를 거론하며 매매를 위하여 지방당국과 교섭을 시도하였고 간민들의 사기 증진을 위하여 노래집을 만들어 유포하였으며 체육활동을 강화하였으며 〈연변학생연합대운동회〉를 봄가을로 열어서 조선인들의 독립에의 의지와 힘을 결집시켰다.

그러나 〈간민회〉는 활동을 시작한지 1년 만에 유림의 반발을 사서 그들이 조직한 〈농무계〉, 〈공교회〉 등과 대립을 하였다. 유림은 중국으로 귀화를 하는 것이 민족과 조상을 배반하는 것이라며 반발하였고, 신교육과 신문화 운동에도 반대를 하였다. 1914년 농무계는 〈간민회〉가 의무금을 강제로 징수하며 농민들에게 부담을 주고 있다고 동남로관찰사서에 고발하였다. 동남로관찰사서는 〈간민회〉 활동에 자치성질(自治性質)이 있으며 〈농무계〉와의 대립으로 일본의 간섭을 일으킬 수 있다고 판단하여 활동을 단속하였으며 1914년 3월 원세개가 연성자치기관의 철폐를 명하자 이를 근거로 〈간민회〉와 〈농무계〉를 해체시켰다.

1914년 이동춘은 김립과 함께 북경에 가서 민국 국무원에 〈만호청원귀화입적서〉를 제출하였으며 비준을 받았다. 1914년, 다시 북경에 가서 초대 총통 원세개를 직접 만나서 민국 법령에 의한 조선이주민들의 토지 몰수 합법화를 철회시켰으며 조선인 이주민들의 이름으로 〈조선인 토지 소유 합법화〉 하는데 성공하였다.

그는 1914년 간민회가 해산된 이후에도 〈간민연구회〉 조직을 통하여 간민교육과 조선인사업을 발전시키기 위해서 노력하였다. 그는 1915년 연길도윤 도빈이 〈획일간민교육방법〉을 공포하자, 조선인이 일제의 통치를 벗어나기 위하여 중국교육방침을 의거하면서도 언어 등 제반 특수상황을 감안하여 중국교재를 번역하여 사용하며 조선학교에서는 조선역사와 조선 글을 가르쳐야한다고 제언하여 승인을 받았다.

그는 1940년 용정에서 68세의 나이에 병환으로 세상을 떠날 때 까지, 조선인의 생활 개선과 증진, 민족 교육과 항일투쟁으로 일관된 삶을 살았다.

그는 〈간민교육회〉의 창립자이며 지도자로서, 〈간민회〉 설립 준비위원이자 식산과장으로서 간도 조선인들의 교육 및 항일 의식 고취, 조선인들의 중국 귀화입적과 토지 소유 합법화라는 조선인들의 간도 이주사와 독립운동사에 획을 긋는 뚜렷한 공을 세웠다. 그의 수고와 헌신이 기초가 되어 북간도는 해외 독립운동의 본산이 되었으며 일본의 패망 이후에는 중국 조선족자치주가 되는 영광을 받았다.

평화로 가는 길목에서 진취적이며 개방적이고, 관용적이며 대범한 외교적 협상 능력이 뛰어난 지도자가 그립다.

2부

북간도 조선이주민들의
꿈과 참혹한 역사

예수촌이었던
평강벌의 명암촌

처음에는 연변 땅 어디를 가나 독립투사들과 독립군들을 만났다.

용정에서 모아산을 지나 연길로 들어가는 길에서도, 훈춘에서 연통라자로 가는 길에서도, 도문에서 양수진을 거쳐 대황구에 가는 길에서도, 도문에서 석현을 지나 왕청 가는 길에서도, 왕청의 라자구벌을 지나 수분대야로 가는 길에서도, 용정에서 서성을 지나 청산리를 가는 길에서도, 하늘 아래 첫 동네라고 불리는 내두산에서도, 삼합에서 지신과 명동을 지나 용정으로 들어오는 길에서도, 해란강변에서도, 국자가에서도, 와룡촌에서도 그들을 보았다.

때로는 혼자, 때로는 삼삼오오, 때로는 수십 수백 명 씩 이합집산하며 길을 가는 그분들의 외롭고 의로운 독립에의 신념과 투지에 감동하며, 감격하여 많이 울었다. 추위와 굶주림, 밀정과 일본군에게 쫓기는 그들의 행보에 가슴이 시큰시큰 아렸다. 그 분들과 함께 희망하며, 절망하며, 분노하며, 증오하며, 만주의 독립운동에 몰입하였다.

그러나 차츰 나의 시야에 남부여대하고 어린 아이들 손을 잡고 유랑하는 일가족들의 모습들이 들어오기 시작하였다. 살길을 찾아 만주 땅에 와서 유리걸식하는 조선의 기민들이었다. 두만강과 압록강을 건너면 범죄자가 된다는 사실을 알면서도 요행을 바라며 한 밤중에 강을 건넌 소작인, 빈농, 천민들이었다. 시간이 갈수록 구명도생을 위해 강을 건넜던 조선인들의 환영이 나를 강하게 사로잡았다. 그 환영이 추풍낙엽처럼 우수수 떨어져 짓밟히기도 하고 나비 떼처럼 비상하기도 하며 나를 1900년대 전후의 간도 조선인사회로 이끌었다.

거의 모든 조선 독립투사들의 일대기나 조선족의 역사 앞머리에 "청조의 봉금과 조선인들의 범월", "청조의 이민실변과 조선인 집거구역 형성", "조선인의 이주와 수전개발" 등등의 소제목들이 빠짐없이 나왔다. 그런 일련의 제목들이 한국에서는 들어 보지 못했던 내용이므로 눈을 크게 뜨고 정독하며 음미하였다.

내용인즉슨 상놈 조선인들이 1860년대부터 조선 양반과 관료들의 폭정과 세금, 1860년대 연속된 자연 재해로 인한 기아와 지방 관료들의 협잡 그리고 열강의 침입과 전국적인 민중봉기에 무능하고 무력하게 대처하는 조선에 절망하여 허덕이다가 고향과 조국을 떠나 타향으로, 만주로 들어왔다는 것이었다.

일제 식민지 치하에서 우리 민족이 만주로 이주했다고 알고 있는 나의 상식이 산산조각 났다.

오늘날 대부분의 한국인들도 예전의 나처럼 1905년에 조선의 외교권이 박탈되고, 1910년에 주권이 박탈되자 분노하고 절망한 애국지사들이 조국을 찾겠노라 만주로 망명해서 만주가 무장독립투쟁의 기지가 된 것으로 알고 있을 것이다. 그러나 그 숫자는 일부에 불과하다. 실로 〈한일병탄〉 이전에 함경도와 평안도의 백성들이 도강하여 남만주에 만해도 1만여 호가 넘게 정착하고 있었다.

1872년, 최종범은 김태흥, 박석근과 함께 군수의 명을 받아서 압록강 서쪽 지역(남만주, 요녕성지역)에 가서 조선 이주민들을 돌아 본 뒤에, 〈강북일기〉에서 임강 칠도구의 마록포에서 시작하여 29개 마을을 돌아보았는데 당시 그 지역에 조선인이 470여 호, 3,000여 명이 정착하고 있었다고 기록하고 있다.[1]

1897년, 조선 서쪽변계 관리사인 서상무의 통계에 의하면 통화, 환인, 흥경 등에 이주해 온 조선인은 당시 8,722호에 37,000여명이었다. 1905년, 통계에 의하면 장백, 림강, 집안 등지에는 8,750여 호에 39,440여 명이 살았고, 1911년에는 12,100여 호에 50,100여 명이 살았다.[2]

동만주(연변, 북간도)에 해당하는 두만강 이북에도 많은 조선인들이 몰려와서 청조가 봉금을 풀고 정해준 두만강 북안 동서 700여리와 남북 40~50여리에 정착하였다. 1907년, 그 안에 거주하는 조선인마을은 529개 이었으며 인구는 15,356호 72,076명이었다. 1909년에는 34,133 호 184,867명으로 증가하였다.

1910년 〈한일병탄〉 이전에 남만 일부와 연변에 정착한 조선인이 이미 20여만 명을 넘어섰다는 사실 확인은 나에게 큰 충격이었으며 옛날의 일로 그냥 웃어넘길 수 없었다.

생면부지의 남의 나라 땅에 숨어 들어오거나, 소작농으로 들어와서 〈점산호〉의 농노처럼 일하며 마을을 형성하며 황무지를 개간하며 온갖 신산의 고통을 당했던 이름도 얼굴도 모르는 그 조상들의 허리에서 독립운동이 시작되었다는 사실이 비수처럼 가슴을 찔렀다. 근대 교육과 민족교육의 요람이라고 자랑하는 〈서전서숙〉을 비롯한 수많은 사립학교와 〈용정교회〉를 비롯한 많은 교회들, 독립운동단체들과 비밀결사들 그리고 〈3·13 용정 만세시위〉, 〈봉오동전투〉 심지어는 〈청산리전투〉와 〈항일연군〉까지도 그 분들이 있었기에 가능했다는 사실에 전율하지 않을 수 없었다. 한국의 독립운동사가 그 사실을 언급하지 않고 있지만 그분들, 연변의 수전을 일군 조선의 소작농들이 실제로 독립운동사의 맨 서두에 있었다. 그들은 조선양반사회에서 초개처럼 버림받았지만 스스로 독립군이 되거나 자녀들을 독립군으로 바쳤으며, 독립후원금 모금에 참여한 독립운동의 기초였고 기둥이었으며 울타리였다.

실제로 만주는 조선인들이 들어가기 전까지 봉금지역으로 사람들이 거의 살지 않았으며, 경제적으로 자립할 수 없는 땅이었다. 봉금령 이후 만주는 청조가 팔기병 부대의 주둔과 카룬³의 운영을 위해서 해마다 관내에서 운영비를 지원받아야 하는 산업이 형편없는 빈곤한 땅이었다. 그러나 1860년대를 기점으로 해서 월강한 조선인들의 황무지 개간 및 벼농사 개발함과 동시에 만주는 일약 러시아와 일본의 각축장이 되고 조선 독립지사들과 독립군들의 결사와 활동의 장소가 되는 대대적인 변화 속에서 팔팔 끓는 용광로로 바뀌었다.

생각이 바뀌니 연변 전체가 독립운동의 성지로 보였다.

양반들의 나라, 계급 차별로 사람을 괴롭히는 나라에서 살 수 없어 생명을 걸고 도망쳐 나온 모든 소작농과 천민들이 위대한 독립투사들로 보였다.

그 분들의 넋을 기리며 두만강을 건너며 그 분들이 꿈꾸었던 나라를 생각하면서 틈틈이 연변을 돌아 다녔다. 외국인이 가이드 없이 시골 오지나 산골 마을을 찾아다니는 일은 실로 어려운 일이지만 나는 운이 좋게 독립운동 유적지 답사를 십여 년 동안 꾸준히 계속하고 계시는 연변지역의 여러 선생님들의 호의와 배려 덕분에 옛날의 흔적이 사라져 버린 마을들을 어렵사리 방문할 수 있었다. 뿐 만 아니라 그 분들이 기십 년 동안 공부하며 현장을 답사하여 쌓은 산지식까지도 보너스로 받는 놀라운 특전을 누렸다. 그분들과 함께 때로는 혼자서 조선인 마을 돌아보는 시간은 타임머신을 타고 1900년대로 돌아가는 행복한 시간이었다.

연길을 중심으로 해서 연통라자, 대황구, 곡수, 도문, 수남촌, 석현, 봉오동, 삼툰자, 백룡, 선구, 걸만동, 장암동, 와룡촌, 개산툰, 자동, 제동, 내두산, 어랑촌, 청산리, 명암촌, 장재촌, 명동촌, 서대파, 소왕청, 라자구 수분대야 등을 돌았다.

모든 마을마다 개척사가 있고 외로운 개척자들이 있었다. 적지 않은 조선인 마을 안에 캐나다장로회에 소속된 교회가 있었고 교회 지도자들이 세운 학교가 있었다. 연통라자, 남별리, 대황구, 신풍, 와룡촌, 장암동, 명동촌, 명암촌, 백운평, 차대인골, 정동, 일송정, 금당촌, 회막동, 하마탕, 합성리 마을들이 다 그런 마을들이었다. 마을을 개척하며 교회와 학교를 세운 이야기를 들으며 개척자들이 겪은 간난신고에 코끝이 시큰해지고 눈물이 절로 나왔다.

백두산과 내두산을 여러 차례 다녀온 덕분에 〈서성〉이라는 곳에 자주 들렀다. 서성은 여행길을 자주 동무해주시는 선생님 한 분이 청소년 시절을 보냈다고 해서 특별히 정이 갔고 그 일대에 허름한 교회 건물이 십자가를 달고 외롭게 서있어서 더욱 애틋하게 느껴졌다.

서성 일대에 〈진달래촌〉이라는 민속마을이 있는데 조선족 민속관광지로 특화된 마을이었다. 하여 마을의 옛날 이름을 알아보니 명암촌이었다. 명암촌은 현재 화룡현 서성진에 속해 있으므로 나 같은 외국인이 명암촌이 과거에 연길현 이도구에 속하였다는 생각을 하기 어렵다. 그래서 명암촌을 자주 지나다니면서도 옛날의 명암촌이 서성에 속하였는지를 알지 못하였던 것이다. 선생님의 설명으로 민속촌이 명암촌 이었고 뿐만 아니라 1910년대 당시 평강벌에 사는 주민들이 집단 개종해서 이루어진 마을이었던 〈성교촌〉, 〈구세동〉, 〈예수촌〉중에서 명암촌이 바로 〈예수촌〉이라는 이름으로도 불린 마을이라는 사실도 알게 되었다.

명암촌!
과거에는 연길현 이도구에 속하였으나 현재는 행정구역의 개편으로 화룡현 서성진에 속한 마을이다. 오늘날 연길이나 용정에서 출발하여 백두산, 내두산, 청산리, 어랑촌, 청파호에 가려면 거치게 되는 마을이지만 한국사회에는 그다지 알려질 일이 없었다.

명암촌에는 경신참변에 표적이 되었던 제 2호 배일학교 조사표에 나타나는 수신향사립 제4소학교 보진학교(普進學校)가 있었고, 캐나다장로회 선교부에 소속된 〈장은평〉교회가 있었다.

마을 사람들이 〈간민교육회〉와 〈간민회〉 활동에 참여하였으며 용정의 3·13 만세시위 시 용정으로 가지는 않았지만 그 후에 있었던 이도구와 투도구 만세시위에 적극 참여를 하였고 만세 시위 후에 조직된 〈간도국민회〉 서부지방회 본부를 마을 안에 꾸렸다.

1921년 1월 27일 〈독립신문〉이 실은 보충자료에 의하면 "이도구에 가옥 57세대, 곡물 전부, 교회당과 학교 각기 1개 소각" 되었다. 위의 기사가 이도구의 다른 마을에 관한 것일 수도 있지만 배일학교 조사표에 〈보진학교〉가 들어 있었다는 것을 감안할 때 위의 내용은 명암촌의 것이거나 명암촌 일부에 해당되는 것으로 보아도 무방하다.

명암촌은 분명히 명동촌이나 장암촌, 와룡촌, 하마탕, 의란구, 덕원리 못지않게 민족교육과 독립운동이 치열하게 전개된 마을로서 독립운동사에서 길이 기억되어야 할 마을 중의 하나임이 분명하다.

명암촌은 1910년 12월에 함경북도 성진군 학성면 달래동 사람들 20여 호, 150여 명이 당시 이도구에 속해 있는 〈점산호〉 왕복의 지역인 〈왕가지방〉으로 이주하여 형성한 조선인 마을이다. 그들은 계속되는 기근과 〈한일병탄〉의 와중 속에서 만주 땅으로 이주를 결심하며 양태윤을 선발대로 보냈다. 그는 연변일대를 돌아다니다가 명암촌에서 왕복의 소작농으로 일하는 고향 사람 전씨를 만나서 그 땅으로의 이주를 결정하였다. 마을 사람들은 양태윤의 안내를 따라서 성진을 출발하여, 길주, 명천, 화성, 경성, 청진, 부령을 거쳐서 회령에 도착하였고, 회령에서 강이 얼기를 기다려 도강을 하였다. 그들은 삼합, 지신, 용정, 두도구를 지나서 12월 말에 명암촌에 도착하였다.

그들에게 가장 큰 문제는 겨울을 지낼 가옥과 농토를 구입하는 것이었는데 공교롭게도 당시 왕복은 가족유산상속의 문제로 급히 산동으로 철수를 해야 하는 입장이었다. 그들은 〈호주인〉 한윤극을 세워서 왕복의 땅과 건물 일체를 구입하여 단체로 겨울을 날 수 있는 숙소 문제와 생존문제인 토지 문제를 일시에 해결하였다.

새해들어 그들은 우선 개인들의 가옥을 지으며 식량 마련에 주력을 하였다. 그리고 난 후에 그들이 하나가 되어 세 가지 큰일을 해냈다.

첫째는 1911년에 캐나다장로회 교회로 등록된 〈장은평교회〉를 공식적으로 설립한 것이다.

그들의 고향인 성진은 1898년에 캐나다선교사, 그리어슨이 선교부를 세우고 복음을 전한 곳이었다. 그들은 이미 성진에서 기독교로 개종한 사람들로서 명암촌으로 집단 이주를 하면서 용정에 있는 캐나다선교부 소속인 김계안조사와 안순영조사와 연락했을 것이다. 그러므로 그들은 낯선 땅, 명암촌으로 오면서 캐나다장로회와 연결고리를 놓지 않았고 계속 교류하며 지도를 받은 것이다.

캐나다장로회 선교부에서는 해마다 사경회를 실시했는데 평강벌 단위에서 모일 때는 장은평교회가 중심이 되었으며, 연변 단위로 할 때는 용정에서 모였고, 캐나다선교부 전체 교회가 모일 때는 원산에서 모였다. 사경회는 성경공부를 가르치는 신앙교육과 훈련의 장이기도 하였지만 민족의식과 항일운동을 고취시키는 모임이기도 하였다.

기록에 의하면 명암촌 사람들은 앞을 다투어 사경회에 열심히 참여하였다.

둘째는 1912년에 〈보진학교〉라는 근대식 학교를 세워 민족교육을 실시한 것이다.

초대 교장은 이강국 이었고 교원은 양환봉, 유용희, 김정식 이었다.

교원들의 생활은 마을 전체가 책임을 졌다. 그들은 〈점산호〉 왕복의 토지를 구입해서 나눌 때 처음부터 학전(學田)을 염두에 두고 따로 분리해서 지정해 두었다. 그들은 결혼한 교사들에게 는 학전을 분배해 주었고 미혼 교사들은 한 달씩 매 가정을 돌면서 식사를 하게 하였다. 학전노동과 교원들의 의식주 및 학교운영비는 마을의 모든 세대들이 동일하게 분담하였으며 특별히 미혼 교원에게는 가을에 새 옷을 지어 주었다.

초기에는 2~30명의 학생을 받아서 조선어, 천자문, 중국어, 산술, 수신, 박물, 도화, 체조, 습자, 창가 등을 가르쳤다. 교사들은 모두 조선에서 망명 온 사람들이었고 투철한 항일 민족정신으로 학생들을 교육하여 보진학교 졸업생들은 항일운동에 앞장을 섰다.[4]

셋째는 황무지를 개간하여 벼농사에 성공한 것이다.

그들은 성진에서 산비탈에서 밭작물을 재배하며 살았기 때문에 벼농사를 지어 본 경험이 없었다. 그들은 처음에는 고향에서처럼 산비탈과 습지를 개간하여 밭에 주로 조, 콩, 옥수수, 귀리, 보리 등을 재배하였다. 그리하여 조선에서처럼 굶지는 않았지만 넉넉하지는 않았다. 그들은 같은 면적의 땅이면 경제성이 높은 논농사를 개발하고자 하였다. 마을 사람들은 여러 해 동안 많은 도전과 실험 끝에 1915년과 1916년에 걸쳐서 벼농사 재배에 성공하였다. 그로서 장은평은 이름 그대로 "하나님의 은혜를 품고 있는 풍요로운 들판"이 되었고 독립운동과 독립군 지원에 적극적으로 참여할 수 있는 경제적으로도 여유가 있는 마을이 되었다.

이렇게 준비된 명암촌에서 여러 부류의 다양한 지도자들이 배출되었다.

첫 번째 지도자그룹은 1910년대를 이끌어간 지도자들이다.

〈간도국민회〉 서지방회 회장 한윤극과 〈간민교육회〉, 〈간민회〉 때부터 구춘선, 이동춘, 김약연 등과 함께 활동을 하였고 〈간도국민회〉 서지방회 주요 책임자가 된 양태윤, 양형식, 양군식, 이태언이 바로 그들이다. 뿐만 아니라 명암촌 출신의 〈간도국민회〉 사법부장인 최익룡은 〈3·13용정 만세시위〉 후에 양군식의 집에서 지내며 명암촌의 독립운동을 이끌어 갔다. 그는 뒤에 간도국민회 부사령관이 되기도 하였으며 1921년에는 용정의 동흥중학교를 설립하였다.[5]

두 번째 그룹은 공산당에 가입하여 활동한 지도자 그룹이다.

명암촌의 이름이 널리 알려지면서 독립 운동가들이 농부나 학교 선생으로 찾아 왔는데, 조선공산당만주총국 선전부장이던 장시우 내외, 김광일, 양창걸, 박창호가 그들이다. 항일투쟁으로 이름을 날린 김책, 김성, 우용선도 한 때 은신하며 명암촌에서 활동을 하였다.

세 번째 그룹은 보진학교 졸업생으로 동북항일연군으로 전투에 참여하여 사망한 투사들이다.

1931년 〈9·18사변〉[6] 후에는 보진학교 졸업생인 이동선, 박윤식, 안정규, 이주봉 등이 중국공산당 당원으로 가입하여 동북항일연군에 참가하여 일본군과의 전투 중에 사망하였다.

청산리와 어랑촌 가는 길목에 있는 명암촌의 사람들은 1920년 초가을에 홍범도연합군부대가 두도구 일본영사관을 습격하고 어랑촌으로 이동할 때 소를 잡아서 부대원들을 위로하였고 의연금으로 내복을 사서 헌납하고, 천을 사서 물감을 들여 군복을 만들어 주었다. 그들은 청산리전투가 진행될 때, 부대에 식량과 짚신을 공급하였으며 우마차를 이용하여 독립군 부대의 물자들을 운반하였다.

10월 13일, 홍범도장군 지휘하의 연합부대가 대한독립군 약 300명, 국민회군 약 250명, 의군부군 약 150명, 한민회군 약 200명, 광복단군 약 200명, 의민단군 약 100명, 신민단군 약 200명으로 총인원이 1,400명 이었다[7]는 사실을 감안할 때, 한 마을이 독립군 부대에게 식사대접이나 군복, 짚신과 양식 공급하는 일은 쉽지 않은 일임이 분명하였다. 그러나 오랫동안 독립을 위해 기도하며 모금해왔던 그들은 가슴이 화산처럼 타올랐기에 10월의 추위 속에서 시간과 정성과 물질을 아낌없이 바치며 독립군들을 대접할 수 있었다. 그리고 그들은 독립운동에 참여한 대가로 경신참변의 혹독한 시련과 고난 속으로 들어가야 했다.

명암촌!
사람들 마음 중심에 교회와 학교가 있는 곳!
교육과 신앙구국의 믿음으로 새 나라를 꿈꾸었던 사람들의 공동체!
다양한 인재를 품고 키워 낸 마을!

인재를 키우기 위해서 학전 제도를 만들고 공동 경영한 마을!

신앙의 열정과 헌신, 사랑과 감사로 "장은평"이라 불리워졌던 곳!

명암촌 히스토리를 읽으며 가슴에 잔잔한 파도가 일었고 눈에 눈물이 가득 고여 왔다.

함께 교회와 학교를 세우고 수전을 개발하며 독립운동에 앞을 다투어 참여한 마을 주민들의 평범하면서 비범한 삶의 위대함과 겸허함에 사로잡혔다.

나라의 독립을 염원하며 하나님 나라의 백성으로 최선을 다했던 명암촌 사람처럼 남은 생을 평범하며 비범하게 살고 싶다.

미주

1. 김춘선 저,《북간도 한인사회의 형성과 민족운동》, 127쪽

2. 김택 주필,《길림조선족》, 10쪽

3. 청의 기마병이 거주하는 초소.

4. 김택 주필,《길림조선족》, 163쪽

5. 김동섭 저,《화룡인민의 항일투쟁》5쪽

6. 만주사변이라고도 부르며 1931년 일본 제국이 류타오후 사건을 조작해 만주를 중국 침략을 위한 병참기지로 만들고 식민지화하기 위하여 벌인 침략전쟁을 말한다.

7. 김택 주필,《홍범도장군》, 183쪽

참고서적

1. 김춘선 저,《북간도 한인사회의 형성과 민족운동》, 고려대학교 민족문화연구원, 2016

2. 김택 주필,《길림조선족》,연변인민출판사, 1995

3. 김동섭 저,《화룡인민의 항일투쟁》, 연변인민출판사, 2006

4. 김택 주필,《홍범도장군》, 연변인민출판사, 1991

5. 중국조선민족발자취총서 편집부,《총서 1 개척》, 민족출판사, 1999

6. 심영숙 저,《중국조선족 력사독본》, 민족출판사, 2016

7. 김철수 저,《연변항일 사적지 연구》, 연변인민출판사, 2001

한족대지주 점산호와 호주인

점산호(占山戶)는 1881년 청조의 동북지역 자립과 강화를 위한 이민실변이 시작되면서 나타난 대토지를 소유한 한족의 대지주를 일컫는 말로 조선 이주민에게는 수탈과 억압, 절망과 고통의 상징이었다.

호주인(戶主人)은 점산호와 조선간민 사이에서 마름으로 중개인 역할을 하는 사람에 대한 호칭이었다. 초기에는 한어를 모르거나 치발역복을 거부하는 조선인들을 대표하여 교섭하고 중개하는 등의 일을 했으나 후기에는 조선인 마을의 향약이나 패두가 되어 동족인 조선 이주민을 수탈하여 지주가 되기도 하였다. 그리하여 호주인은 처음 제도가 시작될 때와는 달리 점점 조선이주민들의 분노와 원한, 불평과 원망의 대상이 되었다.

한국에서는 점산호라는 말을 들어본 적이 없어서 전혀 몰랐고 연변에서 출판된 책을 통하여 알았는데 쉽게 말하자면 그들은 한족 악질 대지주였다. 조선인들이 간도로 이주하여 땅을 구입하거나 소작농이 되려면 통과의례로 호주인과 악질 대지주인 점산호를 만나야 했다. 제 아무리 명문 거족인 조선 양반도, 맹자와 주역을 백독한 사람도 조선 이주민들은 중국 땅에서 사는 한 점산호를 피할 수 없었다. 연변에서 대지주(점산호)에 대한 글을 최초로 접한 것은 명동촌 이야기에서 였다.

> "지신진 신동골 어구에 우뚝 솟은 선바위는 아무 때 보아도 그렇다. 대지주 동한이 이곳 땅을 차지하고 있을 때만 해도 선바위를 '비둘기바위'라고 불렀다고 한다.[7]
> "명동촌 일대는 19세기 중엽부터 개척되기 시작하였으며, 초기 이 일대의 토지는 동한이라는 한족 지주가 소유하고 있었다."[2]

대지주 동한은 산동 사람으로 청조가 1881년 두만강 이북의 봉금을 해제하고 이민실변을 실시하자 재빨리 화룡 지신으로 들어와서 일대의 땅을 헐값에 매입하였다. 그리고 미귀화자 신분으로 토지를 구입할 수 없는 조선 소작인들의 약점을 이용하여 명동, 지신 일대의 황무지를 마구잡이로 개발하였다. 점산호로서 그의 위세가 등등하였지만 1898년에 그가 죽자 그의 자녀들은 고향으로 돌아가고자 헐값으로 땅을 방매하였다. 그 때, 김약연을 비롯한 김하규, 남종구, 문병규 등은 일찍 명동에 들어와서 살고 있던 김항덕을 통해서 육도하 양쪽에 있는 땅을 구입하였는데 당시 육도하 북쪽에는 장재촌, 룡암촌(후에 명동촌으로 바뀜), 중영촌, 성교촌이 남쪽에는 풍락동, 소룡동, 대룡동, 화전동(현재는 없어짐) 등이 자리 잡고 있었다.

1899년, 김약연 일행은 지신 일대에 땅을 매입하여 정착하였으며 1908년 4월 27일에 〈명동서숙〉을 창립하여 근대식 교육과 함께 민족의식을 일깨우는 교육을 실시하였고 1909년 정재면의 권면을 받아들여 명동교회를 설립하였다.

"1896년에 대유전동의 주민들은 돈을 모아 리년발에게서 18일갈이 숙지[3]와 황무지를 3,000원으로 샀다. 이는 그 후 많은 조선 이민들이 들어오는데 유리한 조건이 되었다."[4]

대유전동의 제일 먼저 정착한 사람은 호남에서 온 한족 리년발이었다. 그는 1890년에 남강초간국[5]으로부터 대유전동일대의 황무지 소유권을 얻고 그 해부터 함경북도 경성 등지에서 온 조선인들을 소작인으로 마구 부려서 황무지를 개간하여 점산호가 되었다.

대유전동의 주민들은 리년발을 위해서 6년 동안 죽도록 일한 뒤, 1896년에야 비로소 그에게 자신들이 개간한 땅과 그 밖의 황무지를 사서 마을의 터를 넓게 잡아 인근에서 가장 큰 장이 서는 교역의 중심지가 되는 마을을 만들었다. 1907년 용정의 인구가 113호 였을 때, 1909년 대유전동의 인구는 128호가 되는 호황을 누렸다. 그들은 1906년에 세워진 서전서숙보다 한 해 빠른 1905년에 근대식 학교인 〈동신학교〉를 세웠으며 유수한 독립 인재를 양성하였다.

"밀산의 송지주는 왕청에 대리인을 두고 있었다. 그래서 이 마을에서는 소작료를 납부하는 문제에 대해서는 해마다 그하고만 관계를 해온 것이다. 그런데 송지주는 얼굴짝 한 번도 내밀지 않거니와 올해는 대리인마저도 보내지 않고 갑작스레 청지기를 보내니 일이 심상치 않은 것이다."[6]

왕청현 덕원리에 자리를 잡고 〈명동학교〉를 운영하며 〈중광단〉을 이끌었던 서일과 현천묵, 계화 등 대종교도인들이 소작하는 땅의 지주는 밀산에 사는 송곰보라는 점산호였다. 송곰보는 자기 마음대로 소작료를 두 배로 올리는 폭력과 횡포를 마다하지 않는 악덕 지주로 악랄한 토비인 진사해의 매부였다. 서일은 그런 중국인 점산호가 주는 억압과 불의를 감내하며 조선독립 운동을 견지하면서 〈3·13 용정만세시위〉 후에는 무력투쟁을 위해 북로군정서를 만들었다. 그러나 서일은 자유시참변 이후, 토비와 결탁한 점산호의 살인방화와 약탈이 대종교의 북부거점인 당벽진 까지 뻗치자 책임감을 통감하여 식음을 전폐하고 자결하였다.

> "당시 이곳에는 산동에서 온 왕복이란 점산호와 소작농 몇 호가 살고 있었는데 왕복이 거의 모든 땅을 점하고 있었기에 주변의 사람들은 이곳을 〈왕가의 지방〉이라고 불렀다."[7]

1910년 한일합방 후, 점산호 왕복의 소작농으로 일하던 성진 출신의 사람들이 이주처를 물색하려고 돌아다니는 고향 사람들을 설득하여 〈왕가의 지방〉 곧 서성진 명암촌으로 불러 들였다. 그들이 〈왕가의 지방〉으로 집단 이주하여 농토를 구입하려고 했을 때, 운이 좋게도 점산호 왕복이 부모의 유산을 계승하기 위해서 고향으로 돌아가려고 토지를 헐값으로 방매하였다. 그러나 집단 이주한 그들은 토지소유권이 없었으나 치발역복 또한 원하지 않았으므로 의논 끝에 다른 조선인 마을에서 성행하는 전민제를 모방하여 한윤극을 〈호주인〉으로 청해서 〈명예지주〉를 삼고 왕복의 토지를 사들였다.

그들은 1911년에 교회당을 건축하였고, 1912년에는 왕복의 집을 개조하여 1912년에 〈보진학교〉를 세웠다. 모든 일들이 순탄하게 진행되는 것을 바라본 주변 사람들이 마을 이름을 〈예수촌〉이라고 불렀고 성진에서 집단 이주해온 그들은 "하나님의 은혜가 깃든 평지"라는 뜻으로 "장은평"이라고 불렀다.

"장동의 원주민들이라고 할 수 있는 박공선, 강상률 등은 모두 점산호 류기의 땅을 소작맡아 농사를 짓고 있었다. 류기는 료녕성 창도현 사람인데 이민실변 초기에 장동에 와 지방관리들과 결탁하여 황지[8]를 독점하고 점산호가 되었다."[9]

"그 시기 중국인들은 누가 먼저 마음에 드는 땅에 금을 그어 차지하고 관청에 등록하면 그 땅이 자기 소유로 되는 판이었다. 덕신사(지금의 덕신향)일대에서는 장골에 류기, 쇠골에 관지신, 우동에 오점성, 미나리골에 손보산, 남양평에 악국부, 석문자에 민진 등이 이같이 땅을 차지한 큰 〈점산호〉들 이었다."

"1900년 의화단 운동 시기에 연변을 침략한 짜리로씨야 군대는 점산호 류기의 저택에 불을 질렀다. 류기는 자식들에게 재산을 나누어주었고 적지 않은 땅들을 최명삼을 통하여 지호[10]에게 팔았다."[11]

1898년에 조선인이 정착하기 시작한 장골, 장동 오늘날의 장동촌은 당시 점산호 류기의 땅이었다. 윤학선, 박공선, 강상률, 윤학선, 강선지 등이 지호(소작인, 지팡살이군)로서 장골을 개척하였다. 1900년, 류기는 의화단사건으로 뜻밖의 피해를 입자 땅을 소작인들에게 팔았다. 장골 사람들은 그 때를 기점으로 1910년에 창동학교를 세워 교육을 통한 독립운동으로 앞 고개 너머에 있는 명동촌과 함께 유명하였다. 장골 주민들은 〈3·13 용정 만세〉 시위에도 학생들과 마을 주민들이 적극적으로 참여하였다. 만세 시 위에 참여한 창동학교 학생 이승재가 왼쪽 다리에 부상을 입자 마을 주 민들은 무력투쟁을 위하여 마을에 국민회 지부를 만들었다.(국민회 지부가 있는 것으로 봐서 교회가 있을 것으로 추정되나 교회 이름이 알려져 있지 않아서 애석하지 만 현재로서는 확인이 어렵다.) 그들은 항일무장대오를 조직하며 독립의연금을 모금하며 군복을 짓고 신발을 삼았다. 지병률 등 3명의 청년이 장골에서 가장 먼저 독립군에 가입하였다. 염탐군들에 의하여 불령선인의 마을로 보고된 장골은 〈경신참변〉에 큰 화를 겪었다. 창동학교와 국민회 지회장 마병호의 집이 불에 탔으며 독립투사인 마룡필, 강병주, 교사인 강철이 붙 잡혀 갔다.

> "청조는 봉금령을 해제함과 동시에 절대대분의 황무지를 지방관리와 토 호렬신들에게 매우낮은 값으로 팔았다. 그 때 약수동에는 관씨와 려씨라는 점산호가 있었다. 산동과 료녕에서 온 이들은 약수동일대의 황폐한 산과 골 짜기를 답사하였고 산마루, 산골짜기, 약수강을 계선으로 자신이 차지할 땅 을 확정한 후 관부에 토지 점유세를 바치고 약수동에 온 조선이 주민을 모 집하여 땅을 개간하고 경작하게 하였다. 이리하여 약수동의 황지와 개간한 땅은 관씨와 려씨가 차지하여 하루아침사이에 대 지주가 되었다. 약수동의 이주민들은 피땀으로 개간한 많은 땅들을 그들에게 빼앗기고 그들의 소작 농이나 고농으로 전락되어 노예와 같은 생활을 하지 않으면 안 되었다."[12]

약수동은 현재 화룡시 투도진의 용문촌 제1촌민소조 마을에 속한 마을이다. 봉금령이 해제되기 전인 1880년 전후하여 조선이주민들이 들어가서 황무지와 산비탈을 개간하여 옥토로 만들었지만 이민실변의 대세에 힘입은 한족, 관씨와 려씨가 들어와서 토지 점유세를 바치고 소유증서를 받아서 간민들이 이미 개발한 땅을 모조리 빼앗아 갔다. 당시 조선 이주민들이 이민실변 이전에 불법으로 그 땅을 개간하였어도 토지세를 바치면 소유권을 받을 수 있었으나 중국어도 모르고 토지 등록 절차 또한 몰랐기 때문에 그들은 개간한 땅들을 점산호에게 고스란히 빼앗기고 하루아침에 소작농이나 종의 신세로 전락하였다. 이런 억울한 일들이 약수동뿐 만 아니라 조선간민이 있는 곳마다 비일비재하게 일어났다.

위에서 살펴보았듯이 망명지사든 농부이든 간에 조선인들이 간도에서 삶의 터전이 되는 땅을 사는 것은 쉽지 않았다. 한 마을 또는 한 지방 전부를 점유한 점산호들은 조선인 소작농에게 소작료를 받고 농사를 짓는 것이 가장 안전한 사업이었기 때문에 특별한 일이 없는 한 땅을 팔지 않았다. 그러기에 무례하고 거만한 점산호의 땅을 수월하게 산다는 것은 엄청난 행운이었고 그런 점산호의 소작농으로 일하는 조선인은 억울한 일과 수치와 모욕을 일상적으로 당하지 않을 수 없었다.

점산호(占山戶)

청조가 200여년 계속된 봉금령을 폐지하고 국방을 강화하기 위해서 이민실변 정책을 실시하면서 동북 각지에 한족 점산호가 나타났다.

처음 청의 이민실변 정책은 한족에게만 국한하였다. 청조는 동북지역을 개간하기 위해서 1875년 봉천성의 봉금령을 폐지하고 1881년에 연변지방의 봉금령을 해제하고 산해관 너머에 사는 한족들을 모집하였다. 그러나 산동과 하북성에서 모집된 대부분의 한족 이민들이 주로 봉천성 남부지역에 정착하였다.

당시 두만강 북안의 일대는 교통이 불편하였고 농사짓기에 적합하지 않았으므로 한족이 기피하는 곳이 되었고, 조선 정부는 경제 파탄으로 물밀 듯이 빠져 나간 월강한 불법 조선인들을 국내로 쇄환하고자 하였다. 그런 상황에서 길림장군 명안과 독판 오대징은 조선인을 축출하면 세금을 거둘 수 없을 뿐만 아니라 두만강 북안이 다시 황무지가 되고 이민을 받아서 간도지역의 세비를 충당하며 국방력을 강화하려고 했던 정책이 실패로 돌아가게 된다는 사실을 고려하여 납세허가증을 발급하고 연변지구 개간에 조선인 이민을 적극적으로 이용하는 안을 청조에 적극 건의하였다.

청조는 오대징의 건의를 받아들여 1885년 비로소 조선의 간민을 상대로 두만강 북안 동서로 700여리, 남북으로 40~50여리를 조선인전문개간구역으로 지정하였다. 그리하여 간도의 문호가 조선인들에게 활짝 열렸고 조선인들은 자유롭게 압록강과 두만강을 건너서 간도로 천입할 수 있게 되었다.

청조는 이민실변 초기에 이주한 한족에게 황무지를 아주 헐값으로 팔았다. 이들에게 발급한 토지증서가 〈사지증서〉였다. 사지증서를 발급받은 대부분의 사람들이 토호열신이거나 지방관청의 관리거나 그들과 관계가 있는 자들이었다. 그들은 지방관청이 황무지를 방매할 때, 교통이 편리하고 비옥한 땅을 골라 수십만 상(垧)[13], 심지어는 수백만 상을 구입한 후에 개발하지 않고 방치해 두었다가 수 년 후에 팔아 막대한 이익을 남겼다. 황무지를 불하받아 대지주가 된 그들은 점산호(占山戶) 혹은 점산주(占山主)라고 불렸다. 이외에도 봉금 시기에 들어와서 지방관청이나 관리들과 결탁하여 수렵하거나 약재, 특산품을 판매하던 이들 또한 점산호로 탈바꿈하였다.[14] 그들은 증서에 토지의 지경이 불분명하게 표시된 모호성을 이용하여 증서에 기록된 것보다 10배 심지어는 20배로 확장하였다. 국자가 서교의 점산호 한씨는 1890년에 이사 온 후 토지문서인 〈사지증서〉를 발급하는 기회를 이용하여 천여상의 토지를 강점하고 일꾼 수십 명과 소작농 70여 호를 거느린 대지주가 되었다. 1905년 훈춘 토문자의 점산호 반씨는 2,000여 상의 토지를 약탈하고 400여 명의 조선인 소작농을 고용하였다. 덕신사 우동의 점산호 오점성은 말을 타고 하루를 달려도 남의 땅을 밟지 않는다고 하였다.[15]

당시 몇 호의 점산호 또는 한 호의 점산호가 한 마을 혹은 한 지방의 모든 토지를 독점하고 있어서 마을 또는 지역의 대부분의 조선인 소작농들이 다 그들에게 예속되었다.

점산호들은 사지증서에 규정되지 않은 유휴지를 점령할 때, 조선인들이 그 일대에 개간한 비옥한 숙지도 인정사정없이 빼앗아갔다. 악랄한 점산호들은 조선인들이 피땀 흘리며 잡목으로 우거진 황무지를 2~3년 사이에 옥토로 만들어 놓으면 불쑥 나타나 땅을 강탈하고 소작료를 내라고 강제하였다. 그러면 조선인은 꼼짝없이 소작인으로 전락하거나 그 지방에서 쫓겨나 다른 곳으로 이사해서 다시 황무지 개간을 시작하여야 했다. 음흉한 점산호들은 때로 자기 소유의 황무지를 조선인들이 개간하는 것을 뻔히 알면서도 모른 채하고 있다가 옥토로 바뀌었을 때 빼앗는 수법으로 조선인 소작농들을 괴롭혔다.

한족 점산호들의 조선인 소작농에 대한 약탈과 착취에는 세 가지 방법이 있었다.

첫째, 소작료로 내는 지세가 있다.

지세에는 수확량에 따라 내는 활조와 풍흉에 관계없이 정해진 규정대로 내는 정조가 있었다. 활조나 정조나 3할 내지 5할을 지주에게 사용료로 내야 했다. 청조는 개간한 황무지는 3년 동안 세금을 내지 않는다고 규정하였으나 점산호들은 개간한 첫해부터 지세를 받았다.

둘째, 점산호들은 소작농에게 무보수 노동을 강조하였다.

일반적으로 4상의 토지를 소작하면 1상의 토지를 무보수로 경작해주어야 했으며 또한 해마다 지주의 일을 10일 내지 20일간 무보수로 해주어야 했다. 무보수 노동에는 땔감 마련, 집수리, 수레에 짐실이와 타작 후에 마당 쓸기 등이 있었다. 주인 대신 부역에도 나가고 혼사와 상사 그리고 명절에도 일손을 보태야 했다.

셋째, 생활이 궁핍해서 돈을 빌려야 할 때 연 이율 60% 이상의 고리 대금을 빌려 써야 했다.

특별히 가혹한 것은 "양식반환법"이었는데 봄에 비싼 기격으로 쌀 한 말을 산 것을 가을에 쌀 한 말로 갚는 것이 아니라 이자까지 합하여 쌀을 4말 5되로 갚아야 했다.[16]

이 외에도 점산호들은 소작료를 착취하기 위해서 소작농이 되는 첫 해에 종자나 쟁기 등 도구가 없어서 스스로 농사를 지을 수 없는 소작농에게 조선족 또는 한족 보증인 2~3명을 세우게 하였고, 그 후에 다음 해 가을까지 필요한 옷과 식량, 종자와 농구를 대여하여 주었으며 이듬 해 가을에 대여물 또는 대여금을 상환 받을 때 년 간 2~4할에 상당하는 이자를 받았다.

또한 점산호들은 압전이라는 제도를 이용하여 조선인소작농들을 갈취하였다.

압전은 점산호가 조선 소작농에게 돈을 받고 토지를 전당시키는 방법이었다. 점산호가 일정한 기간을 정하고 조선인소작농에게 토지 값에 해당되는 돈을 받고 토지사용권을 양도하였다가 기간이 만료되면 담보한 돈을 돌려주고 그 때부터 담보한 금액의 이자를 소작료 대신 받는 제도였다. 임대기간이 짧은 것을 '압', 긴 것을 '전'이라고 불렀는데 계약체결 시 일반적인 시가보다 토지가격을 높게 책정하였다. 서간도 합니하에는 이 제도를 이용하여 10여년 씩 토지를 조차하여 조선인 소작농을 모아서 치부한 조선인 상인들과 지주들이 있었다.[17]

호주인 (戶主人)

청조는 1885년 두만강북안을 조선인 전문개발구역으로 정하고 간민들에게 토지소유권을 주는 대신에 치발역복을 강요하였다. 대부분의 조선인들이 만주식 복장을 입고 부모가 물려준 머리카락을 자르는 것을 부모님에 대한 배신과 불효로 생각하였으므로 토지소유권을 받는 일에 소극적이었다. 그러나 그 중에 시대의 흐름을 읽고 있는 사람들은 스스로 〈변발호복〉하여 지방 관리들의 신임을 얻었다. 그들은 한족 점산호와 조선소작인 사이에서 중개 역할을 하는 호주인(戶主人)이 되어 점산호를 위하여 조선 이주민을 모아 황무지를 개간시키며 소작료를 받아들이며 기회가 되는 대로 부를 축적하여 점차 지주가 되었다.

또한 많은 조선인 마을에서는 치발역복의 문제를 해결하기 위해서 중국어에 능통하고 행정능력과 사교 수완이 있는 사람을 선출하여 마을 대표로 청나라 사람으로 귀화시켜서 치발역복하게 만들고 그의 명의로 토지를 구입하였다. 그들은 조선인 마을의 호주인(戶主人)으로 소작농을 대신하여 토지와 소작과 관련된 일체의 업무에 관여하였다. 그들의 업무는 아래와 같았다.

첫째, 마을의 조선소작인들을 대표하여 점산호와 소작권과 소작료 문제를 교섭하였다.

둘째, 가을에 소작료를 거두어서 점산호에게 수납하였다.

셋째, 관청에 지세 등 세금 납부하는 일을 도맡았다.

넷째, 토지소유권이 없어 토지를 구입할 수 없는 미귀화 입적 조선 이주민들의 〈명의 지주〉가 되어 토지를 사는 일에도 참여하였다. 그들은 수속비를 챙겨서 관청에 수입을 올려 주면서 구입한 토지의 10% 또는 해당한 금액을 수고비로 받았다.

다섯째, 호주인은 차츰 점산호로 부터 장기간 토지를 임대하여 조선 이주민들에게 다시 소작을 주는 중간 소작주가 되었다. 그들은 처음 출발한 취지와 다르게 이중 소작으로 조선인 소작농을 갈취하여 점차 지주가 되

었다.[18]

업무 진행의 편리와 유익 때문에 청의 관리들은 관청이 휴무중일 때 호주인들을 관청의 대리인으로 세웠고 점산호들은 그들을 소작농을 관리하는 중간자, 마름으로 부렸다. 이들은 청조가 4보 39사를 설치하여 조선 이주민들을 중국인으로 입적시킬 때 향약과 패두가 되어 관부들 등에 업고 동족인 조선소작농을 수탈하여 점차 지주의 길로 진출하였으며 자신들의 재산과 생명의 안전을 지키기 위해서 서서이 친일의 길로 나아갔다.

화룡현의 이영춘, 영안현의 최규하, 훈춘현의 원대순, 한희삼, 약수동의 서병원 등이 그 대표적 사례이다. 물론 호주인이 다 치부하고 민족의 반역자의 길을 간 것은 아니다. 장은평의 호주인 한윤극처럼 끝까지 호주인의 역할을 잘 감당한 사람도 있다. 그는 소작농 조선인들 편에 서서 일하였으며 조선인의 정체성을 잃지 않고 조국 독립에의 희망으로 학교와 교회를 설립에 힘을 보탰다. 그는 장은평 주민들이 3·13 만세시위에 적극적으로 참여하고 마을에 〈간도국민회〉 서부지방회 본부가 세워질 수 있도록 기초를 잘 놓았을 뿐 만 아니라 서부지방회 회장으로서 활약하였다.

점산호와 호주인이 간도 조선인의 생명과 생활을 쥐락펴락 했던 시절은 이미 저만치 가버렸다. 점산호들은 1945년 일제의 패망과 함께 역사의 심판을 받았지만 그들의 지배아래서 우리조상들이 이중삼중으로 겪었을 몸과 마음의 고난과 억울함에 가슴이 먹먹하다. 조선이주민들이 민들레처럼 간도 전체에 흩어져서 수전을 개발하여 사람이 살만한 곳으로 만들었다는 사실을 재인식하면서 글을 쓰는 내내 간도 전체가 조선독립운동의 성지라는 사실을 폐부 깊숙이 느낀다.

　오늘날에도 착각에 빠진 현대판 점산호와 호주인은 코로나바이러스19의 혼란과 불확실, 불안에 흔들리는 사람들을 타겟과 기회로 삼아 자신들의 치부와 권력 확장을 위해 더 빨리, 더 많이 가지고자 은밀하게 로비활동을 벌이며 자신만만해 하고 있을 것이다.

미주

1. 김철호 저,《중국 조선족, 그 력사를 말하다》, 73쪽

2. 김춘선, 안화춘, 허영길 저《최진동장군》, 38쪽

3. 숙지는 개간된 땅을 의미한다.

4. 연변정협문사자료위원회 편,《연변문사자료 5집 교육사료전집》, 7쪽

5. 남강초간국은 훈춘초간국 산하의 국으로 현재 연길 일대의 공무를 집행
   하였다.

6. 리광인, 김송죽 저,《백포 서일장군》, 212~215쪽

7. 중국조선민족발자취총서,《중국조선민족발자취총서 1 개척》, 146, 147쪽

8. 황지는 황무지의 중국식 표현이다.

9. 중국조선민족발자취총서,《중국조선민족발자취총서 1 개척》, 152쪽

10. 만족과 한족들은 조선인을 지호, 또는 포산호라고 불렀고 청조 관리들
    은 간민이라고 불렀다. 포산호는 산을 뒤지는 사람이라는 뜻이다.

11. 중국조선민족발자취총서,《중국조선민족발자취총서 1 개척》, 153쪽

12. 김동섭 저,《약수동사화》, 7쪽

13. 상(垧)은 헥타르이다. 한 상은 1만 평방미터이며 축구장 하나의 크기와
    맞먹는다.

14. 중국조선민족발자취총서,《중국조선민족발자취총서 1 개척》308쪽

15. 중국조선민족발자취총서,《중국조선민족발자취총서 1 개척》309쪽

16. 〈연변조선족사〉 집필소조편,《연변조서족사 상》, 66쪽, 67쪽

17. 중국조선민족발자취총서,《중국조선민족발자취총서 1 개척》, 318, 319쪽

18. 같은 책, 312, 313쪽

참고서적

1. 중국조선민족발자취총서 편집부,《중국조선민족발자취총서 1 개척》, 민
   족출판사, 1999

2. 심영숙 저,《중국조선족 력사독본》, 민족출판사, 2016

3. 〈연변조선족사〉 집필소조편,《연변조서족사 상》, 연변인민출판사, 2011

4. 양봉송 저,《훈춘조선족발전사》,연변대학출판사, 2016

5. 김철호 저,《중국 조선족, 그 력사를 말하다》,여변교육출판사, 2018

6. 연변정협문사자료위원회 편,《연변문사자료 5집 교육사료전집》,연변정
   협문사자료위원회, 1988

7. 김동섭 저,《약수동사화》,민족출판사, 2013

8. 김춘선 주필 외,《중국조선족통사 상권》, 연변인민출판사, 2009

9. 리광인, 김송죽 저,《백포 서일장군》, 민족출판사, 연변인민출판사, 2015

10. 최석승 저,《훈춘조선족 이민사》, 연변교육출판사, 2015

11. 호이전, 문홍복 주필,《연변문사자료 제8집 종교사료전집》, 연변정협문
    사자료위원회, 1997

12. 김춘선, 안화춘, 허영길 저《최진동장군》,흑룡강조선민족출판사, 2006

13. 김택 주필,《길림조선족》, 연변인민출판사, 1995

경신참변에 불탄 52개 교회를 찾아서

경신참변 100주년을 기념하며

올해, 2020년은 독립운동사에 길이 빛나는 〈봉오동전투〉와 〈청산리전투〉100주년이 되는 해이다. 뿐만 아니라 가슴이 아프다 못해 퍼렇게 멍들게 만드는 〈경신참변〉 100주년이 되는 해이기도 하다. 두 개의 전투야 자랑스러운 기념식을 가지겠지만 경신참변은 정부나 단체들이 기억이나 제대로 할런지 모르겠다.

〈경신참변〉은 19세기 중·후반에 살길을 찾아 만주로 도망친 조선의 소작농들과 천민, 빈민들이 조선인촌을 이루고 감히 독립을 꿈꾸며 일본에 저항하다가 처절하게 도륙당한 고난의 역사이다.

독립운동사가 자랑하는 봉오동전투, 청산리전투는 그들이 싸운 전투였고 승리였다. 그러나 우리 역사는 그 전투를 몇몇 영웅의 전투로 만들어,

145

고난 속에서 불굴의 정신으로 저항한 그 기반과 모체가 된 서북간도 조선인마을들을 철저하게 외면하였다. 뿐만 아니라 참변이 일어난 곳이 사회주의 국가인 중국 땅이 되었고, 수난을 당한 대부분의 사람들이 상놈이며 크리스천이었기에, 해방의 공간에서도 경신참변은 자연스럽게 잊혀졌다.

경신참변 100주년을 맞이하면서 간도 조선인들과 희망과 절망을 나누며 독립의 운동의 산실이 되었던 교회, 특별히 〈독립신문〉에 19개로 기록된 경신참변에 불에 탄 캐나다장로교회를 찾아보기로 하였다.

연변의 1900년대 초반 20년까지의 조선인들의 사회운동은 대부분이 캐나다장로회에 의해 주도되었다. 조선인 마을이 있는 곳에 교회가 세워지고 교회가 세워지면 잇따라서 가까이에 근대학교가 설립되었다. 치외법권을 가진 캐나다선교사들의 보호 속에서 근대학교들은 학생들에게 지식 전수 뿐만 아니라 민족의식을 고양하며 항일정신을 심어 주었다. 이에 따라 조선인자치와 민족교육을 위해서 출발된 〈간민교육회〉, 뒤를 이은 〈간민회〉, 그리고 〈3·13 용정만세시위〉와 〈3·20 훈춘만세시위〉, 그 후 크고 작은 무장단체 성립에 이르기까지 캐나다장로교회 교우들의 참여와 지원이 참으로 컸다. 무장투쟁을 적극 지지하며 독립자금을 후원하는 교회들의 참여가 없었으면 봉오동전투와 청산리전투가 역사에 나타나지 않았을지도 모른다. 양 전투에 교회를 근거로 해서 세워진 〈간도국민회〉, 〈훈춘한민회〉, 〈신민단〉, 〈라자구의사부대〉 등의 기여가 적지 않기 때문이다.

그러나 세찼던 기독교의 대 사회적인 영향력이 1920년 경신참변을 정점으로 해서 차츰 줄어들기 시작하였다. 교회는 간도에 몰아친 사회주의 바람에 밀려서 이를 수용하거나 아니면 보수 민족주의와 순수 종교 활동을 표방하며 현실 정치로부터 한 발짝 물러나서 경건주의적인 비정치화의 길로 나아가 정신적인 위안을 주는 종교로 남아야 했다.

1920년 9월, 일제는 훈춘사건을 조작하고 서북간도에 2만 5천여 명의 군인과 경찰, 헌병을 파병하여 독립운동단체와 한인독립군기지로 지목되는 한인촌, 학교, 교회 등을 초토화 시키는 〈경신참변〉을 일으켰다. 그들은 1920년 10월에서 12월 까지 3개월간 집중적으로 조선인 마을에서 학살과 방화, 약탈과 폭행을 반복하였고 일부의 부대를 남겨서 1921년 5월 까지 만행을 저질렀다.

〈독립신문〉 제92호에 실린 간도참상에 대한 후속 보도에 의하면 훈춘, 화룡, 연길, 왕청 4개현에서 3,664명이 피살당했고, 155명이 체포되었으며 가옥은 3,520동, 학교 59개, 교회당 19개가 불에 탔고 곡물 59,970섬이 소실되었다.

서간도에서는 관동군 소속의 일본군에 의해 유하현, 삼원포, 흥경, 왕청문, 관전, 삼도구, 철령등지에서 1,323명이 사살 당하였고 125명이 체포되었으며 교회당 3개가 불에 탔다.

장백현에서는 일제에 매수된 장강호 마적단과 일본군 국경수비대에 의하여 212명이 사살 당하고 400여 명이 체포되었다.

일제의 만행으로 북간도에서 19개 교회가 불에 탔고 서간도에서는 3개가 탔다.

어떤 기록은 북간도에서 불에 탄 교회가 대략 28개라고 말한다. 그러나 경신참변에 대한 여러 기록을 자세히 읽다보면 불 탄 마을 중에 기록에 빠진 교회들이 있음을 확인할 수 있다. 그렇다고 하면 불에 탄 교회 숫자가 30 여 개를 훨씬 넘을 수도 있다는 말이 된다.

그런 가정이 가능한 것은 경신참변으로 일제 토벌의 타깃이 된 것은 주로 간도국민회 인사들과 그 지부들이 있는 마을 그리고 관련이 있는 학교와 교회들이었기 때문이다.

〈간도국민회〉는 기독교인들 중심의 무장단체였으므로 일제가 그런 〈불령선인〉들의 마을을 불태울 때 불령선인들의 온상인 교회를 남겨 두었을리가 없고, 민족정신과 독립운동을 일깨우는 학교를 불태울 때, 학교의 모체가 되는 교회를 불태우지 않았을 리가 없다고 보기 때문이다. 또한 1911년에서 1914년 사이에 세워진 교회 중에 학교와 교회가 한 건물을 사용하는 곳이 36개소나 되었으므로 간도국민회지회와 불에 탄 마을의 관련성을 추적하면서 북간도 지역에서 불에 탄 19개 교회를 찾기에 초점을 맞추고, 불에 탄 교회가 28개라는 기록의 사실 여부도 살펴보려고 한다.

지금까지도 불에 탄 교회 수가 분명하지 않은 것은 경신참변이 진행 중일 때 〈독립신문〉이나 통신원의 집계표가 나왔고, 외진 마을들은 그나마 집계에서도 누락되었을 가능성이 있기 때문이다. 또한 경신침변이 진행되고 있을 때 시작된 반종교운동과 사회주의 범람으로 교회가 겪은 환란이 사람들의 관심사에서 멀어진 것도 한 요인이다. 그리고 2차 세계대전 이후, 해방된 중국의 정치상황에서 기독교와 교회가 반혁명의 대명사였기 때문에 당시 기독교와 교회 연구자도 있을 수가 없었고, 있는 기록마저도 무관심 상태에서 유실되었을 것으로 보인다.

선교사 마딩(한국명 민산해)이 장암동교회 참변 기록에서 분명히 교인들이 "교회" 안에서 불타 죽었다고 기록했음에도 불구하고 후에 나온 대부분의 책들이 "교회"를 "학교"로 바꾸어 정리한 기록들을 보노라면 역사 기록이 그 시대와 사회를 뛰어 넘기가 쉽지 않음을 깨닫게 된다.

19개의 불에 탄 교회를 찾기 위해서 먼저 1장에서는 1900년대 초반 20년에 북간도에 세워진 캐나다장로교 교회를 살필 것이다. 2장에서는 토벌의 타깃이 되었던 간도국민회와 일본영사관이 토벌을 위해서 만든 항일마을과 항일학교 명단을 정리하고, 3장에서는 간도참변과 피해상황, 4장에서는 소실된 교회와 마을, 간도국민회 관련의 사례들을 찾아보고 5장에서는 기록에 근거하여 불탄 교회 이름을 정리하고 6장에서는 누락된 교회역사 회복의 의미를 생각하며 끝맺고자 한다.

1900년대 초반 20년간 간도사회를 이끌어 간 캐나다장로교 교회의 독립을 위한 교육과 계몽, 희생과 고난은 사회주의 흐름에 묻혀버렸지만 그들의 역사는 결코 사라질 수 없다. 망국의 고난을 온 몸으로 감당한 교회와 그 분들이 우리 역사 속에서 참되게 기억될 때, 비로소 우리는 한반도의 평화를 말할 수 있을 것이다.

1. 1900년대 초기 20년간에 북간도에 세워지는 교회들

1911년 2월, 캐나다장로교 성진주재 선교사 그리어슨의 조사인 이동휘는 북간도의 각 시찰회 중심으로 열리는 연합대부흥회에서 "무너져 가는 조국을 일으키려면 예수를 믿어라. 예배당을 세워라. 학교를 세워라. 자녀를 교육시켜라. 그래야 우리도 서양문명국가처럼 잘 살 수 있다. 삼천리강산 한 마을에 교회와 학교를 하나씩 세워, 삼천 개의 교회와 학교가 이룩되는 날이 독립되는 날이다." 라고 사자후를 토하였다. 그의 호소는 간도 조선인들의 마음을 흔들었고 캐나다장로교 선교사들의 적극적인 지지와 지원을 받으며 1910년대 북간도의 학교와 교회 설립에 영향을 주었다.

북간도에 전파된 기독교는 장로교, 감리교, 성결교, 안식교, 동아기독교 등이 있었는데 그 중에서 캐나다장로교의 교세가 가장 우세하였고 조선인사회에 미치는 영향력 또한 가장 컸다.

장로교 교회는 조선인들에게 민족의식을 고취시키며 독립운동을 지지하고 있어서 많은 뜻 있는 청년들과 망명 지사들을 결집시켰다. 교회 지도자들은 독립정신은 학교교육으로, 단결은 신앙을 통해서 이루어 간다는 신념으로 교육과 전도를 병행하여 많은 교회들을 설립하였다. 뿐 만 아니라 캐나다 선교사들이 의료선교를 통해서 조선인들의 신뢰와 존경을 받으며 자신들의 치외법권을 이용하여 교회 지도자들과 신도들을 보호하였으므로 장로교는 북간도에서 가장 빠르게 성장하였다. 실제로 김약연, 정재면, 박태환은 1909년에 〈길동기독전도회〉를 만들어서 구국운동의 차원에서 전도에 열중하였으며 1911년 2월에는 조선 성진선교구 조사인 이동휘가 간도에 와서 사경회를 개최하는 중에 성진교회 교우들과 그리어슨이 조직한 〈삼국전도회〉와 연합하였다. 그리고 그 후 3년 동안 캐나다장로회는 36 개의 교회를 개척하는 놀라운 기록을 남기었다.

북간도 선교는 카나다장로회 선교부가 본격적으로 시작하였다.

1902년 성진에 주재하는 그리어슨(한국명 구례선) 선교사가 조사 홍순국과 함께 북간도와 연해주 시베리아에 산재한 한인들을 파악하기 위하여 답사를 한 뒤, 성진 출신 안순영을 용정에 전도사로 파송하였다. 1903년에는 역시 캐나다 장로교선교사인 페레스와 베이커 등이 훈춘에 와서 복음을 전하였다.

1906년 그리어슨은 구춘선, 박무림, 이보건 등의 협조로 용정교회를 설립하였다.

같은 해에 안순영전도사는 한족 신도인 선금의 도움을 받아서 화룡현에 양무정자교회를 세웠다. 또한 같은 해에 김련보, 한학렬의 노력으로 광제욕(광제암)교회가 세워졌다.

1907년에는 남감리교회에서 파송되어 온 이화춘이 박무림과 남공선과 함께 와룡동교회를 세웠고 정재면이 용정중앙교회를 세웠다.

1908년에는 남감리회에서 파송된 이응현이 모아산교회를 세웠고 1909년에는 김약연과 정재면이 명동교회, 최봉렬이 호천포교회, 황병길과 오병묵이 훈춘성내교회를 세웠다.

1909년 감리교와 장로교의 선교구역 협상으로 장로교는 연변일대를 선교구역으로 감리교는 강원도를 선교구역으로 확정하였다. 그리하여 감리교 전도자인 이화춘과 이응현이 세운 교회가 캐나다장로회에 속하게 되었다.

1910년에는 한수현이 민진기 교회를, 김하병과 김동현이 대황구교회를, 김강, 김병관, 김명규가 차대인구교회를, 이춘이 옥천동교회를 설립하였다.

1911년에는 장은평교회(양진섭과 양형섭), 적안평교회(강백규), 국자가교회 (류기연, 류찬희)가 설립되었고 강익태가 유한풍을 전도하여 정동교회를 세웠다. 같은 해에 화룡현교회(남성희, 최선택), 은포교회(심성문, 엄방진, 김약연) 투도구교회(강찬규, 호일표)가 설립되었고, 간장암교회는 강백규의 전도로 김영섭, 김동의, 김동희에 의해 설립하였다. 정형권의 전도로 신풍교회가 설립되었으며 공원표와 박병섭의 전도로 일송정교회가 세워졌으며 오재영이 금당촌에 이주하여 금당촌교회를 시작하였다.

1912년에는 구사평교회, 남양동교회, 의란구교회 (김순문), 연통라자(이병하), 노지구(이병하) 교회가 설립되었다.

한생철의 기록에 의하면 1913년과 1914년에는 세워진 교회가 없다. 그러나 최석승의《훈춘조선족 이민사》284쪽에 의하면 1913년에 설립된 교회로 차대인구교회와 신풍교회가 나오는데《연변문사자료 제 8집》의 한생철의《영국더기-룡정기독교장로파교회 시말》에는 그 교회들이 각각 1910년과 1911년에 설립된 것으로 나온다. 이는 교회 설립 기준의 문제인 것으로 사료된다.

1915년에는 광암교회, 희망동교회, 창강교회, 영생동교회, 훈춘 두도구 교회(이병하), 남별리교회(오병묵), 사도구교회, 혜례성남교회, 현성 서문밖교회, 포은동교회가 설립되었다.

1916년에는 대양동교회(박이섭), 동불사교회(이하원), 웅조암교회, 상용자교회, 관지골교회, 전선촌교회(이방춘), 연수동교회, 회막동교회(이춘삼)가 설립되었다.

1917년에는 낙원동교회, 무봉촌교회, 청산리교회, 영신동교회, 낙타동교회, 소홍기하교회, 송전동교회, 장성촌교회가 설립되었다.

1918년에는 전석동교회, 백운평교회, 구호동교회(채일선), 용섬매자교회, 장동동교회, 십리평교회, 삼도구교회가 설립되었다.

1919년에는 신홍교회, 중강자교회가 설립되었다.

1920년에는 토성보교회, 로두구교회(조성극), 용정동산교회(이성국), 용강동교회, 합성리교회, 북구교회, 청수동교회, 동강자교회가 설립되었다.

1906년에서 1920년 까지 이름이 알려진 교회 수는 총 72개 이다.

그러나 72개의 숫자에는 〈길동전도대〉가 〈삼국전도회〉와 합쳐진 후에 김약연, 정재면, 박태환, 구춘선 등의 지도자들이 1911년부터 3년간에 걸쳐서 개척한 교회 36개 중에 이름이 확인된 16개만 들어갔으므로 미확인된 교회 20개를 더해야 한다. 그러면 1920년까지 설립된 캐나다장로교회는 총 수는 92개가 되고 이는 1919년에 성립된 〈간도국민회〉 지회 숫자와 거의 맞먹는다.

1919년에 캐나다장로교에 기반을 둔 〈간도국민회〉 지회가 100여 개로 나타나는데 이는 지교회가 100여개가 된다는 뜻과 같다. 나머지 20여 개 이름이 알려지지 않은 그룹은 오지의 기도처소나 개척교회였을 가능성이 높다.

캐나다장로교회는 지속적으로 부흥하여 1911년에 이르러 연변 각지에는 교회와 집회처가 40여 개에 달했고 교도가 1,600여 명에 달했다.

조선총독부의 "국경지방시찰복명서"에 의해 작성된 1914년에 나온 연변조선족 각 종교 교회당 및 신도 분포에 보면 기독교장로파(캐나다장로파)

교회는 21개이고 429세대, 3,145명의 교인이며 항일태도경향이 아주 강한 것으로 보고되고 있다.

1915년의 어떤 통계에 의하면 당시 북간도의 조선인교회당은 94개소였으며 신도는 5,700여명에 달한다고 하였다.

1920년에 이르러 간도에 조직교회 30개, 미조직교회 57개, 기도회처소 (개척교회)가 28개 등 모두 백여 처의 교회가 형성되었다.

어떤 기록은 1921년에 북간도에는 교회 63개소, 신도 6,442명 이었으며 세례 받은 자가 1,915명이었다고 한다. 이 수치는 경신참변으로 캐나다장로교회가 방화와 학살을 당하였음을 시사해준다.

1922년 동만의 장로교 교세상황을 보면, 기도처를 포함한 교회가 115곳, 세례교인이 1,961명,교인 총수가 6,392명이었다. 이 수치는 교회 처소는 경신참변 전의 수치이고 교인들의 수치는 경신참변 후, 1921년의 수치와 같다.

이상으로 1920년 경신참변 당시 캐나다장로교회는 이름이 밝혀진 교회 72개, 이름이 밝혀지지 않은 교회 20개, 기도처소나 개척교회가 28개에 달하였다는 것을 알 수 있다.

2. 일제 경신참변의 타깃, 간도국민회, 마을과 학교

간도국민회의 설립과 조직

간도국민회는 〈대한국민회〉라고도 하며 원 이름은 〈대한간도국민회〉이다. 그러나 여기서는 〈간도국민회〉 또는 〈국민회〉로 약칭하기로 한다.

용정의 3·13만세시위 후에 간도에 나타난 무장독립운동단체들은 그 이전의 단체들과는 달리 군사기지 건설, 군자금 모집과 군수품확보 그리고 무장활동에 적극적이었다.

〈간도국민회〉는 3·13만세시위를 계기로 세워진 무장독립운동단체 중에 가장 큰 항일단체였다.

그 전신은 3·13 만세시위를 주도한 〈간도독립운동의사부〉였으며, 3·13 만세시위 후에는 이름을 〈한족독립기성총회〉로 바꾸고 구춘선을 회장, 마진을 부회장으로 하는 무장독립운동단체로 편성되었다.

1919년 3월 말, 러시아에서 조직된 〈대한국민의회〉의 운동방침을 고려하며 항일무장투쟁을 준비하려는 취지에서 이름을 〈대한간도국민회〉로 개칭하고 회장에 구춘선, 부회장에 강구우(후기 서상용), 총무에 김규찬을 세웠으며 기존의 기독교장로회(캐나다장로회) 교구를 기반으로 하여 중앙총회 아래 5개의 지방총회를 확립하였다. 중앙총회 본부는 초기에는 하마탕에 두었다가 후기에 의란구 구룡평으로 옮겼다. 지방총회는 훈춘현을 제외한 연길현, 화룡현, 왕청현에 두었다.

중부총회 본부는 국자가 서구에 있었고 회장은 강구우였으며 두 개의 지방회를 두었다. 제1중부지방회는 연길현 팔도구, 태양, 조양천 일대를 관할, 회장은 정재면이었으나 후기에는 이규병이 담당하였으며 부회장은 허동규였다. 제2중부지방회는 연길현 국자가지방을 관할하였고 회장은 강구우가 겸임하였다.

동부총회 본부는 초기에는 연길현 지인향 화련리였고 후기에는 연길현 용지향 화전자였으며 회장은 양도헌이었다. 두 개의 지방회가 있었으며 제1동부지방회는 왕청현 양수천자(현 도문시 소속) 일대를 관할, 회장은 미상이다. 제2동부지방회는 용지향 화전자 일대를 관할, 회장은 양도헌이었다.

남부총회 본부는 화룡현 지신향 명동이었고 회장은 마진, 재무는 남세극이 담당하였으며 산하에 2개의 지방회가 있었다. 제1남부지방회는 용정과 회령대안 일대를 관할, 회장은 마룡하였고, 제2남부지방회는 화룡현 이도구, 삼도구, 무산대안 일대를 관할하였고 회장은 양씨 성을 가진 자였다.

서부총회 본부는 연길현 숭례향 명월구였으며 회장은 한대진이었다. 1920년에 신설된 관계로 지방회를 나누지 않았다. 돈화현관내의 국민회 지회도 서부총회에 속하였으며, 명월구에 〈四一상점〉을 설치하고 박홍준을 점주로 하고 공원준을 연락원으로 하였다.

북부총회는 본부를 연길현 춘화향 합수평 리대방자(현 왕청현 소속)에 두었고 회장은 김윤덕이었다. 제1북부지방회는 연길현 춘화향일대(현 왕청현 소속)를 관할, 김윤덕이 회장을 겸임하였으며 제2북부지방회는 연길현 춘양향일대(현 왕청현 소속)를 관할, 회장은 김혁춘이었다. 각 지방의 산하에는 각 촌 지회가 있었고 1920년 8월 통계에 의하면 촌지회가 100여개 있었다.

〈간도국민회〉는 1920년 봄부터 청년들을 조직, 훈련하여 지역의 안전을 담당하는 〈경호대〉와 항일전쟁을 준비하는 〈국민회군〉으로 나누었다. 경호대의 총사령에는 이용을. 국민회군의 사령에는 안무를 임명하였다.

국민회군은 군사를 확보하기 위해서 각 마을의 지회에 교관을 파견하여 청장년들에게 군사 훈련을 시켰다. 그 후, 그들을 예비병이나 경호대에 편입시켰고, 청년들은 중국과 러시아 국경지역에 가서 군사훈련을 시킨 후에 국민회군으로 편성하였다. 1920년 8월 통계에 의하면 국민회군의 총병력 수는 450명, 무기는 보총 400정, 권총 160정, 수류탄이 다수였다. 국민회군은 1920년 5월, 군사인재 확보를 위하여 연길현 숭례향 이청배(현 안도현 소속)에 사관훈련소를 세웠으며, 독립군의 연합을 위하여 1920년 5월, 홍범도의 독립군, 최진동의 도독부, 훈춘한민회의 군사부, 신민단의 독립군과 함께 〈북로독군부〉를 결성하였다.

간도국민회는 산하에 간도청년회를 두고, 훈춘한민회와 신민단, 명월구의 의민단, 왕청현의 라자구 의사부와 연계하여 활동을 하며, 기층단위인 마을부터 시작해서 상해임시정부 그리고 중국지방정부와 연계하여 간도의 유일한 지방행정자치조직을 자처하였다. 내부에 사법부와 법무사령부를 설치하여 간민들의 소송문제를 취급하였으며 〈군정분리〉를 주장하여 지방자치행정은 오직 국민회가 통일적으로 관리하고자 하였다.

간도국민회는 항일무장투쟁 활동의 일환으로 독립군을 양성하였으며, 독립군 양성에 필요한 독립자금을 모금하기 위하여 자기 관할 아래 지방지회로 하여금 군자금과 군량 등 의무금을 징수하게 하였다. 징수액은 토지 소유에 따라 15정보 이상의 부농은 100-300원까지, 보통 농민에게는 평균 속미(좁쌀) 2되, 짚신 3켤레를 요구하였다. 그리고 병원, 상점, 여관 등에도 군자금 출연을 요구하였다. 이외에도 모연대를 조직하여 국내에까지 들어가 군자금을 모금하였다. 이런 국민회의 군자금 모금은 다른 단체에 비하여 성공적이었으며 1920년 5월 까지 17만원이라는 거금을 모금하였다.

이처럼 간도국민회는 지방총회 100여개, 회원 8,000여명을 가진, 만주 전역에서 가장 큰 항일단체로서 국민회군을 조직하여 독립운동기반을 튼튼히 다져가면서 무장독립투쟁을 활발하게 전개하며 봉오동전투와 청산리전투에 참여하여 공을 세웠다.

《항일무장 독립투쟁사 상》 229, 230쪽에 의하면, 3·1운동 직후 건립된 〈조선독립기성회〉가 상해에 대한민국 임시정부가 수립되고 헌법이 공포되자, 임시정부를 지지하기로 결정하고 단체의 명칭을 〈대한국민회〉로 변경하였다. 국민회는 왕청현 춘양향 하마탕에 본회를 두고, 그 밑에 동·서·남·북·중의 5개 지방회와 근 70여 개를 헤아리는 지회를 두었다. 국민회의 성원은 대부분 기독교 신자였으나, 후에 불교·천도교·공교회 계통의 인물들도 가담하였다. 회장은 구춘선이 담임하였다. 국민회는 간민회의 맥락을 이어 북간도 한인사회를 효과적으로 조직하여 한인의 자치를 비롯하여 독립군 편성, 군자금 모금 등 민정·군정 활동을 본격적으로 추진하였다.

국민회는 처음에 행정권익 단체로서 독립군을 편성하지 않았다가 1919년 겨울부터 이듬해 봄에 걸쳐 직할 독립군 부대를 설치를 시작해서 〈대한국민회 독립군〉이라 부르고, 사령관에 안무, 부관에 최익룡, 중대장에 조권식, 임병극, 향관에 김석두와 허동규를 임명하여 병사를 모집하여 훈련을 시켰다. 국민회 독립군은 국민회의 전폭적인 지지를 받아 비교적 재정이 풍부하였기에 정예군으로 조직되었다. 1920년 6월 국민회 독립군은 근거지를 왕청현 의란구에 두고 500명의 군인, 소총 400정, 권총 150정, 탄약 7,000발 그리고 다수의 수류탄으로 무장한 강력한 독립군으로 성장하였다.

1920년 3월 29일에 작성된 일제 자료에 의하면 1920년 1월부터 3월까지 3개월간에 독립군이 수행한 국내진공작전은 총 24회에 달하였다. 이 가운데 3월 15일부터 27일 사이에 있었던 온성전투는 규모가 큰 전투였으며 특히 18일에 벌어진 온성군 일본헌병주재소 습격전은 일제에게 큰 충격을 주었다.

상해임시정부 군무부는 1920년 말에 독립군의 국내진공작전과 관련하여 "3월부터 6월초까지의 유격전이 전후 32회나 전개되었고 일제군경 등의 관공서를 파괴한 것이 34개소에 달하였다."고 공식 확인하였다.

이러한 활발한 국내진공작전과 봉오동전투와 청산리전투는 북간도 조선인사회의 형성과 독립운동기지화의 결과이며 북간도사회에 확산된 캐나다장로교의 교회와 학교 설립과 맞물리고 있으며, 길동전도대, 삼국전도대, 간민교육회, 간민회, 간도독립운동의사부의 취지와 인적자원을 이어받은 간도국민회의 활동의 결과물이다.

일제가 간도참변을 위해서 작성한 〈불령선인〉 명단이 〈간도국민회〉가 일제의 타깃임을 말해 준다. 이는 곧 캐나다장로회 보호 속에 있는 민족학교와 교회가 〈경신참변〉의 타깃이라는 뜻이기도 하다.

일제가 〈불령선인〉 토벌을 위해서 작성한 〈항일마을 및 항일학교 조사표〉는 경신참변이 교회를 중심으로 활동하고 있는 국민회의 근거지 초토화가 목적이었음을 확인할 수 있을 뿐만 아니라 독립신문이나 기타 기록이 빠트린 소각된 마을 속에 있는 교회를 찾아낼 근거 자료가 되기도 한다.

일군이 〈항일마을 및 항일학교 조사표〉에 근거하여 토벌한 연길현의 동불사, 태평구, 와룡동, 소영자, 의란구를 비롯한 23개 마을과 흥동학교, 영신학교, 명신학교, 보진학교 등 18개 학교, 화룡현의 상광포, 어랑촌, 류동, 청산리, 청파호, 장재촌, 걸만동 등을 비롯한 12개 마을과 명동학교, 창동학교, 광동학교, 정동학교 등 19개 학교, 왕청현의 류수하, 대감자, 덕원리, 서대파, 봉오동, 합수평, 라자구 등을 비롯한 11개 마을과 명동소학교, 원동소학교 등 5개 학교들은 장로교회 기반 위에 조직된 국민회나 대종교에 근거한 북로군정서와 관련이 있다.

항일마을 및 항일학교 명단

연변 각지에 주재하고 있는 일본총영사관과 분관, 경찰서들이 일본군에게 항일무장부대, 항일의식을 가진 조선인마을들에 대한 정보를 제공하였다. 간도주재 일본총영사관에서 만든 〈항일조선인 마을 및 학교에 대한 조사표〉에 의하면 토벌의 대상이 된 조선인마을은 아래와 같다.

연길현 안에는 이도구 어랑촌, 이도구 시장 및 수남촌, 장인강 보이동, 세린하 회막동 부근, 유수하, 묘구 일대, 차조구, 동불사 북구, 태평구와 팔도구 부근 일대에 있는 구송허(구수하), 광제촌, 연집강, 와룡동, 소영자, 의란구, 하마탕, 북삼차구, 용정촌 신촌, 화전자, 화령촌(화련리), 수심포 등 21개의 마을 내지는 지역이 있다.

화룡현 안에는 상하광포, 유동 부근, 청산리, 청파호, 이수구, 장재촌, 용암촌, 안방촌, 팔도하자 남쪽에 있는 장동, 송전 장하촌, 걸만동 등 11개 마을 내지는 지역이 있다.

왕청현 안에는 소황구, 유수하, 대감자, 흑웅동, 신흥평, 상석현, 덕원리, 서대파, 봉오동, 합수평, 라자구일대 등 11개의 마을 내지는 지역이 있다.

일제가 작성한 훈춘현 안에 있는 항일마을 명단을 찾지 못했으나 캐나다장로교 교회가 있었던 숭례향의 전선촌, 소흥기하, 연통라자, 춘화향에 남별리, 노지구, 사도구, 마적달, 서북구, 용지향의 삼도구, 일송정, 두도구, 송전동, 장성촌, 신풍, 사소봉, 차대인구, 덕혜향의 대황구, 북구, 청수동, 중구, 동강자, 라권구 경신향의 금당촌, 옥천동, 서가산, 포은동, 구사평 그리고 수신향의 현성 서문 밖 이었을 것으로 추정된다.

항일학교 명단은 다음과 같다.

연길현에는 돈향학교(천주교), 흥동학교(간장암, 캐나다장로회), 배영학교(1919년 10월 교내 맹호단 조직), 사립영신학교(캐나다장로회), 사립삼성학교(캐나다장로회), 흥동학교(장흥동, 캐나다장로회), 진동학교(신흥학교, 캐나다장로회), 보진학교(장은평, 이도구, 캐나다장로회), 명신학교(캐나다장로회), 경애학교(평강수남사 대오도구, 항일학교) 사립숭신학교(구세동, 캐나다장로회), 숭례향 사립제1소학교(차동, 항일학교), 숭례향 사립제2소학교(대명월구, 항일학교), 숭례향 사립제3소학교(소명월구, 항일학교), 숭례향 사립제4소학교(용흥동, 항일학교), 숭례향 사립제5소학교(유수하, 항일학교) 등 16개의 학교가 있었다.

화룡현에는 명동예수학교(용암촌, 캐나다장로회), 사립명동녀학교(용암촌. 캐나다장로회), 덕흥학교(천주교), 영동학교, 송동학교(송전동), 창동학교(용지사 장동, 캐나다장로회), 광동학교(캐나다장로회), 구호학교(개태사, 캐나다장로회), 정동학교(자동, 캐나다장로회), 영성학교(목조동, 캐나다장로회), 화성학교(걸만동 삼동, 캐나다장로회), 원동학교(화룡사 칠도구 어구, 항일학교, 캐나다장로회), 흥동학교(화룡사 칠도구 서동, 캐나다장로회), 용신학교(상리사 이천포, 항일학교, 캐나다장로회), 양성학교(영화사 강성동, 항일학교, 캐나다장로회), 학성학교(송언동, 대종교), 덕성학교(광포 남양동, 캐나다장로회), 청일학교(삼도구 청파호, 대종교), 동일학교(이도구 어랑촌, 대종교) 등 12개의 학교가 있었다.

왕청현에는 사립명동학교(왕청 덕원리, 대종교), 사립원동학교(대황어구, 대종교), 사립고소학당(대감자 용암촌, 대종교), 의홍학교(삼도하), 사립창동학교(서대파, 삼차도, 대종교) 등 5개의 학교가 있었다.

일제가 작성한 훈춘현 내의 배일학교 명단을 구하지 못하였다. 양봉송은《훈춘조선족발전사》75쪽에서 경신참변기간에 19개의 학교가 소실되었다고 말하고 있다. 그 19개 학교는 대부분이 전도와 교육을 겸해서 독립운동을 벌인 황병길, 이명순, 오병묵 등이 기독교우회를 통해서 세운 학교들이었다. 당시 불에 탄 학교는 숭신학교(금당촌, 캐나다장로회), 전선촌학교(캐나다장로회), 진명학교, 북일학교(캐나다장로회), 신풍학교(캐나다장로회), 남별리학교(캐나다장로회), 동명학교(캐나다장로회) 등이 있고 훈춘독립만세시위에 참여한 학교에는 광동학교, 북일중학, 동명학교, 영생학교, 흑정자학교 등이 있다.

당시〈독립신문〉에 발표된 연길, 화룡, 왕청, 훈춘현의 소실된 학교 수가 59개로 발표되었지만 이 숫자 또한 연구가 진행되면 바뀌어질 가능성이 있는 것으로 보인다.

다음 장에서는 경신참변과 피해상황에 대한 통계를 고찰해 보고 참변을 당한 지역과 항일단체와의 상관관계를 살펴보고자 한다.

3.경신참변과 피해상황

경신참변(간도참변, 간도대학살)

1919년 용정 3·13 만세시위 후, 간도에 조직된 30여개에 이르는 무장독립단체들과 독립군의 잦은 국내침입과 전투는 일본의 식민지 통치에 적지 않은 위협이 되었다.

일본은 1920년 5월초에 조선총독부의 경무국장 아까이께를 봉천에 파견하여 동북군벌 장작림과 "일지협동수사반"을 편성하여 봉천성과 간도일대의 조선인항일부대를 토벌하기로 협의하였으며 2차 봉천회의에서는 "일지협동수사" 이름으로 일본군이 직접 항일단체에 대한 검거를 하기로 결의하였다. 그러나 "일지협동수사"는 당시 항일무장투쟁의 중심지였던 북간도지역에서는 중국 지방당국의 거부로 계획대로 추진되지 않았다.

일제는 8월 5일, 중국 외교총장에게 중국 지방당국이 조선인들의 항일무장투쟁을 제대로 단속하지 않으면 자신들이 직접 간도로 들어가서〈불령선인〉들의 소굴을 초토하겠다고 협박하였다. 1920년 8월, 일제는 "경성회의"를 개최하여 일지협동토벌을 적극 추진키로 결의함과 동시에 "간도지방불령선인초토계획"을 작성하고 세부적인 행동방안을 준비하였다.

1920년 10월 2일 일제는 "훈춘사건"을 조작하고 이를 계기로 2만5000여 명에 달하는 대부대를 출동시켜 경신년대토벌을 감행하였다. 토벌에 동원된 일본군은 조선주둔 제19사단과 제20사단의 78연대, 블라디보스토크파견군 제11, 13, 14 사단, 북만주파견대의 안자이지대, 관동군 제19연대와 기병 제20연대의 대병력이었다. 일제는 동, 서, 남, 북 사면으로 포위망을 좁히면서 조선인집거지역에 침입하여 살인, 방화, 약탈하며 파괴의 대 만행을 서슴지 않고 저질렀다.

일제군은 봉오동과 청산리에서 패배당한 분풀이로 독립군의 모체인 조선인사회와 항일단체, 학교, 교회 등을 초토화하기 위하여 임의로 〈불령선인〉을 지목하여 참살하고 집중적으로 그들의 가옥과 학교, 그리고 교회당을 불태웠으며 그런 만행을 1921년 5월 말까지 계속하였다. 일제가 대학살을 자행한 경신참변은 1920년 10월 2일부터 잔류 부대가 완전히 철거한 1921년 5월 9일까지 대략 8개월간 지속되었다. 북간도에 대한 일제의 토벌은 3단계로 진행되었다.

제1단계는 10월 14일부터 11월 20일의 '제1기 토벌' 종료까지며 이 단계는 주로 항일단체들과 항일기지가 있는 마을, 학교와 교회당에 대한 대대적인 소탕이 감행되었다. 제2단계는 11월 21일부터 12월 16일 주력부대 철거까지이며 대체로 잔당숙청이란 명분하에 1차에 토벌한 마을들과 부근 산림들에 대한 반복적인 수색을 포함하여 비행대와 국경수비대를 동원한 무력시위였다. 제3단계는 12월 17일부터 1921년 5월 9일, 일제군의 완전철수까지이며 간도파견대를 기반으로 경찰분서의 증설과 총독부 경찰력의 증가, 친일세력의 육성 및 확대 등 일련의 조치를 취하여 간도지역에 새로운 질서 확립을 꾀하였다.

제19사단의 이소바야시지대는 훈춘에 집결하여 다시 3개의 토벌대로 나뉘어 10월 14일 밤부터 훈춘과 라자구일대 조선인마을에 대한 제1차 토벌을 시작하였다. 제1토벌대는 훈춘을 출발해서 사도구, 남별리, 연통라자, 삼도구 방면으로 제2토벌대는 대황구 방면으로 제3토벌대는 훈춘 부근 마을들을 각각 포위하고 습격하였다. 제1토벌대는 훈춘동북부지역의 28개 조선인마을을 소탕하였고 28명을 체포하고 그 중 4명을 사살하였으며, 제2,3토벌대는 3명을 사살하고 4명을 체포해 훈춘에 납치하였다. 2차 토벌에서는 라자구, 삼도구, 노흑산 등지에서 러시아 원동지구로부터 투입된 제11사단, 제13사단과 함께 지속적인 토벌을 하였다.

기무라지대는 10월 20일 온성부근에서 두만강을 넘은 후 22일 서대파, 십리평, 석두하자 일대에 대한 토벌을 개시하여 49명을 사살하고, 십리평의 무관학교와 부근 마을들을 소각하였다. 일본 측의 조사에 의하면 기무라지대의 전과는 사살 86명, 설복귀순 132명, 소각학교 2개, 소각 가옥 103동으로 집계되고 있다.

일본군 국경수비대는 주로 두만강연안의 수비를 강화하는 한편 헌병대 및 경관대와 수시로 두만강 대안의 조선인마을들을 습격하였다. 회령수비대는 10월 19일에 학성, 송언, 무관툰을 습격하여 무고한 조선인 주민 10명을 사살하고 시체를 석유로 불태웠다. 종성수비대는 대안의 조선인마을들을 습격하여 주민 17명을 사살하였다. 일본군의 통계는 국경수비대가 10월 17일에서 12월 20일 사이에 간도를 침입하여 한인 107명을 학살하고 민가 94채, 학교 3개소를 소각하였음을 보여준다.

아즈마지대는 10월 15일 부대를 편성한 후 주력부대를 이끌고 이도구로 이동하여 남북 완루구에 있는 홍범도 연합부대를 포위하였다. 그러나 10월 21일부터 26일까지 청산리와 어랑촌 일대에서 아즈마지대는 홍범도 연합부대와 북로군정서군의 매복전과 기습전에 걸려서 참패를 당하였다. 청산리전투에서 대패한 후 일군은 잔악무도하게 조선인마을들을 습격하였다. 10월 26일 일군은 〈항일마을 및 항일학교 조사표〉에 근거하여 연길현의 동불사, 태평구, 와룡동,소영자, 의란구를 비롯한 23개 마을과 흥동학교, 영신학교, 명신학교 등 18개 학교, 화룡현의 상광포, 어랑촌, 류동, 청산리, 청파호, 장재촌, 걸만동 등을 비롯한 12개 마을과 명동학교, 창동학교, 광동학교, 정동학교 등 19개 학교, 왕청현의 류수하, 대감자, 덕원리, 서대파, 봉오동, 합수평, 라자구 등을 비롯한 11개 마을과 명동소학교, 원동소학교 등 5개 학교를 대상으로 대대적인 소탕과 학살을 감행하였다.

중국지방관원인 장순수와 포대수 등이 1920년 11월 5일에 외교총장에게 보낸 서한에는

"간민들이 모여 사는 부락을 한당들의 근거지라고 하면서 온 마을을 불살라버렸으며 한민들 대부분이 살해 되었다. 조금이라도 의심스러운 마을을 골라서 몇 집 또는 몇 십 집씩불살랐고 몇 명 또는 몇 십 명씩 죽여 버렸는데 가는 곳마다 불타버린 집과 시체가 널려있었다. 이들은 태반이 밭가는 농부들이였지 결코 무기를 들고 떼를 지어 소란을 피우는무리가 아니었다. 이렇게 마음대로 참살하는 것은 실로 인간성이라고는 털끝만치도 없는 일이다."

라고 일제의 만행을 규탄하였다. 이처럼 일군은 무고한 조선인들을 "독립군"이라는 혐의로 대대적인 학살을 자행하였다. 일군에 의해 이렇게 북간도지역과 서간도지역 그리고 장백현역의 조선인마을과 학교, 교회가 한반도 평화를 위해서 결코 잊어서는 안 될 처참한 수난을 당하였다. 그러나 본 글은 19개 교회당이 소실 당했다고 기록되어 있는 북간도지역의 참변을 중심으로 다루므로 나머지 지역의 참변은 생략한다.

피해 상황

최근에 발굴된 중국의《연길도윤공서당안》자료는 세 가지 사실을 말해 준다. 일군의 토벌은 조선인들이 집거하고 있는 연길, 화룡지역을 중심으로 진행되었으며, 피해자 대부분이 독립군이 아닌 무고한 백성이었으며, 한인 대량학살과 함께 조선인들의 생활기반인 가옥을 소각했다는 점이다. 이는 경신참변이 항일무장단체에 물심양면으로 지원하는 조선인사회 초토화시켜 항일무장투쟁의 근원을 제거하려는 것이 궁극적 목적임을 여실히 보여준다.

상해임정이 발표한 피해상황은 인명피해는 피살 3,664명, 체포 155명이었고 재산피해는 민가 3,520동, 학교 59개교, 교회당 19개소, 곡물 59,970섬이 불에 탔다고 하였다.

임시정부 간도파견원은《독립신문》87호에서 인명피해가 피살 2,626명, 체포 46명이었고 재산피해는 민가 3,208동, 학교 39개교, 교회당 11개소, 곡물 53,265섬이 소실되었다고 보도하였다. 그런데 피해당한 교회 명단을 살펴보면 훈춘현에 7개, 화룡현에 2개, 연길현에 10개, 왕청현에 7개로 나온다.

위의 통계에 나오는 살해당한 사람이나 체포당한 사람들 대부분이 간도국민회에 관련된 사람들이었고, 마을들은 국민회 지회가 설치되어 있는 곳이었으며 학교는 독립운동과 계몽을 위해 지도자들과 교회가 세운 민족학교들이었으며 교회는 민족의식으로 조선인들을 일깨우며 민족교회들이었다. 앞에서도 언급했지만 간도국민회는 캐나다장로교의 교구를 그대로 적용하여 5개의 지방총회를 만들었고 그 아래 100여개의 지회를 두었다. 그리고 각 지역의 목사와 교구 순회목사들이 지방총회와 지회의 회장을 맡았다.

우리는 일군의 토벌이 국민회와 깊은 연계가 있는 캐나다장로교에 집중되었음을 아래의 글에서 알 수 있다.

"일제토벌군은 가는 곳마다에서 교도들을 학살했고 교회당과 학교를 불살랐다. 하여 장로교는 전례 없는 재난을 당했다. 장로교의 외국선교사들은 일본침략군의 잔인무도한 죄행을 국외보도계에 폭로했으며 제창병원을 이용하여 교도 부상자를 치료해주었고 교도들을 제해 주었다."

참변지역과 항일무장단체와의 관계

제19사단의 이소바야시지대가 토벌한 사도구, 남별리, 연통라자, 삼도구, 대황구, 훈춘부근 마을들, 훈춘동북부지역의 28개 마을들, 라자구, 삼도구, 노흑산 등지는 〈훈춘기독교우회〉와 〈훈춘한민회〉를 세운 훈춘지역의 캐나다장로회 지도자인 황병길, 오병묵, 이명순 등의 활동무대였다.

기무라지대가 토벌한 서대파, 십리평, 석두하자, 십리평의 무관학교와 부근 마을들은 서일, 계화, 현천묵이 주로 활동하였으며 대종교의 영향이 컸다. 간도국민회는 왕청현에 북부총회를 두어서 관리하였다.

일군 국경수비대가 토벌한 회령의 두만강 대안 마을들은 간도국민회 제1남부지방회 설치된 지역으로 삼합을 거쳐서 용정으로 통하는 주도로에 위치해 있고, 종성의 대안 마을은 백룡과 개산툰을 지나 용정, 연길로 나갈 수 있고 동쪽으로 가면 도문과 왕청 방향으로 나갈 수 있는 마을들로 캐나다장로교의 영향력이 아주 큰 곳이었다. 이 지역에 학교와 교회를 세운 사람들은 간민교육회 회장으로 활동한 이동춘을 비롯하여 강백규, 백유정과 김약연, 마진, 정재면, 강구우 등이었다.

아즈마지대가 토벌하러 들어간 이도구는 간도국민회의 제2남부지방회가 관할하고 있었고 어랑촌을 중심으로 왕집행신시장, 수남, 달내박골, 중앙촌, 북완루구, 남완루구, 널푼골, 야지골 등 마을들이 산재해 있었다. 국민회는 1920년 8월부터 그 일대에 군사기지를 개척하였다. 청산리가 속해 있는 삼도구 일대 청파호에는 대종교 총본부가 자리 잡고 있었으며 북로군정서 또한 이곳에 지방조직을 만들었다. 당시 그곳에는 동쪽으로 십리평, 라월평, 송월평, 연수평, 대진창, 충신장(현 화룡시)이 있었고, 서쪽으로 평양촌, 증봉리, 백운평, 싸리밭데기 등 마을이 산재해 있었는데 대다수가 대종교 신도였기 때문에 북로군정서는 대원을 파견하여 군사기지 창설을 시도하였다. 삼도구에도 국민회지회가 있었으며 청산리에는 캐나다장로교에서 세운 교회가 있었다.

4. 19개 교회를 찾아서

참변의 현장을 돌아보며

경신참변이 있었던 와룡촌, 연통라자, 대황구, 장암동, 소영자, 어랑촌 등지에 다녀왔으나 그 어떤 기념비에도 교회 이름은 없었다. 마을 사람들에게 경신참변에 관해 구전되는 이야기나 불에 탄 교회에 대하여 묻고 싶어도 수상하게 보일까봐 혼자 애 태우다 돌아오곤 하였다. 나 자신이 학자도 아니고 역사학도도 아니어서 도서관 이용도 어려워 주로 헌 책방을 이용하여 자료를 수집하였다. 오로지 관심과 열정으로 발품을 팔아서 책을 구하였지만 필요한 자료를 원하는 만큼 구하지 못하였다. 북간도 캐나다장로회에 대한 자료는 턱없이 부족하지만 낯선 땅에서 고난을 당하며 복음을 전한 유명, 무명의 전도사들과 선교사들 그리고 참변에 희생당한 수많은 순교자들을 기억하고 싶어서 경신참변 100주년을 맞이하기 전에 부족한 자료로 부족한 글을 쓰기로 하였다.

19개 교회 숫자에 대한 진실

불에 탄 교회당의 숫자에 대한 기록에 편차가 크다.

1920년 18일자 임시정부 파견원이 올린 《독립신문》 87호는 11개로, 그러나 임시정부 파견원이 올린 글을 참고하여 현천추는 15개로 정리하였다. 상해임시정부는 총계는 《독립신문》 92호에서 불에 탄 교회가 19개라고 하였는데, 임시정부가 발표한 통계표에 나타난 훈춘현 7개, 화룡현 2개, 연길현 10개, 왕청현 7개의 숫자만 합해도 26개이다. 통계 숫자에 오류가 있음에도 불구하고 상해임정의 통계를 이용하는 경신참변에 대한 대부분의 글들이 판에 박은 듯 불에 탄 교회를 19개라고 적고 있어서 참으로 딱하다. 박환은 독립신문 12월 18일 및 19일 관련기사를 참조하여 14개로 작성하였고, 김춘선은 가와구찌의 〈간도훈춘북선 및 동해안지역 행각기〉를 인용해서 28개라고 말한다. 대련대학교의 교수인 최복룡도 그의 글 〈중국조선족반일민족운동에서의 종교의 력사적역할에 대하여〉에서 28개라고 정리하였다. 그러나 지방사를 읽는 중에 독립신문의 통계에 들어가지 못한 교회들이 있음을 확인하면서 더 많은 교회가 소실 당했을 것이라는 확신을 가지게 되었다. 또한 당시 교회와 학교가 한 건물을 사용한 케이스가 36개나 되었고, 교회 수로 계수되지 않은 기도처가 20여 개가 있었기 때문에, 당시 교회 사정을 잘 모르는 사람들은 그런 교회와 기도처를 전혀 고려하지 않고 학교 건물이나 가옥으로 정리하였을 것이라는 생각이 들었다. 당시의 신문과 각종 문헌들, 각 현들의 역사적 사료들을 꼼꼼히 살펴보면 계수에서 빠진 교회들이 나올 것이라는 단순한 생각으로 작업을 시작하였다.

불탄 교회들에 대한 기록들

먼저 19개라는 숫자의 진실을 파악하기 위해서 건물이 소실된 것으로 나오는 통계표나 교회 이름, 기록되지 않았다 할지라도 그 곳에 이미 교회가 세워져 있었는데 마을 전체가 불탔다는 기록, 국민회가 있었던 마을로서 대 참변을 당한 곳, 한 건물에 교회와 학교가 있었던 교회 등등을 여러 기록 속에서 찾아 있는 그대로 정리해 보기로 한다.

1) **김춘선 저 《북간도 한인사회의 형성과 민족운동》** 514쪽에 나오는 상해 임정이 발표한 "북간도지역 한인참변 조사통계표"에 의하면 소실된 교회당이 훈춘현에 7개, 화룡현에 2개, 연길현에 10개, 왕청현에 7개이다. 4개현의 소실된 교회 수의 총계는 실제로 26개인데 무슨 실수에서 비롯되었는지 모르지만 총합통계표의 합계는 19개로 나온다. 교회 명단이 없으므로 어느 교회에서 무슨 착오가 생겼는지 이 책자로서는 알 길이 없다.

2) **박은식 저 《한국독립운동지혈사》** 합본, 444~450쪽에 나오는 "서·북간도 각지에서 우리 겨레에 대한 왜적의 만행 참상 조사표"에 의하면

소실된 교회는 연길현 각지에 유수하자교회, 관도구교회, 이도구교회, 약수동교회, 대모녹교회, 남구교회 등 7개, 왕청현 각지에 라자구 대전자교회 2개, 합마당교회 1개 등 3개로 총 10개이다.

3) 《중국조선민족발자취총서》1권 〈개척〉 "간도학살사건" 편, 523~533쪽에 걸쳐서, 30개에 가까운 참변을 당한 지역이나 마을 이름이 나온다. 당시 토벌의 대상이었던 국민회와 관련된 대부분의 마을들에는 교회가 있었다. 당시 교회는 항일운동 중심부에 있었으며, 교회의 담임목사나 책임자가 국민회 지회장으로서 의연금 모금과 독립군 지원을 책임졌다.

① 간장장암교회는 연길현에 속해 있으며 〈노루바위골〉이라고도 한다. 간도국민회 제2동부지방회 4분회에 속해 있었고 참변 시 영신학교(동명학교)와 함께 불에 탔다. 일본군은 주민 33(민산해 선교사는 36명으로 기록함)명을 교회당 안에 몰아넣고 불을 질렀다.

② 의란구교회는 연길현에 속해 있으며 1912년에 교회가 세워졌다. 간도국민회 본부와 의군부가 있었고 류채구와 구룡평을 중심으로 방초령에는 국민회군 사관훈련소가 있었다. 일제 토벌군은 구룡평, 고성촌, 유채촌, 태양촌, 연화촌 등지를 5차례에 걸쳐 토벌하였고 민가와 학교를 불태웠다.

③ 송언동은 화룡현에 속했으며 삼합진에서 서북쪽으로 8km 떨어진 두만강 회령대안에 있는 마을로 간도국민회 제1남부지방회에 소속되었다. 간도국민회 강백규, 이동춘, 김약연,마진이 간민교육회와 간민회 선전을 위해 자주 다녔던 지역으로 교회나 기도처가 있었을 것이다.

④ 서래동은 화룡현에 속했으며 삼합진에서 용정으로 들어가는 큰 길을 따라서 13km 정도거리에 있는 마을이다. 마을에 있는 학교 교장과 교원, 광복단 통신부장 등 9명이 사살되었다.

초성학교는 항일학교 였으며 국민회 독립군의 활동기지로 알려졌다.

⑤ 학서동은 화룡현에 속하였으며 삼합소재지에서 두만강을 따라 서남쪽으로 5.5km 떨어진곳에 위치하고 있으며 김희구, 김도현, 허진세 등 10명이 학살당하였다.

⑥ 마패촌은 화룡현에 속하였으며 남양시와 마주하고 있다. 조강식, 조대겸, 조춘현 등 10명이 학살당하였다.

⑦ 세린하촌은 현재 용정시로부터 서북으로 22.5km 떨어진 곳에 위치하며 연길현에 속하였고 황상동으로 불리기도 한다. 김명세, 김병은, 이율석 등 10여명이 살해당하였으며 민가수십 채를 불태웠다.

⑧ 류동촌은 두만강 무산대안인 덕화향 남평에서 서북쪽으로 9km 거리에 있는 산골짜기에자리잡고 있으며 당시 주변 60리 구역에 600호의 한인마을들이 산재해 있었다. 김래건, 양이홍, 박현춘, 최주운, 한성철 등 10여 명을 살해하고 민가 10여 채를 불태웠다. 국민회 제2남부지방회에 소속되었다.

⑨ 진채구는 용정시 장안진에 속하였고 장안향 소재지인 위자구에서 서쪽으로 2.5km떨어진산비탈에 자리 잡고 있다. 일본군이 민가 70여 채를 불사르고 주민 300여 명을 학살하였다.

⑩ 십리평은 왕청현 장영촌이다. 북로군정서 병영이 있었다. 항일부대에 식량을 공급하고 정보 제공한다는 명목으로 30여 명이 학살당하였고, 20여 채가 방화를 당하였다. 1918년에교회가 세워졌다. 국민회 북부

지방회에 속하였다.

⑪ 평양촌 화룡현 삼도구에 쳐들어간 일제군은 어린이에서 노인에 이르기 까지 모든 남자들을 살해하였다.

⑫ 연길현 발계라자에서는 항일교육을 시키는 학교 1채와 민가 20여 채가 방화되었다.

⑬ 대왕청에서는 대왕청, 대두천, 대감자 등지에서 민가 50여 채와 조 64섬을 소각하고 20여 명을 학살하였고 2명의 한족도 살해당하였다. 북로군정서와 국민회 조직이 있었다.

⑭ 화첨자에서는 5채의 민가, 곡물, 땔감 등을 모두 소각하였고 홍유국, 오여만, 지청수, 채경옥 등을 류도구으로 압송하여 살해하였다. 사대사 대양툰에서는 이학용, 최남명을 사살하였다.

⑮ 화룡현 묘령에서는 심학인, 채순명, 김병호 등의 가옥과 묘령공립권학소를 소각하고 자피거우에 가서는 교원 신상성을 체포, 구타하였으며 학생 김인손이 구타하는 것을 말리자 그와 김희철을 사도구로 끌고 가서 사살하였다. 묘령공립권학소는 독립운동가들의 거점이었다.

열문툰에서는 박춘화, 박안삼, 김두북, 김학준 등 10명을 학살하였다. 국민회 제1남부지방회에 속하였다.

⑯ 애위전자는 지역적으로 북로독군부 소속이었다. 오도현, 한양옥, 오양홍, 조복경, 최병욱등 8명을 사살하고, 한경옥, 김형진, 최성련, 최창섭 등의 집 15채와 곡물 등을 모조리 소각하였다.

⑰ 서가구는 연길에서 동북으로 10여리 되는 곳에 자리 잡고 있다. 국민회 중부지방회에 소속되었다. 오민구, 강구우, 이병순 등 7 사람의 가옥과 타작하지 않은 곡식 300단, 밀 300단 그리고 사립학교 1채를 소

각하였다. 농민 10명을 체포하여 장봉의 김원필은 소영자에 끌고 가서 총살하고 나머지 8 명은 국자가 일본 영사관으로 압송하였다.

서골은 국자가 서쪽에 위치하고 있다. 간도국민회 중부지방총회 소재지였다. 2명을 총살하고 7명을 체포하고, 이춘수, 최형기, 김소리 등 7명의 가옥과 사립학교를 불태웠다.

⑱ 오호정자는 천보산에서 동쪽 약 30리 상거한 곳에 있다. 서북마을에서 40여명의 사람을체포하고 고문 후에 살해하였다. 40여 채의 가옥을 소각하였다. 한족 왕덕의 집도 소각하였다.

청산리 골짜기에 산재해 있는 마을과 남.북 완루구의 주민을 학살하고 마을 전체를 소각하였다. 대종교 마을이 있었으며 북로군정서가 기지를 세운 곳이며 1917년에 교회가 세워졌으며 간도국민회 제2남부지방회 관할이었다.

화룡현 투도구 서쪽 밭에서 10여 명, 사도구에서 9명, 장인강 동경동에서 8명, 로투구에서 10여 명이 학살당하였다. 1911년에 투도구, 1916년에 사도구, 1920년에 로투구, 1911년에 화룡현 교회가 각각 설립되었다. 간도국민회 제2남부지방회에 속하였다.

⑲ 훈춘 양진구는 간도국민회와 긴밀한 관계에 있는 훈춘한민회 소속지역이었다. 양진구에서6명이 학살당하였고 대륙도구와 차대인구에서 10여 명이 학살당하였다. 회룡봉에서도 7명, 한민회 군사기지인 사도구에서도 7명이 학살당하였다. 1910년에 차대인구에 교회가 세워졌다. 왕청현 석두하자에서도 12명이 학살당하였다.

⑳《독립신문》12월 19일 추가조사에서 의하면 연길현의 의란구, 토성포, 하마탕, 로투구,삼도하령, 의봉촌, 사당지방, 평강 사도구, 팔도구,

와룡동 등 지구에서 145명이 학살되었다.

옹성라자에서는 사일상점, 한명석상점, 송길석상점과 정재면의 개인 옷 등 국민회의 연락처였던 상점에서 대략 1,000여 원 가치의 물품이 약탈당하였다.

소영자, 이도구, 차조구, 계림촌, 토문자 등지의 민가 78채와 곡물 전부 그리고 학교 2개소와 교회당 4개소가 소각되었다고 하였다.

의란구, 하마탕, 로투구, 평강 사도구, 와룡동, 소영자에는 교회가 있었다.

4) 김동섭 저 《화룡인민의 항일투쟁》에 나오는 〈경신년대토벌피해〉 26~31쪽에 의하면,

"일본군 제19사단사령부의 한인마을조사표에는 일제가 승인한 학살사건지점이 연변에 도합 129개가 있었으며 그 중 화룡현에는 45개가 있었다. 〈경신년대토벌〉 당시 화룡현에서 피살된 인수는 1,362명이고 민가가 소각된 수는 866채이며 소각된 학교 수는 10개 소이며 소각된 교회당 수는 3개 소이다."

다음은 대표적인 학살사건들이다.

① 청산리학살사건 :《독립신문》1921년 1월 27일에 청산리마을이 전멸되었다고 실렸으며 1920년 12월 18일자 〈독립신문〉 간도통신원의 조사 자료에는 409명이 죽었고 120채의 민가가 방화되었으며, 학교 1개가 소각되었다고 하였다. 상해에서 발행된 〈진단〉 1920년 11월 21일

자에는 일본침략군이 삼도구 청산리에서 1천여세대의 집을 소각하고 보는 사람마다 죽이고 어린이마저 생매장하거나 총으로 쏘아 죽였다고 보도하였다. 당시백운평 마을에는 50여세대가 살고 있었는데 2명을 제외하고 다 죽었으며 모든 가옥이 불에 탔다.

화룡일대 피해통계표는 청산리에서는 409명이 학살당하였으며 가옥 120채, 학교 1곳이 소각되었고 3,760건의 물건이 약탈당하였다고 한다. 백운평과 청산리에는 1917년에 교회가 세워졌다. 마을 전체가 소각되면서 양쪽의 교회가다 소각되었을 것이나 양쪽 다 불에 탄 교회 명단에 기록 실리지 않았다. 청산리에는 북로군정서의 연고지가 있었지만 국민회 지회도 있었다.

② 송언동학살사건 : 송언동에는 국민회 지부가 있었다. 10월 19일, 일제는 먼저 학성동에서국민회 강안지부 통신부장 이홍래와 6인을 살해하고 송언동으로 와서 국민회 통신원인 박룡훈등 8인을 살해하였다. 11월 9일에는 학성동에서 국민회 통신원 지계순, 장성오를 살해하였다. 화룡일대 피해통계표는 총 46명이 피살되었으며 115채의 민가가 소각되었고3,760건의 물건이 약탈당하였다고 한다.

③ 학서동(초평촌)학살사건 : 회령수비대가 김희구 등 10여 인을 학살하였고 〈불령선인〉을 집에 재웠다는 이유로 최문칠의 집을 방화하였다.

④ 서래동(미전동)학살사건 : 회령수비대가 국민회 서기 이운일 총살하였고, 집 1채를 소각하였다. 보병 75연대가 제2국민학교 부교장 진윤극, 교원 김영석, 광복단 통신부장 김안삼,북로군정서간부 김명호의 외조카 김덕현과 김상렬을 총살하였고, 혁성학교, 김영석과 김덕현의 집에 불을 질렀다.《독립신문》은 서래동에서 14명이 학살당하였고 민가 3채

와 학교 1개가 불에 탔다고 보도하였다.

⑤ 약수동학살사건 : 《독립신문》 12월 18일 간도통신원의 보고에 일제 토벌대에게 학살당한사람이 271명, 소각된 민가 57채, 학교 1개소라고 하였다. 토벌대는 이개숙의 집을 소 각. 약수동에서 사람을 죽인 후, 화장해서 재를 약수강에 뿌렸다. 1,760개의 물건을 약탈해 갔다. 약수동은 1910년대에 독립운동을 시작하였으며 1912년에 4년제 사립약수동학교를 세웠으며 민족교육을 통해 많은 투사들을 배출하였다.

⑥ 어랑촌학살사건 : 국민회가 군사기지를 닦았던 곳으로 국민회 지회가 있었다. 《독립신문》 간도통신원의 보도에 의하면 어랑촌 피살 수는 제대로 밝혀지지 않았으며 소각된 가옥이 30채이며, 완루구에서는 피살당한 사람이 451명, 강간당한 여성이 20명, 소각된 가옥이 340채였다. 약탈당한 물건이 10,100건이었으며 어랑촌과 완루구에는 교회 내지는 기도처가 있었다.

⑦ 화룡일대 피해통계표에 의하면 명동에서 가옥 12채, 학교 1곳, 교회당 1개가 불탔다.

⑧ 마패에서는 15명이 사살 당하였으며 학교 1곳이 불에 탔다.

⑨ 장인강에서는 4명이 피살당하였으며 가옥 57채가 소각 당하였고 950건의 물건이 약탈당하였다.

⑩ 석봉에서는 14명이 학살당하였으며 5채의 민가가 소각 당하였다.

⑪ 남하촌에서는 14명이 피살당하였으며 민가 5채가 소각 당하였다.

⑫ 동량에서는 민가 27채가 소각 당하였다.

⑬ 수칠구에서는 4명이 피살당하였으며 민가 채가 소각 당하였다.

⑭ 지암곡에서는 10명이 학살당하였으며 민가 5채가 소각 당하였다.

⑮ 화호리에서는 29명, 렴충현에서는 20명이 학살당하였다.

　이외에도 일본군은 고려왜, 류령, 삼동포, 후동, 승암촌, 대금창, 덕화
평, 화룡가, 자동, 강역동, 석건평, 천수평, 정동 등에서 사람들을 학살
하고 민가, 학교, 교회를 소각하였다.

　5) 《훈춘조선족 발전사》 경신참변에 관한 항목 75~78쪽에서 양봉승
은 일제토벌군에 의하여 훈춘현에서는 1,124명이 피살당했고 110명이
체포되었으며 민가는 1,094채, 학교는 19개, 교회당은 7개가 불에 타서
없어지고 곡물은 15,580섬이 소실되었다고 하였다. 함북노회제7회 회의
록은 금당촌교회 영수 1인, 전도사 2인, 교인 7인, 피살 되었고, 남별리교
회 교인 50명 참살, 감옥에 갇힌 자, 징역선고 받은 자, 떠난 자, 실종자가
이루 헤아릴 수 없다고 하였다.

　① 남별리교회는 1916년에 오병묵에 의해 세워졌으며 훈춘한민회의 본
　　부였다, 한민회 회장이명순이 오병묵, 남별리의 나정화, 동구의 노종
　　환, 연통라자의 황병길과 함께 훈춘한민회군을 훈련하는 장소로도 사
　　용하였다. 남별리교회당은 이 때 불에 탔다.
　② 금당촌교회는 숭신학교와 한 건물을 사용하고 있었다. 참변으로 소실
　　되었다. 숭신학교는 항일투사들이 세운 학교였으며 교회 또한 항일지
　　사들이 세웠다.
　③ 리수구는 훈춘한민회의 근거지였으며 진명학교가 있었다. 항일투사 3
　　인 살해당하였고, 항일투사들과 많은 사람들이 체포되었고 진명학교
　　가 소각 당하였다. 정황상, 리수구에 교회가 있었던 것으로 보이며 이

때 소각되었을 것으로 사료된다.

④ 대황구에서는 애국지사 20명이 체포당하였고, 김남극과 양병칠이 사살 당하였으며 교원 김하정은 훈춘으로 압송되는 도중에 생매장 당하였다. 1910년에 교회가 세워졌고 그 후에 북일학교가 설립되었다. 교회당이 이 때 소각된 것으로 보인다.

⑤ 연통라자는 황병길 투사의 오랜 활동근거지로 훈춘 항일운동의 본부였다. 일제군은 황병길의 묘를 파헤쳤으며 그의 아내 김숙경을 체포하여 하다문사형장으로 압송하였다. 하다문사형장에서 하다문과 연통라자에서 체포한 37명을 총살하였으나 김숙경은 죽음을 면하였다. 연통라자에는 1912년에 교회가 세워졌다. 이 때 소각되었을 것으로 보이지만 기록에는 확실하게 나타나지 않고 있다.

최석숭은 《훈춘조선족 이민사》에서 많은 기독교인들이 항일의 선봉으로 나서 싸우면서 생명을 바쳤고, 캐나다장로회 산하의 북일학교를 비롯한 많은 사립학교들이 소각되었으며 기독교 신도들이 무참하게 학살당했다고 쓰고 있다.

다음은 연길, 왕청, 훈춘, 화룡 4개현의 항일사적지를 연구한 김철수의 저서를 살펴보자.

6) 김철수 저, 《연변항일사적지 연구》의 〈경신년대토벌〉 387~460쪽에 의하면,

① 훈춘현 도표에는 소각된 교회가 하나도 없고, 왕청현 도표에는 대전 자에서 2개의 교회, 화룡현에서는 명동교회 1개가 불탔다고 기록을 하면서도 합계에는 2개가 소각되었다고 하는 실수가 있으며, 연길에서는 소영자교회, 대모록교회, 허문교회, 남구교회, 류수하자교회, 관도구 교회, 조양하교회 2개로 총 8개이나 합계는 무슨 문제가 있는지 7개로 나온다.

② 1921년 1월 27일《독립신문》의 보충 통계에 의하면 교회당 소각이 이 도구, 계림촌, 토문자(천주교회당)에서 있었다. 당시 청산리에 1917년에 세워진 교회가 있었는데도 마을 전체가 소실되었다고만 쓰여 있고 교회 소실에 대한 기록이 없다.

③ 의란구참안지에는 의란골교회가 1912년에 세워졌는데 교회의 소실에 대한 기록이 없다.의란진 경내의 구룡평, 태양촌, 의림평, 이랑구 산속, 남양동, 동구에서 9차례에 걸쳐 참변이 일어났다. 구룡평에는 의군부의 기지가 있었다. 구룡평에는 하마탕에서 이전해 온 국민회 본부가 있었고 캐나다장로회 소속 교회가 있었다. 남양동에도 1912년에 캐나다장로회 소속 교회가 있었다. 독립신문 통신원은 162명 살해, 154채 민가 소각, 3개 학교 소각, 4,620 여 건의 물건 약탈은 원 의란진 소재지에서만 종합한 것으로 보인다.

④ 장암동참안지에는 1911년 장암교회가 세워졌다. 간도국민회 제2동부 지방회 제4분회가 있었으며 마을 주민 대다수가 국민회 회원이었다. 〈3·13〉만세시위에 교인들과 영신학교 학생들이 용정에 까지 갔다. 일제군은 마을의 남자들을 전부 교회에 가두고 불을 질렀다. 불속에서 뛰어나오는 사람들은 총창으로 찔러 죽였다. 이렇게 죽은 사람이 간도

통신원 자료에는 75명, 일제는 24명, 제창병원 원장 선교사 마딩은 36명, 현천추는 33명으로 기록하고 있다.

⑤ 백운평참안지에는 1918년에 교회가 세워졌다. 청산리는 백운평과 그 부근의 마을들을 가리킨다. 독립신문 1921년 1월 27일에 청산리마을이 전멸되었다고 실렸으며 1920년 12월18일자 《독립신문》 간도통신원의 조사 자료에는 409명이 죽었고 120채의 민가가 방화되었으며, 학교 1개가 소각되었다고 하였다. 상해에서 발행된 《진단》 1920년 11월 21일자에는 일본침략군이 삼도구 청산리에서 1천여세대의 집을 소각하고 보는 사람마다 죽이고 어린이마저 생매장하거나 총으로 쏴 죽였다고 보도하였다. 당시 백운평마을에는 50여세대가 살고 있었는데 2명을 제외하고 다 죽었으며 모든 가옥이 불타버렸다.

청산리에는 1917년, 백운평에는 1918년에는 캐나다장로회 소속교회가 세워졌다. 두 개 교회가 참변당시 마을 전체와 함께 소각되었지만 참변 기록에 불탄 교회에 대한 언급이 없다. 두 곳 다 국민회 지회가 있었다.

⑥ 서래동참안지에는 회령수비대가 국민회 서기 이운일 총살하였고, 집 1채 소각하였다. 보병 75연대가 제2초등학교 부교장 진윤극, 교원 김영석, 광복단 통신부장 김안삼, 김덕현(북로군정서 간부 외조카), 김상렬을 총살하고, 혁성학교와 김영석, 김덕현의 집을 방화하였다.

⑦ 송언동참안지는 용정시 삼합진 북흥촌이다. 10월 19일, 일제는 먼저 학성동에서 국민회 강안지부 통신부장 이홍래와 6인을 살해하고 송언동으로 와서 박룡훈등 8인을 살해하였다. 11월 9일에는 국민회 통신원 지계순, 장성오를 살해하였다. 《독립신문》 간도통신원 의 통계자료

에 송언동에서 살해된 사람은 46명이고 민가는 115채 불 탔으며 강역동에서도 9명이 살해. 이는 송언동, 학성동, 강역동 등지에서 살해된 사람 숫자이다.

국민회 통신원들의 활동을 보면 송언동에 교회가 있었을 것으로 추측이 된다.

⑧ 약수동참안지에 대한 기록이 일본군 기록에는 없다. 《독립신문》 12월 18일 간도통신원의 보고에 토벌대에게 학살당한 사람이 271명, 소각된 민가 57채, 학교 1개소이다. 75연대는 이개숙의 집을 소각하였고 약수동에서 사람을 죽인 후, 화장해서 재를 약수강에 뿌렸다.

⑨ 팔도구참안지는 용정시 소속 팔도구진이다. 일본군이 5차례 토벌하였다. 일제의 기록에는 의군단원 산포대 수령 로우선 등 4인, 의군단원 이경찬의 살해와 박통일, 김혁 가옥 소각이 나온다. 또한 성당촌에서 북로군정서 지회장과 대원 살해, 독립군 통신원 살해만 간단하게 나온다. 그러나 《독립신문》 통신원의 보도에는 44명 살해, 민가 50채 방화, 21년 1월 29일 보충보고에서는 살해된 사람이 15명이 더 있다고 하였다.

⑩ 어랑촌참안지는 국민회가 군사기지를 닦았던 곳으로 국민회 지회가 있었다. 《독립신문》 간도통신원의 보도에 의하면 어랑촌 피살 수는 알려지지 않았고 소각된 가옥이 30채라고 하였다. 완루구에서는 피살당한 사람이 451명, 강간당한 여성이 20명, 소각된 가옥이 340채, 약탈당한 물건이 10,100건이라고만 정리하였는데 어랑촌과 완루구에는 캐나다장로회 소속교회가 있었고 참변시 소각되었을 것으로 보인다.

홍범도의 대한독립군과 간도국민회 소속부대들이 어랑촌 일대를 새로운 기지로 삼은 것은 조선에 가깝고 길림성과 요녕성의 경계에 있으며 산이 험악하다는 지리적 이점뿐만 아니라 그 지역이 간도국민회의 주요한 활동지대 였으며 대부분의 조선인들이 기독교인이라는 점을 고려하였기 때문이었다.

⑪ 소영자참안지는 연길시 소영향 소속으로 연길 시내에서 동쪽으로 5km 떨어진 곳에 있다. 〈독립신문〉 간도통신원의 보고에 일군은 소영자에서 166명을 사살하고 25명의 여성을 강간하고 민가는 56채, 학교 1개소, 교회당 1개소 소각, 7,750건의 물건 약탈하였다고 한다. 1910년에 세워진 소영자교회는 참변에 불에 탔다.

⑫ 하마탕참안지는 초기에 간도국민회의 본부가 있었던 곳으로 중점 토벌의 대상이었다. 《독립신문》 간도통신원의 보도는 일본군이 60채 민가를 방화, 연길현 춘양 일대에서 한인 3명을 두 손을 합장하게 한 후에 못으로 뚫어 선지피가 흐르게 하였고, 철사로 그들의 코를 꿰어 두 손과 함께 얽어 놓은 후 400여 미터를 끌고 가다가 총살하였다고 하였다. 《길장일보》는 조선족 백성 3명을 체포하고 쇠못으로 그들의 손바닥에 구멍을 뚫은 후 쇠줄로 꿰어 그 줄로 또 코를 꿰어 말 뒤에 달아서 10여리를 끌고 다니다 총살하였다고 보도하였다.

하마탕에는 교회가 있었으며 당시에 불에 탔다.

⑬ 십리평참안지는 북로군정서의 근거지이다. 《독립신문》 간도통신원의 보고는 서대파에서 살해당한 사람이 230명, 소각된 가옥이 100채, 학교 1개 소각, 약탈당한 물건이 2,500건이라고 하였다. 서대파는 십리평 안에 있는 주요지점이며 1918년에 교회가 세워졌고 참변시 불에 탔을 것으로 추측이 된다.

⑭ 훈춘 투도구참안지는 훈춘시 하다문향 소속이다. 일제는 토벌했다는

기록만 남겼으나 《독립신문》 간도통신원의 보고에 의하면 일제군이 주민 175명 살해. 가옥 293채 소각, 8,325 건의 물건 약탈하였다고 한다. 훈춘투 도구에는 1916년에 교회가 세워졌고 참변당시 교회당이 소각 되었을 것으로 본다.

7) 서굉일 저, 《북간도민족운동의 선구자 규암김약연선생》, 314~324 쪽에 의하면,

참변당시 일제는 청장년이 발견되면 독립군이라는 죄명으로 학살하였고 특히 한인들이 세운 교회나 학교를 보면 이를 독립군의 소굴이라고 생각하여 전부 소각하였다.

일본군은 10월 9일부터 11월 5일까지 27일간 일제는 화룡현, 연길현 지역에서 교회와 학교가 있는 마을을 대상으로 만행을 계속하였다.

일제군의 학살, 방화, 약탈은 아래와 같다.

① 잠전동교회, 삼성학교, 화첨자 배영학교, 이도구 보진학교, 자동 정동학교, 개산툰 구호학교, 용정촌 신촌 영신학교, 청파동 삼도구 중촌 대종교계 청일학교, 육도구 대교동 천주교계 격향학교를 소각하였다. (민가를 개조한 학교들이라서 민가도 함께 소각 당하였음)

② 장암촌의 홍동학교는 교회와 학교가 한 건물을 사용하였으며 방화를 당하여 학교와 교회가 함께 소각 당하였다.

③ 영암촌, 장재촌, 이수구에서는 마을, 교회, 학교가 다 함께 소각을 당하였다.

④ 하광포에서는 하광포교회와 덕성학교가 불에 탔다.

⑤ 남평동에서는 교회와 학교 불에 탔다.

⑥ 남양평 걸만동에서는 화학학교, 가옥 14채, 걸만동교회가 불에 탔고 교인 및 국민회 회원15인이 학살을 당하였다.

⑦ 배초구 및 왕청현 오지에서는 국민회 본부와 북로군정서 무관학교 병영이 토벌 당하였으며, 교회, 학교, 마을 초토화 되었다.

⑧ 서대파에서는 북로군정서 본부, 병영 무관학교가 불에 탔으며 민가도 소각 당하였다. 230명 사살이 학살을 당하였다.

⑨ 서대파 창동학교, 대황구 원동소학교, 소황구 대종교계 명동소학교, 대감자 고소학교가 불에 탔다.

⑩ 합막당은 국민회 본부였다. 합막당교회와 가옥 10채 소각되었고 20명 사살 당하였다.

⑪ 일양구 방면에서는 국민회 회원인 윤남극이 사살 되었고, 석인교회가 불에 탔다.

⑫ 풍동에서는 양민 4명이 북로군정서 교관이라는 죄목으로 학살당하였다.

⑬ 훈춘현 전선촌, 남별리, 대황구, 동구, 두도구 등 지역과 노흑산자, 라자구, 삼분구 등 오지에서는 교회, 학교, 마을, 병영이 소각되었고 다수의 주민들이 학살당하였다.

⑭ 사도구에서는 미완성 독립군 병영이 소각 당하였고, 총기 51정, 권총 1정, 탄약 660발을 압수당하였으며, 24명이 학살당하였다.

⑮ 황구방면에서는 마을주민들이 수색당하고 학살되었다. 총기, 탄약, 독립운동문서 압수되었고, 신풍소학교도 소각되었다. 남별리가 항일마을로 지목되어 남별리교회와 학교가 포위당하였고 국민회 간부 4명이 체포당하였다. 남별리교회도 소각 당하였다.

⑯ 삼도구에서 30명이 학살당하였다.

⑰ 삼도하자에서 진흥학교가 소각되고 동림학교와 민가 또한 소각을 당
하였다.

⑱ 청산리, 간장암, 구세동, 명동 등 기독교 마을이 일차적인 토벌대상이
되어서 수색, 체포, 학살, 방화를 당하였다. 명동에서 10인이 학살당하
였으며, 90여 명이 체포를 당하였고 명동학교가 소각되었다.

⑲ 국자가를 중심으로 하여 소영자, 와룡동, 광제촌 교회와 학교가 불에
탔으며 166명 학살당하였다.

⑳ 청산리 대랍자 민가 19호와 백운평 민가 12호가 불에 탔으며 교회들
또한 소각되었다.

이상은 7권의 책에 적혀 있는 경신참변의 피해 마을과 상황을 그대로
정리한 것이므로 서로 중복되는 내용이 많다. 그러나 각 책마다 다른 책
에 없는 피해 마을에 대한 정보가 있고, 같은 피해마을에 대한 기록도 약
간씩 다름을 볼 수 있다. 다음 장에서는 위의 내용과 정보를 종합적으로
검토하여 몇 개의 교회가 소각 당했는지를 살펴 볼 것이다.

5. 소각된 교회에 대한 종합적 검토와 정리

《독립신문》 1920년 12월 8일자에 임시정부 통신원이 기고한 본문과
1920년 12월 19일에 추가로 보고된 내용을 직접 읽어보지 못하였다는
것, 당시 함북노회가 경신참변으로 인한 간도교회들의 피해상황을 기록

에 남겼을 터인데 그것을 찾아내지 못하였다는 것,《독립신문》이 조사하지 못한 1920년 12월 중순부터 1921년 5월까지의 참변 상황을 체계적으로 파악하지 못하고 있다는 것, 연길현 지방사와 왕청현 지방사를 찾지 못했다는 것, 100여 개에 이르는 국민회 지회와 장로교 교회 명단을 확보하지 못했다는 것 등의 부족함과 한계를 전제하면서, 상해임정이 발표한 소각된 교회 숫자 연길현 10개, 왕청현 7개, 훈춘현 7개, 화룡현 2개를 염두에 두면서 정리를 시도한다. 일제 자료에 나타난 참안지 일람표는 참고는 하였지만 적용은 하지 않았다.

먼저 기록에 나오는 소실된 교회 명단을 작성하고, 불에 탔다는 기록이 나오지 않았지만 국민회나 훈춘한민회, 기타 독립운동단체와 관련되어 소실되었을 가능성이 있는 교회들을 살펴보고, 마지막으로 참변을 당한 마을이 어느 독립운동단체에 속했다는 기록이 나오지 않지만 정황상 독립운동단체로 추정되는 마을도 찾아 볼 것이다.

기록에 나타난 교회들 (52개)

연길현 안에서는 20개의 교회가 소각된 것으로 나타나고 있다. 조양하에서는 2개의 교회가 소각된 것으로 나오는데 교회 이름을 찾을 수가 없어서 1교회, 2교회로 적었다.

불에 탄 교회는 유수하자교회, 관도구교회, 이도구교회, 약수동교회, 대모녹교회, 남구교회, 간장암교회(연길현소속, 노루바위골), 의란구교회, 와룡동교회, 소영자교회, 사도구교회, 팔도구교회, 허문교회, 조양하1교회. 조양하2교회, 석인교회, 광제촌교회, 로투구교회, 투도구교회, 차조구교회이다.

왕청현 안에서는 9개의 교회가 소각된 것으로 나타나고 있다. 대전자에서 2개의 교회가 불에 탔다는 기록이 있는데 교회 이름을 찾을 수가 없어서 1교회, 2교회로 적었다.

불에 탄 교회는 대전자1교회, 대전자2교회, 합마당교회(하마탕교회), 십리평교회, 배초구교회, 대왕청교회(산속, 왕청현 왕청진), 라자구교회, 노흑산자교회, 삼분구교회이다.

훈춘현 안에서는 12개의 교회가 소각된 것으로 나타나고 있다. 교회와 학교가 동일 건물을 사용한 교회도 소각된 교회로 계산하였다.

불에 탄 교회는 차대인구교회, 사도구교회, 금당촌교회(숭신학교와 동일건물 사용), 대황구교회, 남별리교회, 훈춘투도구교회, 리수구교회, 전선촌교회, 동구교회, 두도구교회, 신풍교회이다.

화룡현 안에서는 8개의 교회가 소각된 것으로 나타나고 있다. 교회와 학교가 동일 건물을 사용한 교회도 소각된 교회로 계산하였다.

불에 탄 교회는 청산리교회(대랍자교회), 백운평교회, 명동교회, 남평교회, 장암촌교회, 화룡현교회, 구세동교회, 하광포교회, 걸만동교회이다.

이외에도 소속 현을 찾지 못해 따로 정리한 3개의 교회로 계림촌교회, 잠전동교회, 영암촌교회가 있다.

이상을 종합하면 〈경신참변〉에 불탄 교회가 경신참변 피해 목록에 의례적인 통계로 등장하는 19개가 아니라 최소한 52개 교회라는 사실을 알 수 있다. 그러나 이외에도 기록에 남지 않았지만 〈국민회〉나 〈훈춘한민회〉 지부인 교회들과 지부였을 가능성이 있는 불에 탄 마을을 계수하면 그 숫자는 더욱 늘어날 전망이다.

국민회 또는 훈춘한민회 지부로 기록된 마을들 (14개)

참변을 당한 마을에 〈국민회〉나 〈훈춘한민회〉 지부가 있었다는 기록이 나오는 마을들이 있다. 참변으로 교회가 불에 탔다는 언급은 없지만 대부분의 마을에는 캐나다장로교회의 와 전도를 받아 세운 교회가 있었다. 물론 개척교회나 기도처였을 경우도 있고, 교회와 학교가 한 건물을 사용했을 수도 있다.

그런 마을로는 **화룡현 송언동**(국민회 지부), **화룡현 서래동**(국민회, 광복단, 독립운동가 책원지), **화룡현 학서동**(불령선인), **화룡현 열문툰**(10명 학살, 국민회 지회), **애위전자** (8명 살해, 민가 15채 방화, 곡물 일체 소각, 북로독군부), **서가구** (민가 7채 방화, 학교 1개 방화, 곡식 300단, 밀 300단 소각, 농민 2명 살해, 8명 압송, 국민회 중부지방회), **연길현 서골**(민가 8채 방화, 학교 1개 소각, 2명 총살, 7명 체포, 국민회 중부지방총회), **화룡현 남완루구, 북완루구**(451명 피살, 강간 20명, 민가 340채 소각, 국민회 군사기지), **연길현 어랑촌**(민가 30채 소각, 피살자 미상, 국민회 지회), **연통라자교회** (훈춘한민회), **훈춘현 양진구**(6명 학살, 훈춘한민회), **대륙도구**(10여 명 학살, 훈춘한민회), **회룡봉**(7명 사살, 훈춘한민회), **옹성라자**(사일상점, 한명석상점, 송길석상점, 정재면의 의복 등 1,000여 원 물품 약탈, 국민회 연락처) 등이다.

국민회 지부일 가능성이 많은 마을들 (18개)

〈국민회〉나 〈훈춘한민회〉 지회라는 기록이 없지만 참변을 당한 정황을 미루어서 국민회나 훈춘한민회 지회가 있었을 것으로 판단되는 마을들이다. 국민회는 캐나다장로교의 기반에서 출발하였고 훈춘한민회 또한 캐나다장로교에 기반을 두었기 때문에 마을에 국민회나 훈춘한민회 지회가 있었을 경우에는 교회가 있다고 보는 것이 자연스럽다.

화룡현 마패(10여명 학살), 연길현 세린하촌(10여명 학살, 민가 수십 채) 화룡현 류동촌(10여 명 학살, 10여 채 방화), 진채구 (용정시 장안진, 300여 명 학살, 민가 70여 채), 화룡현 평양촌(삼도구, 어린이에서 노인까지 모든 남자 학살), 연길현 발계라자(학교 1채, 민가 20여 채 방화, 소각된 학교가 항일민족학교), 왕청현 대두천, 대감자(민가 50여 채, 조 64섬, 20여 명 학살), 화룡현 화첨자(민가 5채, 6인 사살), 화룡현 묘령(학교, 민가 3채 방화, 3인 살해), 오호정자(40여명, 체포, 고문, 살해, 민가 40여 채 방화), 연길현 장인강(동경동에서 8명 살해, 민가 57채 소각, 950개 물건 약탈), 왕청현 석두하자(12명 학살), 화룡현 석봉(14명 학살, 민가 5채 방화) 토성포, 삼도하령, 의봉촌, 사당지방 (독립신문 추가조사에서 좌측 4개 마을을 포함한 10곳에서 145명 학살을 추가 확인) 등이 바로 그런 예라고 볼 수 있다.

이상 여러 책에 기록된 것을 종합하여 정리해보면 불에 탄 교회 숫자가 52개로 밝혀진다. 만약에 오차가 나온다면 이름을 확인할 수 없었던 4개 교회가 중복되었을 경우 발생할 수 있다. 그러나 나머지는 각각의 책에서 기록된 것을 한데 모아 정리한 것이므로 만약에 실수가 있다면 같은 마을이나 교회가 서로 다른 이름으로 적혔을 경우일 것이다.

〈국민회〉 또는 〈훈춘한민회〉가 있었다고 기록된 14개 마을들에 있는 교회가 불에 탔을 가능성을 배제할 수 없다. 또한 〈국민회〉나 〈훈춘한민회〉지회가 있는 마을이라는 기록은 없지만 학살당한 규모와 민가의 소각, 약탈된 물건 등으로 보아 〈국민회〉나 〈훈춘한민회〉 지회였을 가능성이 큰 18개 마을들에 있는 교회 또한 불에 탔을 가능성이 아주 크게 보인다.

그렇다고 하면 경신참변으로 불에 탄 교회는 최소한 52개 이상으로 봐야할 것이다.

최소한 52개 이상의 교회가 일본군의 침략과 방화로 전소되었다. 그럼에도 불구하고 우리는 간도에서 일어난 일본의 교회탄압과 폭력을 잊고 지내며 《독립신문》의 발표된 불에 탄 교회를 19개라는 숫자에 무감각하다. 19개라는 작은 숫자! 그렇다! 그 숫자가 설혹 52개로 정정된다할지라도 중국 땅에서 오래 전에 불에 타버린 교회가 오늘 우리에게 무슨 의미가 있겠는가!

그럼에도 불구하고 사람들이 전혀 관심을 가지지 않는 소각된 교회를 추적하는 이유는 북간도의 장로교회가 1900년 대 초반 20년 동안, 간도 한인사회의 독립운동을 지도하며 추동하였기에 수많은 국내진공작전과 봉오동전투와 청산리전투가 가능하였다는 사실을 알리며 한국사회와 교회가 경신참변 시 민족을 대신하여 고난의 십자가를 진 교회들이 바로 역사의 핵이라는 것을 깨달았으면 하는 간절한 마음에서이다.

6. 기록된 역사만 역사로 남는다

기억은 사건을 겪은 자들의 죽음과 동시에 세상에서 사라진다. 바른 기록만이 역사 속에 길이 남아서 당시 상황을 후세들에게 전하며 우리의 정체성과 역사를 만들어 간다. 기록되지 않은 역사는 증발되며 거짓으로 기록된 역사에 의해 반전과 왜곡을 당할 수 있다. 우리 고대사가 한·중·일 역사 전쟁의 장이 되는 것은 우리에게 제대로 된 기록이 없기 때문이다.

경신참변으로 불에 탄 교회가 최소한 52 개가 된다는 사실을 파악하였지만 대부분의 사람들이 의문을 가질 것이다. 그러나 당시 국민회와 캐나다장로교회의 관계가 손바닥과 손등과 같았다는 사실, 참변이 일어난 곳이 산골 오지와 깊은 시골이었기 때문에 접근이 어려웠다는 점, 《독립신문》의 보도는 1920년 12월 까지 만의 집계였다는 점을 감안하면 소각된 교회 수가 19개 보다 훨씬 더 많을 수 있다는 사실을 이해할 수 있을 것이다.

《독립신문》은 19개라고 집계하였어도, 당시 교회와 지도자들이 교회가 당한 핍박과 수난에 대한 기록이나 집계를 남기지 못한 것은 안타깝지만 다음과 같은 이유 때문으로 보인다.

첫째는 많은 교회 지도자들이 일시에 학살당했거나 체포당하였기 때문이다.

간도참변 당시 국민회 회원은 8천여 명이었고 당시 학살당한 3,664명의 대부분이 국민회 지도자들과 회원들이었다. 이 말은 참변을 기록할 수 있는 인적자원의 계층이 붕괴되었다는 뜻이다.

둘째는 청산리전투 후 교회는 이중의 상실과 고통에 직면하였다.

살아남은 교회 지도자들과 청년들 450~500명이 안무의 지휘 하에 러시아로 이동하였으며 자유시참변이 일어났다. 그리하여 오랫동안 준비해 온 독립에의 꿈은 좌절되었고 살아남은 자들은 이르쿠츠크로 호출되어 대부분이 돌아오지 못하였다.

셋째는 참변 이후, 살아남은 가족들의 생존자체가 너무 힘겨웠다.

당시 국민회 회원이 8천여 명이였는데 학살당한 사람들과 체포된 자가 3,819여 명에 이었다. 물론 여기에는 북로군정서쪽의 대종교 계열의 인사들과 북로독군부와 의군부 인사들도 있지만 대부분이 국민회 계열의 사람들이었다. 가족과 집, 식량을 동시에 잃은 재해민들은 북간도의 긴 겨울 동안 추위와 굶주림과 병으로 많이 죽었을 것이며, 살아남은 자들도 정신적으로 육체적으로 말로 할 수 없는 고통과 고난을 겪었을 것이다.

넷째는 간도참변으로 많은 교회가 파괴되기도 하였지만 당시 시작된 사회주의의 열풍으로 인한 반 종교, 반기독교 운동의 영향으로 교회가 위축되며 보수와 진보의 분열이 일어나서 기록한다거나 내부 정리를 할 여유를 가지지 못했을 것이다.

다섯째로 국민회의 지도부 인사들이 사회주의를 채용하면서 독립운동의 방향을 급선회하였고 교회로부터 이탈하였기 때문이다.

누구보다도 경신참변에 관심을 가져야할 한국교회는 먼 이국 땅, 만주에서 일어난 참변이고, 그 곳이 사회주의 국가가 들어섰기 때문에 한국교회 밖의 역사라고 생각하며 무관심하다. 북한 측은 거리상, 자료를 확보하기는 한국보다 쉽지만 종교를 아편과 미신으로 치부하는 사회이므로 교회가 당한 고난을 굳이 연구할 일이 없다. 중국의 조선족도 북측의 사람들과 거의 같은 생각이므로 현장에 살면서도 관심을 가질 일이 없다. 그리하여 교회가 당한 참변은 그 후손들에게서도 참변을 당하고 있다. 그러나 언젠가 이념이 극복되고 한민족의 정체성에 대한 자유로운 연구가 시작되면 어딘가에 잠들어 있을 자료들이 공개되면서 19개로 알려진 소각된 교회 숫자가 정정되며 망국의 역사 속에서 민족의 십자가를 진 교회에 대한 인식의 전환이 일어날 것이다.

경신참변은 만주 일본영사관이 만든 〈항일한인마을조사표〉와 〈항일학교조사표)에 근거하여 25,000여 명의 일본군이 1920년 10월에서 1921년 5월에 사이에 간도국민회, 훈춘한민회, 북로군정서, 의군부 등의 독립운동의 기지와 모체가 되는 한인마을과 기지를 초토화시킨 학살, 방화, 약탈의 만행이었다. 일본군은 훈춘현, 왕청현, 연길현, 화룡현에서 민족의식을 심어주며 항일정신을 고양시키는 교회와 학교와 마을들을 대대적으로 방화, 파괴하였으며 지도자들을 학살하거나 체포하였다.

상해임정이 발표한 경신참변 피해상황은 인명피해는 피살 3,664명, 체포 155명이었고 재산피해는 소각된 민가 3,520동, 학교 59개교, 교회당 19개소, 곡물 59,970섬이었다.

이상이 경신참변에 대한 객관적인 정리이다. 그러나 소각된 교회가 19개라는 기록은 여러 자료를 종합 정리한 결과 사실과 다르다는 것이 밝혀졌으므로 앞으로 정정되어야 할 것이다.

교회가 역사 속에서 어느 편에 서있었는가는 아주 중요하다. 캐나다장로교회는 1900년대 초반 이십여 년 동안 고난을 당하는 나라와 민족의 한 복판에서 교회와 학교를 통하여 민족의식 형성과 실력 향상, 무장독립운동을 펼쳤으며, 3·13 만세시위를 주도하였고 자치단체와 간도국민회 등을 만들어서 함께 독립과 해방의 꿈을 나누었다.

캐나다장로회 교구에 기반을 둔 간도국민회는 지방총회 100여개, 회원 8,000여명을 가진, 만주전역에서 가장 큰 항일단체로서 국민회군을 조직하여 독립운동기반을 튼튼히 다져가면서 무장독립투쟁을 활발하게 전개하며 봉오동전투와 청산리전투에 참여하여 공을 세웠다.

그 결과로 캐나다장로회에 소속된 교회들은 일본군에게 지도자들과 교인들이 개돼지처럼 대량학살 당하였으며 가옥과 양곡과 교회당 52개가 불타는 막대한 파괴와 처참한 고난의 십자가를 졌다. 그리고 하나님 전에서 울부짖어 광복의 날을 여는 역사의 피 거름이 되었다.

참고서적

1. 박경재,《20년대 만주에서 무장독립운동과 그 특점에 대하여》, 연변력사 연구소, 1989

2. 리광인,《경신년대토벌과 연변조선족군중의 반〈토벌〉투쟁》, 연변력사연 구소, 1989

3. 강룡권,《동북에서 대종교의 활동과 그 특점》, 연변력사연구소, 1989

4. 호이전, 문흥복 외《연변문사자료 제8집 종교사료전집》,연변정협문사자 료위원회,1997

5. 북경대학 조선문화연구소《중국조선민족문화대계 6 종교사》, 민족출판 사, 2006

6. 최석숭,《훈춘조선족 이민사》, 연변교육출판사, 2015

7. 양봉송 편저,《훈춘조선족 발전사》, 연변대학출판사, 2016

8. 김동섭,《화룡인민의 항일투쟁》, 연민인민출판사, 2006

9. 허청선, 강영덕 주편,《중국조선민족교육사료지1》, 연변교육출판사, 2002

10. 리광학 외 다수,《농가총서 통권 60호 촌부락》, 연변인민출판사, 2011

11. 김춘선 주필 외 다수,《항일전쟁과 중국조선족》, 연변인민출판사,2015

12. 허태일 외 다수,《중국조선민족발자취총서1 개척》, 민족출판사, 1999

13. 김춘선,《북간도 한인사회의 형성과 민족운동》, 고려대학교민족문화연 구원, 2016

14. 서굉일, 김재홍,《북간도민족운동의 선구자 규암김약연선생》, 고려글 방, 1997

15. 김철수,《연변항일사적지연구》,연변인민출판사, 2001

16. 김춘선 주필, 김철수 부주필,《중국조선족통사 상권》, 연변인민출판사, 2009

17. 조영진 외,《항일무장독립투쟁사1》, 도서출판 일원, 2000

18. 강룡권, 조룡호 외,《21세기로 매진하는 중국조선족발전방략연구》, 료녕민족출판사, 1997

19. 김양 주편,《항일투쟁반세기》료녕민족출판사, 1995

20. 강룡권 외,《걸출한 조선민족영웅 이름난 독립군사령관 홍범도장군》, 연변인민출판사,1991

21. 리봉구 외,《연변문사자료 제5집 교육사료전집》,정협연변조선족자치주위원회, 1988

22. 김양저 외,《료녕성조선민족 혁명투쟁사》, 료녕민족출판사, 2015

23. 심영숙,《중국조선족 력사독본》, 민족출판사, 2016

24. 박은식, 남만성 옮김,《한국독립운동지혈사》, 서문당, 2019

25. 김택 주필, 김인철 부주필,《길림조선족》,연변인민출판사, 1995

26. 강룡권,《동북항일유적답사기》, 연변인민출판사, 2000

27. 양소전, 차철구외《중국조선족혁명투쟁사》, 연변인민출판사, 2009

28. 김철호,《중국 조선족, 그 력사를 말하다 상》, 연변교육출판사, 2018

29. 박창욱 외 다수,《룡정 3·13반일운동 80돐 기념문집》, 연변인민출판사,1999

30. 〈연변조선족사〉 집필소조편,《연변조선족사상》, 연변인민출판사, 2011

31. 박환,《만주지역 한인민족운동의 재발견》, 국학자료원, 2014

3부

알고 싶지 않은 역사,
자유시 참변

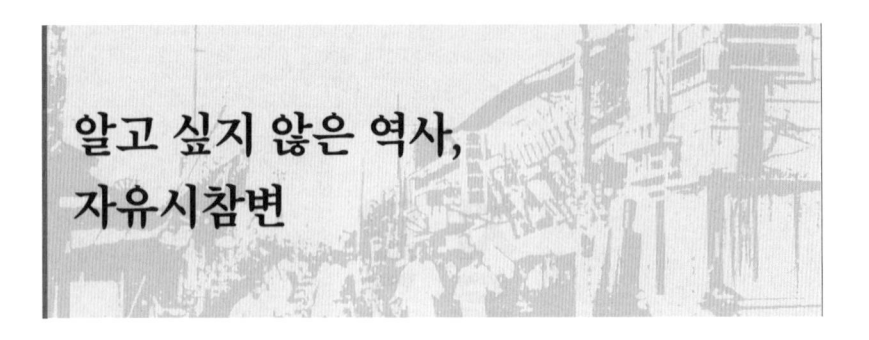

알고 싶지 않은 역사, 자유시참변

자유시참변의 칙칙한 배후에 조선 왕족을 비롯한 관료사대부 출신의 많은 친일파들이 있다. 물론 그들은 직접적인 행위자가 아니다. 그러나 그들은 일본제국주의에 자신들의 부귀영화를 의탁하며 나라를 팔았고 그 나라를 되찾겠다고 나선 수많은 무명의 청년들을 죽음으로 이끈 가장 비열하고 더러운 악의 축이었다.

3·1독립만세시위 당시 친일파의 제왕인 이완용은 《매일신보》 경고문을 세 차례 실었다.

경고문

조선 독립이라는 선동이 허설이며 망동이라는 것을 알지 못하고
이를 듣고 뒤따라 치안을 방해하니 당국에서 즉시 엄중히 진압하려면 못

할 것도 없다.

근일 듣자니 모모처에서 다수 인민이 사상하였다 하니 그 중에는 주창한 자도 있겠지만 대다수는 뒤따른 자일 것으로 자신한다.

남을 따라 망동하면 다치거나 죽음이 앞에 있을 것이니 이야말로 살아서 죽음을 구하는 것 아닌가.

안심 진정함이 조금이라도 늦으면 그만큼 해가 될 것이니

오호 동포여, 내 말을 듣고 후회하지 마라.

백작 이완용[1]

이백 삼차 경고

~ 중략 ~ 오늘날 구주 대전(제1차 세계대전)으로 인해 전 세계를 개조하려는 시대에 우리가 삼천리에 불과한 강토와 모든 정도가 부족한 천여 백만의 인구로 독립을 고창함이 어치 허망타 아니하리오. ~ 중략 ~ 병합 이래 근 십 년 동안 총독정치의 성적을 보건대 인민이 누린 복지가 막대함은 내외국이 공인하는 바다. ~ 중략 ~ 가장 급한 것은 실력 양성이다.

백작 이완용

일본 예찬론자, 백작 이완용이 아직도 퍼렇게 살아 있다. 한국의 독립과 함께 반민특위의 역사적인 재판을 받고 해소되어야할 친일파 집단이 이승만의 야욕으로 면죄부를 받은 것이다. 그 후손들은 독재정권과 손을 잡아 전열을 재정비하고 지금도 역사를 욕보이며 자신들의 아성을 영구히 지키고자 국민들을 볼모삼아 보이지 않는 친일전쟁을 계속하고 있다.

그 후예들이 자유당시절 학문 권력을 틀어잡고 시도한 역사 왜곡이 오늘도 우리 눈앞에 이념전쟁으로 펼쳐지고 있다. 친일파가 만든 이념전쟁으로서 역사전쟁이 속히 극복되기를 기원하며 자유시참변에서 피해자와 가해자로서 희생된 우리 무명의 독립군 용사들에게 자유시참변 99년째 되는 해에 뜨거운 눈물과 감사를 담아 바친다.

과거, 현재 그리고 미래와 닿아있는 우리의 모습이기에

자유시참변은 다루고 싶지 않은 테마이다. 알고 나면 견딜 수 없는 울분과 우리 역사 기록에 대한 불신이 깊어지기 때문이다. 그러나 자유시참변이 지나간 과거의 이야기가 아니고 지금도 진행되고 있는 이야기이며 미래에도 계속될 이야기이기에 울분을 진정하며 살펴보고자 한다.

자유시참변 99주년이 되는 지금, 자유시참변의 희생이 한반도와 동북아 평화를 위한 밑거름이 되길 바라며 속 아픈 역사를 직시한다.

자유시참변이 있기 전까지 간도와 연해주가 독립운동의 주 무대였다. 대부분의 사람들이 왜 간도와 연해주가 독립운동의 주 무대가 되었는지 모른다. 관심이 없다. 주목하지 않는다. 학자들마저도 주목하려고 하지 않는다. 주목하면 고민해야 되고 고민하게 되면 쉽게 글을 쓸 수가 없기 때문이다. 글을 쓰려면, 1860년대 조선 양반과 관리들의 탐학과 자연재해로 인하여 살기 위해서 생명을 걸고 도망친 빈민, 소작농, 천민들의 대대적인 탈출 이야기가 나와야 되고, 그로서 조선 멸망의 참되고 구체적인 원인과 양반사대부와 관료들의 죄악상이 규명되어야 하기 때문이다.

1921년 까지 간도와 연해주에서 진행된 독립운동은 바로 조선을 탈출한 사람들의 운동이었고 그 상놈들의 저항이었다. 그 상놈들이 피땀 흘려 바친 애국금이 무기가 되었고 그 상놈들이 낳은 자식들이 독립군이 되었다. 그 상놈들의 고난과 헌신으로 용정의 3·13만세시위, 훈춘의 3·20만세 시위가 일어났고 그 후에 만주일대에 30여개에 달하는 무장독립운동 단체들이 우후죽순처럼 나타났다. 그 결과로 수많은 국내진공작전, 봉오동전투, 청산리전투가 일어난 것이지, 을사조약이나 한일병탄, 3·1독립 만세 운동 전후에 들어온 몇 몇 양반, 관리들과 무관들의 노력과 희생으로 간도와 연해주의 무장투쟁 독립운동이 일어난 것이 결코 아니다. 그럼에도 불구하고 한국의 독립운동사 기록은 그 사실을 외면하고 그 상놈들이 생명 바친 독립운동을 안타깝게도 뜻이 있어서 가산을 정리하여 망명했다고 하는 양반과 관료, 무관 등등 몇 몇 사람들의 독립운동으로 독립운동사를 축소시켜 정리하였다.

독립운동의 첫 장을 연 그 상놈들은 연해주 4월참변과 10월에 시작된 간도 경신참변으로 도륙을 당했다. 그리고 자유시참변을 기점으로 해서 독립운동의 무게 중심이 상해로 옮겨졌다. 이로서 우리가 자랑스럽게 생각하는 망명 양반관료 중심, 기호파 중심의 상해 독립운동의 외교론자들의 깃발이 펄럭이게 되었다.

자유시참변 이후로 간도와 연해주에서 독립운동이 영영 사라졌는가? 아니다! 독립운동이 더 치열하게 일어났다. 문제는 그 땅이 사회주의 독립 운동가들의 무대가 되었기 때문에 반공을 국시로 내세운 이승만 정권

아래서 상해임시정부 민족주의자 계열의 독립운동만 취사선택 되어 알려지고 그 나머지는 배제되거나 변두리로 밀려날 수밖에 없었던 것으로 보인다.

그런 역사적인 사정으로 우리 독립운동사 중에 자유시참변처럼 참변을 당하고 있는 기록도 없을 것이다. 참변의 팩트에 대한 연구나 고민 없이 후대에 형성된 낡은 이념의 틀로 판단하여 공산주의를 공격하는 자료가 되기도 하고 심지어는 우리민족의 당파성을 보여주는 사례로 이용되어 민족성에 대하여 절망하며 정치에 무관심하게 만드는 부정적인 국민정서를 형성하기도 한다.

내년이면 자유시참변 100주년이 된다. 색깔논쟁에서 벗어나 우리 민족의 닫힌 미래를 열고 동북아 평화정착을 위하여 과연 자유시참변은 왜 일어났으며 무엇이며 우리에게 던져주는 의미가 무엇인지를 미래의 시점에서 진지하게 생각해 보아야 할 때이다.

먼저 자유시참변에 대한 교과서, 사전 및 인터넷 사전의 다양한 진술을 짚어 가면서 한국인들의 자유시참변에 대한 다양한 이해를 파악해보고자 한다.

1. 자유시참변에 대한 다양한 기술들

먼저 가장 청소년들에게 많은 영향을 미치는 고등학교 교과서와 국사 사전 등의 정의를 살펴보고자 한다. 그리고 쉽게 찾아서 읽어볼 수 있는 인터넷 사전과 개인의 글들 속에 좀 더 자세하게 묘사된 자유시참변에 대한 글을 부분적이지만 그대로 옮겨 적어서 한국인들의 자유시참변에 대한 이해의 양상을 살필 것이다.

참변에 대한 진술 중에 논란의 여지가 있는 부분에 밑줄을 그었다. 그러나 아래 밑줄 그은 부분을 일일이 설명하지 않고 당시의 정세와 상황을 살피며 무엇이 사실에 가까운지를 큰 틀 안에서 자유롭게 기술할 것이다.

MiraeN에서 출판된《고등학교 한국사 교사용》교과서 287쪽은 아래와 같이 설명하고 있다.

> 일본군을 격퇴한 독립군 주력 부대 **4,000여 명**은 밀산부에 집결하여 서일을 총재로 **대한독립군단**을 조직하고 시베리아로 이동하였다. 약소민족의 독립 운동을 지원하겠다는 러시아 혁명 군대인 **적군의 약속을 믿었기 때**문이다. 그러나 **적군[2]은 독립군의 지휘권 양도를 요구하였고, 이를 거부하는 한인 부대를 공격하여 무장 해제시켰다.** 이 과정에서 **수백 명의 독립군이 희생되었는데**, 이것이 자유시참변이다.

비상교육에서 출판한《고등학교 한국사》교과서 311쪽은 다음과 같이 설명하고 있다.

청산리 대첩 후 만주 지역의 각 독립군 부대는 대규모 **일본군과 맞설 통합 부대의 필요성을** 느꼈다. 또한 일본군의 만주 진출로 인해 **한인 사회가 당할 피해를** 고려하여 러시아와 만주의 국경 지대인 밀산(미산)으로 이동하여 집결하였다. 이 곳에서 **36개 독립군 단체 3천 5백여 명의 병력을 통합**하여 서일을 총재로 하는 **대한 독립군단**을 조직하였다.

대한 독립군단은 약소민족의 민족 운동을 지원하겠다는 **러시아 적군의 약속을 믿고 장기 항전을 위해 러시아로 이동하였다**. 하지만 러시아가 내전[3]으로 혼란한 가운데 뜻을 이루지 못하고 일부는 다시 만주로 돌아왔고, 일부는 헤이룽강 연안에 있는 러시아령 자유시로 이동하였다. 자유시로 이동한 독립군은 **여러 세력의 통합 과정에서 지휘권을 둘러싼 분쟁이 벌어졌고, 러시아 적군에 의해 무장 해제를 당하는 가운데 수백 명의 독립군이 희생되었다.**(자유시 참변, 1921)

교문사에서 출판한 《새로 쓴 국사사전》 478쪽은 아래와 같이 설명하고 있다.

1921년 대한독립군단이 러시아 자유시에서 레닌(V.I.Lenin) 의 **적색군에게 배신**을 당해 많은 희생자를 낸 사건, 흑하사변 이라고도 한다. ~ 중략 ~ 이 때 흑룡강 연안 지역의 자유시에서는 러시아혁명 이후 일본군이 군대를 파견하여 레닌의 적색군과 싸우고 있었다. **적색군은 약소민족을 후원한다고 선전하였고, 대한독립군단은 그 곳에 건너가 적색군과 연합하여 내전에 참여하였다.** 그러나 이미 **일본군과 밀약을 맺은 적색군은 내전에 승리한 후 강제로 독립군을 무장 해제시키려 하였다.** 이에 저항하는 독립군을 공격함으로써 **독립군부대는 사망 272명, 행방불명 250명, 포로 970명 등**의 큰 피해를 입었다.

청아출판사에서 나온 《교과서 보다 더 쉬운 청소년을 위한 한국사사전》 412, 413쪽은 아래와 같이 설명하고 있다.

1912년 6월 러시아령 자유시(알렉셰프스크)에서 **한국 독립군 부대 간에 무**력 충돌이 일어나 다수의 사상자가 발생한 사건. ~중략 ~ 12월 **미산에서 북로군정서, 대한독립군, 대한국민회국민군 등 10여개 독립군부대를 통합하여 대한독립군단을 조직하였다. 이후 일제의 감시를 피해 ~ 중략 ~ 이때 자유시에는 시베리아에서 활동하던 이만군, 니항군, 자유대대 등이 이미집결해 있었다. 이에 만주에서 이동해 온 독립군부대는 이들과 통합하여 대군단을 조직하여 적극적인 대일투쟁을 전개하고자 하였다.** 그런데 이 과정에서 소련군 제2군단 흑하지방 수비대장으로 자유대대 대장인 오하묵과 적계 빨치산[4]과 함께 항일투쟁을 벌였던 니항군의 박일리야 사이에 주도권쟁탈전이 벌어지게 되었다. 결국 이 쟁탈전에서 니항군의 박일리야가 승리하여 니항군을 사할린의용대로 개칭하고 한인 각 무장단체에 사할린의용대의지휘를 받도록 하였다. 그러자 오하묵이 세력을 만회하고자 만주에서 건너온 독립군부대와 적군을 무력기반으로 삼은 뒤 노령의 국제공산당 동양비서부[5]의 협조를 받아 군정의회를 조직, 사할린의용대에 무장해제하고 군정의회에 편입할 것을 강요하였다. 이에 사할린의용대가 요구를 거부함으로써 양측 간에 무력충돌이 일어나게 되었다. ~ 중략 ~ 이전투에서 사할린**의용대는 사망 300여 명, 포로 90 여 명의 피해를 입었다.** 이 사건을 독립군의 무장투쟁사 가운데 가장 쓰라린 동족상쟁의 비극이었다.

인터넷에서 찾은 《한국근현대사사전》은 아래와 같이 설명하고 있다.

일명 흑하사변. 1921년 6월 28일, 노령 자유시(알렉세프스크)에서 3마일 떨어진 수라셰프카에 주둔 중인 한인 부대인 사할린 의용대를 러시아 적군 제29연대와 한인보병자유대대(이하 자유대대)가 무장 해제시키는 과정에서 서로 충돌, 다수의 사상자를 낸 사건. **이르쿠츠크파 공산당과 상해파 공산당의 파쟁이** 불러일으킨 한국 무장 독립전사 상 최대의 비극적 사건이다.

~ 중략 ~ 당시 희생자 수는 자료마다 서로 다른데 〈재로고려혁명군대 연혁〉에는 **사망 36, 포로 864, 행방불명 59명**으로, 〈간도지방 한국독립단 의 성토문〉에는 **사망 272, 익사 31, 행방불명 250, 포로 917명으로 되어 있다.** 당시 박이리아는 무사히 탈출하였다. ~ 중략 ~ **자유시참변은 정확한 기록이 남아 있지 않고, 또 각각의 입장에 따라 사건해석과 평가가 다르나, 상해-이르쿠츠크 양 파의 파쟁이 빚어낸 비극**으로서 이후의 한국 공산주의 운동에 악영향을 미쳤다.

인터넷에서 찾은 《위키페디아》는 다음과 같이 설명하고 있다.

자유시참변은 1921년 6월 28일 러시아 스보보드니 (알렉세프스크, 자유시) 에서 **러시아 적색군(적군)이 대한독립군단 소속 독립군들을 포위, 사살한 사건이다.** 다른 말로 자유시 사변, 흑하사변으로도 불린다. ~ 중략 ~ 이동 중 일단 밀산에서 독립군을 통합 및 재편성하여 대한독립군단을 조직하였다. 대한독립군단에 통합된 조직은 다음과 같다.

1. 북로군정서(서일, 김좌진)

2. 서로군정서(지청천),

3. 대한독립군(홍범도),

4. 대한국민회(구춘선, 이명순),

5. 대한신민단(김규면) : 대한독립단 결성 집회에 대한신민회 대표로 김성
   배를 파견했으나 성과를 거두지 못함.

6. 의군부(이범윤) + 군비단(의군부 잔여부대, 김홍일),

7. 광복단 (이범윤) : 단장 이범윤은 상징적 인물이었으며 , 중부대판의 직
   함을 가졌던 김성륜이 실제 책임을 맡았다.

8.혈성단(김국초),

9.도독부(최진동),

10.야단(이소래).

11.대한군정의군정사(이규)

대한독립군단의 총재는 서일이었고 부총재 홍범도, 김좌진, 조성환이었
으며 ~ 중략 ~ **총병력은 3,500 명이었다.**

~ 중략 ~ 1921년 6월 27일 오후 11시 사할린의용대의 연대장 그리고
레예프도 투항하 자 칼란다리시빌리는 사할린의용대의 무장해제를 단행하
기로 결정했다. 28일 자유시수비대 제 29연대에서 파견된 군대가 사할린의
용대에 접근했고, 이후 제 29연대 대장은 사할린의용대 본부에 들어가 복
종할 것을 종용했다. 사할린의용대는 무장해제에 불응을 했고, 이후 제29연
대는 공격 명령을 내려 무장해제를 단행하였다. 이 과정에서 수많은 독립군

들이 목숨을 잃었고, 전투 끝에 무장해제를 당한 사할린용대는 **전사자와 도망자를 제외한 864명 전원이 포로가 되었다.** 교전 당시 병력은 **1,000여 명** 가량이었다.

김삼웅의《대한독립군 총사령관 홍범도평전》208쪽과 212쪽에서 다음과 같이 말한다.

~ 중략 ~ 이만에는 홍범도 부대 외에 김좌진 부대의 일부, 최진동의 총군부 부대, 안무의 대한국민회 부대를 비롯하여 연해주와 북간도 각급 무장부대 그리고 소비에트 영내에서 결성된 각종 한인 부대들이 합류했다. **전체 무장부대의 성원은 약 4천500명을 헤아리는 규모**였다. 자유시 일대에 집결한 각 무장 단체는 다음과 같다.

① 간도 각 의병대,

총군부 군대 : 최진동 · 허근 (허재욱) · 이택

국민군대 : 안무 · 김광 · 정일무 · 김규찬

독립군 군대 : 홍범도 · 이청천 · 이병채

군정서 군대 : 김좌진 · 서일

② 노령 각 의병대,

이만 군대 : 김표도르 · 박공서 · 김덕보

다반 군대 : 최니꼴라이

독립군 군대 : 박그레고리 · 최빠샤

니항 군대 : 박일리아·임호·고명수

자유대대 : 오하묵·황하일

~ 중략 ~

1921년 6월 28일 노령 자유시에서 3마일 떨어진 수라셰프카에 주둔한 한인 부대인 사할린의용대를 러시아 적군 제29연대와 한인보병자유대대가 무장 해제시키는 과정에서 양측 간에 충돌이 벌어졌다. 많은 사상자를 내게 된 이 사건은 **외견상으로는 무장해제의 과정이지만 배경은 이르쿠츠크파 (노령) 고려공산당과 상해파 고려공산당의 주도권을 둘러싼 파쟁이 불러일 으킨, 한국 무장 독립운동사상 최대의 비극적인 사건이었다.**

정길영의《항일무장투쟁의 별 대한군정서 총재 서일》193쪽, 194쪽, 196쪽, 197쪽은 다음과 같이 설명한다.

이미 연해주에 체류하고 있던 **대한국민의회 문창범, 한창해와 자유대대 의 오하묵, 박승길 등이 12월 초에 하바롭스크의 적군과 제2군단과 교섭하 여 간도 및 노령 방면 무장군을 자유시로 집결하도록 하였다.** 이들은 자유시 에 군대주둔지를 마련하는 한편 **독립군 각대에 사람을 보내 자유시로 인도 하게 하였다.** 193쪽.

~ 중략 ~ 1921년 3월 중순까지 자유시에 집결한 항쟁군은 **최진동과 허 재욱의 총군부, 안무와 정일무의 국민회군, 홍범도와 이청천의 독립군과 군 정서군이었으며** ~ 중략 ~ 별도로 다른 군대를 이끌고 들어온 숫자를 합 하면 약 5천 명 정도였다.

~ 중략 ~ 이들 간의 분쟁은 예견된 것이었는데, 일단 러시아 땅에 들어온 이상 공산주의자들이 군권을 쥐게 된 것은 자연스런 귀결이었다. 그러나 같은 공산주의자 안에서도 러시아 공산당 극동공화국[6]의 지원을 받는 상해파, 공산당 계열의 대한의용군(사할린의용군, 박일리야와 이동휘가 중심)과 코민테른 동양비서부의 지원을 받는 이르쿠츠크파 계열의 고려혁명군(오하묵이 중심)으로 양분되어 막심한 알력이 빚어졌다. 이르쿠츠크파는 이전부터 러시아를 활동기반으로 삼고 있었으므로 당연히 자신들에게 주도권이 있다는 생각이었고, 상해파는 대부분의 독립군은 대한민국임시정부 휘하에 있으니 자신들이 주축이 되어야 한다는 것이었다. 194쪽.

~ 중략 ~ 대한의용군이 이를 받아들이지 않자, 고려혁명군정의회는 대한의용군에 대한 무장 해제에 착수하였다. 이것이 이후의 대일항쟁사에 지대한 영향을 미친 자유시참변이다.

이날 사망한 한국군은 960명이었다. 무력으로 의용군의 무장해제를 강행한 군정의회군은 포로 864명을 심사하여 500명은 군정의회군으로 편입시키고 나머지 364명은 재차 심사하여 중대범죄자 72명은 이르쿠츠크로 압송하고 292명은 적군 2군단으로 넘겨버렸다. 195 쪽

~중략~ 대한독립단의 참혹한 해체는 자유시사변만으로 끝난 것이 아니라 한국 근·현대사에 엄청난 영향을 끼쳤다. 무엇보다도 10년 넘게 양성한 대일항쟁군을 단 한 순간에 무너뜨린 일대사건이었다. ~ 중략 ~ 상해임시정부도 큰 타격을 입었다. ~ 중략 ~ 정치적으로는 이승만, 이동휘 라인이 모두 깨져 버렸다. 이승만 대통령은 대국의 위임통치론 까지 주장하면서 이동휘, 한형권을 통하여 러시아와 긴밀한 관계를 맺었는데 종국에는 러

시아의 배반으로 그간의 모든 행동이 거짓으로 들어나서 이승만과 이동휘는 몰락하였다. 훗날 한국 현대사에서 공산주의에 대한 불신과 증오는 여기서부터 출발을 한 것이다. 196,197쪽

이상의 기록에서 자유시참변과 관련하여

첫째, 밀산에서 회집한 독립군단의 수와 이름, 모인 군인의 수가 일치하지 않음을 알 수 있다.

둘째, 대한독립군단이 러시아로 들어간 원인을 알 수 있다.

셋째, 러시아 한인부대 지도자들 간에 독립군 지휘권 통수에 대한 분쟁과 암투가 있었다는 사실을 알 수 있다.

셋째, 그 배경에 상해파와 이르쿠츠크파공산당의 주도권 다툼이 있었음을 알 수 있다.

넷째, 소비에트 러시아가 약소민족의 독립운동 지원을 약속했다는 사실을 추측할 수 있다.

다섯째, 러시아 적군이 일본군과 밀약을 맺고 한인무장부대를 이용했을 가능성을 생각할 수 있다.

여섯째, 참변의 희생자 숫자 기록에 많은 편차가 있음을 알 수 있다.

일곱째, 참변이후, 사망자와 도망자를 제외한 전원이 적군에 편입되었음을 알 수 있다.

아홉째, 참변이후 독립운동가들 사이에 이념갈등이 자리 잡았음을 알 수 있다.

열 번째, 참변이 한국 사회에 공산주의에 대한 불신과 증오의 씨앗을 심었다는 주장이 있음을 알 수 있다.

열한 번째, 적지 않은 기술들이 팩트를 제대로 이해하지 못한 채, 후대에 반공 이념으로 해석된 내용을 그대로 전하고 있음을 알 수 있다.

이런 사실들을 염두에 두면서 2장에서 청일전쟁과 러일전쟁 이후, 동북아의 패자가 된 일본이 러시아와 중국과의 협약이나 기타 압력을 통해서 한인사회와 독립운동에 미친 영향을 살펴보고, 3장에서 3·1 독립만세운동이후 출범된 노령 대한국민의회와 상해 임시정부의 통합과정에 나타난 분열과 갈등 그리고 상해파와 이르쿠츠크공산당의 문제 등등을 고찰하고 4장에서 그들이 자유시로 간 이유를 살피고 5장에서 자유시참변을 살피고 6장에서 참변의 희생자들과 이후 재판 및 처리 과정을 고찰하기로 한다. 그리고 7장에서는 앞에서 제기한 자유시참변에 관련된 질문을 총괄적으로 대답하는 것으로 끝을 맺고자한다.

2. 러시아 및 중국의 일제와의 관계

러시아와 일제와의 관계는 자유시참변의 1차적인 배경이며 근원이다.

1860년대부터 조선과 국경을 접한 러시아와 청나라에 생계를 위해 고향을 떠나온 조선인 이주민들의 마을이 형성되기 시작하였다. 1910년 나라가 망했을 때 두만강 건너편 북간도, 연변지구에는 10만 9천여 명의 조선족이 거주하고 있었다.[7] 조선총독부의 조사 자료에 의하면 1921년 연해주의 조선인 이주민 총수는 9만 4천여 명이었으며, 시베리아지역에는 20만 명의조선인들이 살고 있었다.[8]

1910년 한일합방 이후, 조선의 망국 지사들이 중국과 러시아의 한인촌에 찾아가 독립운동을 시작하였다. 일제는 이를 저지하기 위하여 외교를 통해서 압력을 가하며 양국에 독립 운동가들을 검거, 추방, 신병을 요청하기 시작하였다.

지상에 있는 모든 나라들과 마찬가지로 소비에트 러시아나 중국은 자국민과 자국을 위한 나라이지 결코 조선독립을 지원하기 위해 존재하는 나라들이 아니다. 그러므로 신생 소비에트정부는 한 편으로 한국 독립 운동가들에게 피압박민족 해방과 독립 지원이라는 환상을 심어주며 자기편으로 끌어 들이면서 한편으로는 자국과 자국민의 안전과 보호를 위해서 일본과 협상이나 조약을 추진할 수 있었다.

1900년대 초반의 러시아제국은 팔팔 끓어오르는 거대한 용광로였다. 러시아는 태평양의 부동항을 얻기 위해서 동진을 계속하였고 1860년 북경조약을 통해서 드디어 블라디보스토크를 손에 넣었다. 그 후, 조선을 태평양 전초기지와 원료공급시장과 소비시장으로 만들고자 했으나 1905년 러일전쟁의 패배로 조선에서 물러났다. 러일전쟁에서 승리한 일본은 1945년 2차 세계대전에서 소련군에게 패배할 때 까지 소련[9]의 숨통을 쥐고 흔들었다.

1905년 러시아제국은 동궁광장에 집결한 노동자들의 평화시위에 발포함으로서, '피의 일요일'이 시작되어 이내 혁명의 불길에 휩싸여 세계 혁명의 온상이 되었다. 1917년 2월 혁명으로 케렌스키 온건파정부가 세워졌으며, 같은 해 10월 혁명의 성공으로 볼셰비키 레닌의 정부가 들어섰다. 그러나 혁명에 반대하는 왕당파가 지휘하는 반혁명군, 즉 백군[10]이 유럽지역, 남부지역, 시베리아지역에서 일제히 봉기함에 따라 러시아는 바로 내전에 휘말리게 되었다. 그러자 일본은 이전에 맺었던 러일조약을 파기하고 곧 바로 시베리아내전에 7만2천 명을 파견하여 자유시참변의 비극의 씨앗을 심었고 1921년 6월 시베리아 내전 종료 끝자락에서 자유시참변을 조장하였다.

1918년 벽두에 미국의 윌슨대통령이 민족자결주의를 포함하는 14개조의 강화 안을 제안하여 민족자결주의의 물결로 러시아를 향해 쏠리는 아시아 식민제국들의 눈길을 돌리고자 했다. 이에 맞서 소비에트러시아는 식민지 해방과 평화를 제창하며 1차 세계대전에서 자국의 군인들을 철수를 감행하였다. 허를 찔린 미국, 영국, 일본을 비롯한 제국주의 국가들은 러시아 프롤레타리아혁명이 확산되지 못하도록 연합군인 '체코군단'의 귀국을 돕는다는 명목으로 앞을 다투어 러시아에 내전 간섭군을 보냈다. 중국조차도 일본과 〈중일공동방적군사협정〉을 맺어 시베리아 내전에 2천 명의 군인을 파병키로 하였다. 그런 상황 속에서 일본군이 상륙하자 시베리아 연해주에서 고려인(러시아는 조선인들을 고려인으로 호칭함)들은 볼셰비키 적군에 가입하거나 고려인들끼리 빨치산부대를 만들어 일본군에 저항하였다.

1918년 6월 백위파, 반혁명군이 체코군인들의 봉기로 블라디보스토크 소비에트를 붕괴시켰으며, 8월에는 일제의 도움으로 치타와 하바롭스크를 점령하고 백군정부를 수립하였다.

11월에는 반혁명정부의 군사장관으로 있었던 콜차크가 쿠데타를 일으켜 옴스크에서 군사독재정권을 수립하였다. 콜차크의 정부는 일본을 비롯한 연합국의 지지와 승인을 받아서 볼가강까지 진출하는 기염을 토하며 볼셰비키 레닌 정부를 위협하였다.

1918년 11월 11일 1차 세계대전이 끝났고 전쟁 처리를 위하여 〈파리강화회의〉가 한참 진행되고 있을 때 러시아는 코민테른(국제공산당)을 설립해서 본부를 모스크바에 두었다.

한국의 3·1독립만세시위와 중국의 5·4운동이 세계를 진동할 때 파리강화회의가 끝나고 패전국에는 폭력이나 다름없는 〈베르사이유강화조약〉이 발표되고 〈국제연맹규약〉이 발표되었다. 이 때를 맞추어 러시아는 7월에 카라한선언을 통하여 러시아의 대 중국 불평등조약 폐기를 재 선언하여 식민지 피압박민족에게 희망과 연대의 상징이 되었다.

1920년 1월 31일 러시아 적군은 블라디보스토크에서 백위군을 이기고 세르게이 라조를 수반으로 하는 볼셰비키 정부를 수립하였다.[11] 이로서 러시아 내전은 종료되었고 이런 와중에서 영국, 프랑스, 이탈리아 간섭군들은 철병을 선언하였다.

소비에트정부는 1920년 2월 24일에 일본에 국교회복을 제안하였으며 이후, 중국 북경에 카라한을 보내서 중국주재 일본공사 요시사와와 캄차카반도 부근의 해상어업권을 담판하였다. 당시 요시사와는 "러시아영토 내에서 일본에 방해되는 조선인의 무장단체를 육성하는 것은 양국간의 친선관계에 큰 지장이 된다."고 비난하며 연해주와 아무르주에서 활동하고 있는 조선인독립군부대의 해산을 강요하였다.

회담이 진행 중일 때 일본은 연해주 일본 간섭군에게 전면공세를 준비시켰으며 한인독립운동가 살해도 함께 지시하였다. 조선에서 3·1독립만세운동이 한창일 때 일본각료는 시베리아 출병군에게 연해주와 만주에서 확산되고 있는 볼셰비즘 저지라는 새로운 임무를 주었다.

3월 12, 13일 양일에 걸쳐서 러시아 트리아피친 빨치산 부대[12]와 박병길과 박일리야의 한인 빨치산부대가 시베리아에 있는 항구도시 니콜라엡스크에서 일본군을 공격하여 일군과 일본인 7백여 명을 학살하고 포로 130명을 잡는 전승을 거두었다.

일본은 니콜라엡스크 참사 소식을 일시에 보도하여 국민들과 세계의 여론을 모았으며 외교적으로 소비에트를 고립시켰으며 연해주 고려인 대학살극인 4월참변을 준비하였다. 4월 2일, 일본은 블라디보스토크 정부에 한인들에게 무기를 공급하지 말라고 경고하였고 소비에트러시아와 철병에 관한 회합이 예정된 상황에서 4월참변을 일으켰으며 니콜라엡스크에 일군을 증원시켜서 그곳의 상황을 역전시켰다.

일본의 철병 거부에 대한 대응책으로 소비에트는 4월 6일에 바이칼호수 동편에서부터 일본군이 점령하고 있는 연해주 사이에 극동공화국을 설치하여 크라스노쇼코프 대통령으로 하여금 일본의 위협에 대항하도록 하였다. 크라스노쇼코프 대통령은 한인사회당이 창당될 때부터 이동휘를 도운 자였다. 그는 극동공화국 산하에 한인부를 설치하여 한인사회당의 주 멤버들인 박애, 계봉우, 장도정, 김진으로 하여금 업무를 담당하게 하였다. 한인부는 상해파를 중심으로 한인사회와 한인군수권 통합을 위하여 같은 상해파인 박일리야와 함께 한인무장부대를 〈사할린의용대〉로 편성하며 참변을 일으키려는 생각은 전혀 하지 않았겠지만 대한국민의회와 이르쿠츠크파와 대립하는 자유시참변의 한축을 만들었다.

한편 빨치산 대장인 트리아피친은 일본군 증파의 소식을 접하고 니콜라옙스크에 소개령을 내렸으며 일본인 포로 136명을 살해하고 6천여 명[13]에 이르는 양민들을 학살하고 시가지를 방화하며 아무르주의 수도인 블라고베센스크로 이동하였다. 그는 극동공화국이 레닌정부를 대신해서 일본과 협상을 추진하는 자체를 거부하며 극좌투쟁을 벌이기로 하였다. 일제와 회담을 앞두고 있는 극동공화국은 트리아피친의 행위에 격분하였고 모스크바는 볼셰비키 당원에게 그의 체포를 지시하였으며 병사들 총회를 열어 사형에 처하였다. 당시 니항부대의 대장이었던 박병길은 트리아피친의 학살 행위를 처음부터 반대하였음으로 볼셰비키의 명령을 따라서 그의 체포에 협력하였다.

훗날 자유시참변의 주도권 다툼의 주역이 된 박일리야는 니항부대의 대장인 박병길이 트리아피친을 체포와 처형에 참여하자 쿠데타를 일으켜서 니항부대를 장악하고 박병길를 추방하였다. 쫓겨난 박병길은 자유시 보병대대에 들어가서 군 간부가 되었다.

연해주 4월참변 후 4월 29일, 소비에트러시아는 일본과 군사협정을 조인하고 휴전을 하였다.

5월 중에 소비에트러시아는 임시정부의 국무총리 이동휘가 파송한 한형권을 상해임시정부 특사로 맞이하였다. 한형권은 치체린 외무인민위원장과 아시아 외교담당 카라한과 면담 중에 4가지 요구조건을 제시하였다.

① 노농러시아정부는 대한민국 임시정부를 인정해 줄 것,

② 한국 독립군의 장비를 소비에트 적위군과 같은 수준으로 높여줄 것,

③ 한국 독립군 지휘관 양성소를 시베리아에 설치해 줄 것,

④ 임시정부에 독립자금을 원조해 줄 것이었다.

레닌은 대담 후에 금화 200만 루블을 약속하였고 1차로 60만[14] 루블을 지원했다. 그러나 한형권이 함께 임명받은 여운형과 안공근을 따돌리고 임시정부의 특사 자격으로 혼자 소비에트 외무인민위원장인 치레린을 만난 사실이 알려지고 최후 수령인 명시가 불분명하였으므로 레닌의 지원금은 상해임정의 갈등과 분열의 원인이 되었으며 대한국민의회와 이르쿠츠크고려공산당이 한인사회당과 등을 돌리는 결정적인 계기를 만들었다.

당시 〈대일한로공수동맹〉이 체결되었다는 소문이 있었으며 내용은

① 한국정부는 공산주의를 택하고 선전활동을 하고,

② 소련정부는 한국독립운동을 지원하며,

③ 시베리아에서 한국군 훈련이 허용되며 보급은 소련정부가 하며,

④ 시베리아 한국군은 러시아군사령부에 예속될 것이며 항일전에 공동 행동을 취하며,

⑤ 동맹의 목적을 수행하기 위한 한로공동국을 설치해서 양국이 임명하며,

⑥ 한국정부에 제공되는 군사보급과 기타 원조는 적당한 시기에 보상한다는 것이었다.

10월부터 극동공화국의 강력한 권고와 일군의 공세를 피해서 한인 빨

치산 부대들이 보다 안전한 자유시로 집결하기 시작하였다. 그들이 아무르주의 수도, 블라고베센스크로 가지 않고 작은 도시 스보보드니(자유시)로 간 것은 철수협상을 벌이고 있는 일제를 자극하지 않기 위한 극동공화국의 계산이었다.

레닌은 1921년 1월, 이르쿠츠크에 코민테른 동양비서부(극동비서부)를 세웠다. 운명의 장난이라고 하여야 할까? 동양비서부의 전권대표는 보이틴스키였다. 그는 회원 대다수가 이민 2세대로서 러시아국적인인 원호[15]들로 구성된 이르쿠츠크고려공산당의 적극적인 후견인이었다. 그는 1920년 5월에 중국공산당을 결성하기 위하여 김만겸과 함께 상해를 방문하였고 그 당시의 경험으로 이동휘와 상해파를 민족주의자이며 기회주의자라고 판단하고 있었다.

코민테른 동양비서부가 이르쿠츠크에 설치되면서 한인부대 통합운동 결정권이 극동공화국 한인부에서 동양비서부로 이관되었다. 보이틴스키와 슈미야츠키는 극동공화국 내에 있는 한인부를 인수하여 극동공화국 동양비서부 산하에 두기 위하여 양파 통합과 단결을 추구하며 시베리아 한인무장세력의 단일화에 중점을 두며 개편을 시작하였다.

10월 혁명에서 자유시참변에 이르기까지 소비에트가 한편으로 국교회복을 위해 일본과 철병 협상을 진행시키며, 한편으로 상해임시정부 국무총리[16]특사로 온 한형권의 4가지 요구 조건을 받아들이고 〈대일한로공수동맹〉을 맺고 금화 200만 루블 지원을 약속한 행위는 레닌정권의 이중성을 고스란히 보여준다. 레닌은 극동공화국에 크라스노쇼코프라는 친 상해파 인물을 대통령으로 임명하였고, 이르쿠츠크 코민테른 동양비서부에는 친 이르쿠츠크파 인물을 전권대표로 임용하였다. 그러므로 그가 한인독립군에 대하여 상반되는 정책을 추진할 수 있는 사람들을 요직에 기용한 것이 결코 우연의 일치만은 아니라는 생각을 하게 된다.

소비에트가 아무리 프롤레타리아 혁명으로 세워진 정권이라 해도 자국민을 위한 정권이지 자국의 위험을 감수하며 이웃 나라의 독립지원을 우선하는 정권은 결코 아니다. 그러한 기본 자리에서 망국의 지도자들은 민족자결주의와 약소민족의 독립지원이라는 구호의 최선과 최악의 이중성을 간파해내야 했다. 그러나 외교론과 무장투쟁론 어느 한쪽에 경도될 수밖에 없었던 우리 독립운동가들 중의 일부는 파리강화회의에서 〈조선독립〉이 의제로 제출조차 허용되지 못하고 쫓겨나게 되자 레닌의 약소민족에 관한 선언에서 조선 독립에의 길을 보았을 것이다. 그러나 안타깝게도 레닌의 약속이 근본적으로 신생 소비에트 정부를 보호하기 위한 전략의 일부라는 사실을 누구도 파악하지 못하였다.

러일전쟁에서 일본에게 패배한 러시아는 일본과 협상할 일이 있거나 일본의 요구가 있을 때마다 자국 내에 거주하는 한국독립 운동단체와 독립투사들을 취체 하였으며 필요에 따라서는 추방과 투옥도 불사하였다. 러시아는 시베리아철도가 완성될 때까지 일본과 타협을 우선시하는 정책을 취하였다.

1910년 한일늑탈이 일어나자 연해주의 한인들이 8월에 〈성명회〉를 조직하고 각국정부에 한일합방의 부당을 호소하며 격문을 살포하고 결사대를 만들자, 일본의 항의를 받은 러시아제국은 성명회의 모체인 〈십삼도의

군〉 간부 20여 명을 체포 수감하고 한인의 모든 정치활동을 엄금하였으며 그 날로 십삼도의군을 해체시켰다.

러시아는 1907년에서 1916년에 이르기까지 4차례에 걸친 일본과의 협약을 통해서 일본의 한국에서의 이권을 인정하였으며 1914년 일본의 요청으로 〈권업회〉를 해산하고 〈권업신문〉 발행을 금지시켰으며 블라디보스토크의 한인들을 국외로 추방하였다. 이동휘, 김립, 이종호, 이상설 등이 중국으로 도피하였다는 사실을 상기하면서 자유시참변이 일어날 당시 모스크바의 침묵과 불간섭 그리고 절묘한 인물 배치의 이면을 생각하지 않을 수 없다.

중국동북군벌 장작림과 일제의 협정이 대한독립군대[17]의 러시아 행을 촉구했다

지금까지는 연해주 한인빨치산이 자유시로 모이게 되는 소비에트러시아와 일본의 관계를 살펴보았다. 다음은 서북간도의 한인독립군부대가 자유시로 이동해올 수밖에 없었던 중국의 상황과 일본의 관계를 간단하게 살펴보고자 한다.

중국은 아편전쟁을 겪으면서 열강의 침략에 시달렸다. 남경조약 이후로 미국, 프랑스, 러시아 등 다른 서양 열국들과 불평등조약을 맺을 수밖에 없었다. 그런 혼란스러운 청나라의 상황속에서 조선인들의 간도행이 시작되었다.

두만강과 압록강으로 국경을 접하고 있는 중국 땅에 1860년대부터 조선인이 불법 이주를 시작하여 조선인마을을 형성하였다. 1881년에는 간도지역의 봉금이[18] 해제되었고 1885년부터는 조선인의 이주의 자유가 허용되어 많은 조선인들이 살 길을 찾아 만주로 대이동을 하였다.

1895년 4월 청은 청일전쟁의 패배로 일본과 시모노세키조약을 맺으며 그 대가로 자국 예산의 2년 반 분에 해당하는 거액을 전쟁비로 떠안게 되었고 요동반도와 타이완, 팽호섬을 양도해야 했다. 그러나 요동반도는 러시아, 프랑스, 독일의 삼국간섭으로 반환을 받았다. 청일전쟁의 패배로 청은 동북아 종주국의 자리를 일본에게 내주었으며 조선에 대한 일체의 권리를 잃었다. 20기에 초반에 일본과 러시아는 그런 정황을 이용하여 4차례의 러일협약으로 만주를 양분하여 이권을 차지하기로 하였다.

일본은 1907년 여름에 만주 대륙에 침략의 발판을 만들기 위하여 〈통감부 간도 파출소〉를 설치하며 간도는 조선의 땅이므로 간도의 조선인을 보호하기 위해서 라고 변명하였다. 그러나 2년 후에는 영사관 설치와 길회선철도 부설권을 비롯하여 안봉철도 개설, 무순과 연대의 탄광 문제 등등으로 〈간도협약〉을 맺어 각종 이권을 취하면서 자기들 멋대로 간도를 중국 땅이라고 명시하였다.

1910년 〈한일늑탈〉 후로 독립운동에 뜻을 둔 많은 지사들이 대대적으로 만주로 이동하게 되어 만주는 본의 아니게 조선독립군으로 인하여 청나라와 일본의 충돌의 장이 되었다.

1911년 쓰촨폭동과 우창봉기로 중화민국 군정부가 설립되어 신해혁명이 일어났다. 손문은 임시 대총통이 되어 남경정부를 수립하였다. 혁명군 토벌전권을 위임받았던 원세개는 청나라 황제를 퇴임시키는 조건으로 손문으로부터 대총통의 자리를 양보 받았다. 혁명파의 혁명동맹회 후신으로 국민당이 탄생하였고 1913년 총선에서 손문이 이끄는 국민당이 제 1당이 되었으나 원세개에 의하여 해산되었다. 원세개의 독재를 타도하기 위해서 국민당 주도의 제 2혁명이 시작되었으나 진압되었다.

일본은 중화민국을 승인하였으며 원세개는 일본의 도움아래 대총통으로 취임하였다. 그 후에 원세개는 국민당 해산령을 내리고 중화민국 약법을 공포하였다.

일본은 1914년 8월에 독일에 선전포고를 하고 독일의 조차지였던 중국의 교주만을 점령하고 산동성의 독일 이권을 몰수하였다. 1915년 1월에 가토 다카아키 외무대신이 중심이 되어 일본은 중국 총통 원세개에게 "5호 21개조"에 달하는 이권을 요구하였다.

핵심 내용은 독일이 갖고 있는 산동반도 권리를 일본에게 이양, 관동주의 조차기간 연장과 남만주와 내몽고에서 일본의 특수 권익 승인, 일본인에 의한 철도와 광산 경영 인정. 다른 나라에 중국연안이나 도서를 할양하지 않을 것, 정치와 재정, 군사 부분에 일본의 고문을 초빙하고 다수의 일본인 경찰을 채용, 병기 구입 등에 관한 것이었다.

일본이 제시한 21개조가 널리 알려져 중국인들이 대대적으로 저항을 시작하자 일본은 제 6사단, 제 10사단을 만주로 출병시켰으나 영국과 미국을 비롯한 열강의 비난에 직면해서야 21개조 교섭을 일시적으로 중단하였다. 그 후 일본은 21개조의 일부를 수정하여 다시 중국에 제시하며 최후통첩과 동시에 제 2함대를 출동시켰다. 무력한 중국은 국회의 동의 없이 5월 25일에 일본과의 신조약을 체결하였으며 6월 8일에 양국 간에 비준서를 교환하였다.

1915년 12월 원세개가 황제에 추대되어 등극하자, 전 중국은 원세개의 황제 즉위에 저항하는 반원전쟁을 시작하여 그가 물러나는 1916년 7월에 이르기까지 전국적인 저항과 전쟁을 통하여 공화제를 사수하였다.

1917년 중국은 간도지역 조선인 경찰권을 일본에게 양도하였다. 손문은 광동군 정부를 수립하였고 1차 세계대전 동맹국에 선전포고를 하였다.

1918년 3월에 일본은 북경정부의 왕사진 내각을 붕괴시키고 단기서를 국무총리로 복직시켰으며 〈중일공동방적군사협정〉을 맺어 시베리아내전에 중국군 2천 명을 파병하기로 결의하였다.

1919년 4월 중국이 파리강화회의에 제출한 중·일 신조약 21개조 폐기안이 거부되자 중국 대표단은 파리강화회의에서 철수하였고 5월 4일에 파리강화회의의 결정에 분노한 베이징 지역의 학생들의 5·4 시위가 일어났다. 5·4 운동은 몇 달 동안 전 중국을 휩쓸었다.

중국은 연합국이 일본에게 빼앗긴 청도를 반환해줄 것으로 믿었으나 일본은 중국정부와 청도권리에 대하여 비밀협상을 마쳤고 연합국 역시 독일의 점령지였던 청도에 대한 권리가 일본에게 있다고 보았으며 결국 파리강화회의는 "언젠가는 중국에게 청도를 되돌려 준다"는 문구를 삽입한 채 독일의 권리를 고스란히 일본에게 넘겨주었다. 이에 중국인들의 분노가 폭발하였고 북경지역 학생 2만5천명이 5월 4일에 항의 시위를 벌였다. 전북경학생선언문이 배포되었고 다음날 5월 5일에 베이징의 학생들은 감금당한 학생들의 석방을 요구하며 맹렬한 시위를 전개하였으나 북양정부 원세개는 강경진압으로 일관하였다.

베이징의 학생들은 총동맹휴학을 결의하면서 서세창 총통에게 파리강화회의 조인을 거부할 것, 매국노 외교관을 처벌할 것, 교육총장과 베이징대 총장을 복직시킬 것, 인권옹호를 위해 정부가 학생에게 가한 억압조치를 철회할 것, 5월 7일 일본정부의 중국학생 공격, 체포에 항의하고 그들의 석방과 경찰의 처벌을 얻어낼 것, 5월 15일 정지된 상해 평화협상을 재개할 것 등 6가지 요구를 제안하였다.

5·4운동의 영향으로 중국 국민당과 중국 공산당이 창설되었으며 중국은 파리강화회의 조인을 거부하였다. 손문은 중화혁명당을 중국 국민당으로 개조하고 진형명과 협력하여 2차 호법운동을 일으켜 북벌을 감행하여 2년에 걸쳐서 전개했으나 진형명의 철회로 실패하였다. 이에 비로소 손문은 국공합작을 구상하게 되었다. 손문의 광동정부는 상해임시정부를 인정하였다.

중국이 내우외환에 시달리며 변화의 급물살에 휩쓸리고 있을 때, 간도 조선인 거주지역에 3·13 만세시위의 영향으로 30개가 넘는 조선인무장 독립단체가 만들어졌다. 그들은 비폭력 시위로 독립이 불가능하다는 사실을 깨달으며 자체적으로 군사교육과 훈련을 시작하였다. 여러 무장단체들은 각자 국내진공작전을 활발하게 벌이며 연합을 시도하였다. 뿐만 아니라 그들은 상해임시정부 이동휘 국무총리의 무장투쟁 지지를 힘입었다.

1920년 1월 간도용정에서 〈15만원탈취사건〉[19]일어나자 일본정부는 북경주재 일본공사를 통하여 동북한인들의 항일투쟁을 엄격히 단속할 것을 북경정부에 항의하였고 〈봉오동전투〉 후, 다시 북경주재 일본공사 오하다는 북경정부 외교총장대리를 회견하고 그에게 봉천, 길림 지방장관으로 하여금 현지 일본영사와 시급히 협력하여 조선인무장단체에 압력을 가하라고 요청하였다.

7월 16일 조선주재 일본군 참모장 오노, 관동군 참모장 대리 기시, 군사고문 사이또 등은 봉천영사관에서 아까쯔까 총영사와 회의를 열고 아까쯔까 총영사가 장작림과 교섭하여 사이또대좌가 중국군대 토벌의 길림독군 고문으로 중국군대와 동행하며 만약 중국군대가 토벌 시에 원조를 요구하면 일본군대도 토벌에 참가할 수 있는 규정을 만들었다. 그들은 토벌 기한을 2개월로 하고 출동병력을 1개연대로 하면 토벌지역은 간도와 훈춘, 동녕 일대로 할 것을 요구하였다.

길림성 당국은 중국군대를 출동시켜 조선인독립군부대를 토벌하기로 하고 일본군의 출병을 단호히 거절하였다. 그러나 중국군경들은 토벌에 앞서서 사전에 계획을 미리 누설하여 조선인독립군부대들이 미리 이동하게 하였으며 독립군의 철수를 도와주었다. 이런 정황을 파악한 일제는 중국군대의 토벌이 〈불령선인〉[20]들을 쫓아내기만 할 뿐이므로 근본적인 토벌을 기대할 수가 없다고 판단하고 조선인독립군부대의 토벌에 일본이 직접 나서기에 이르렀다.

일제는 간도 출병 구실을 만들기 위해서 왕사해, 만순, 진동 등의 마적을 이용하여 일본 영사관과 상가. 주민들을 살인, 방화케 하는 〈훈춘사건〉을 조작하고 여론을 몰아서 한인 무장세력에 대한 대토벌을 감행하였다. 일제는 〈간도지방불령선인토벌계획서〉를 작성하고 10월부터 〈경신년대토벌〉를 시작하였다.

토벌에 동원된 일본의 병력은 조선주둔군 제19사단의 37,38여단을 주력으로 하여 제 20사단과 시베리아의 블라디보스토크 간섭군 제11,13,14사단 그리고 동북에 있는 관동군 일부가 포함된 2만여 명이었다. 그밖에도 일제는 무산, 회령, 종성, 온성, 경원, 경흥에 주둔하고 있는 헌병대, 수비대와 경찰들을 출동시켜 두만강 북안 지역을 비롯한 왕청, 훈춘지역의 조선인마을들을 초토화하였다.

일제는 〈청산리전투〉에서 패배한 설욕을 하기 위해서 민간인들을 대학살하였으며 가옥, 학교, 교회, 곡물들에 불을 질렀다.

상해임정이 발표한 북간도지역 한인참변 조사통계표에 의하면 피살된 사람은 3,664명, 체포는 155명이고 불탄 가옥은 3,520동, 불탄 학교는 59개교, 불탄 교회당은 19개소, 불탄 곡물은 59,970섬에 달했다.

일제는 강력한 세계 여론과 시민들의 항의에 직면한 가운데 중국 정부와 반복적인 교섭을 한 후, 1921년 5월에 군대를 철수시켰다. 그러나 연변에 일부 군대를 주둔시키고 일본 경찰을 증가하였다.

〈청산리전투〉와 동부전선에서 일군과 격전을 치룬 한인무장부대들은 총알이 다 사진되어서 전투를 치룰 수 없는 상황이 되었고[21] 식량과 군복의 부족과 일제의 추격이 겹쳐서 중국 땅에서 탈출하지 않으면 안 되는 대 위기에 직면하였다. 그들은 모든 정황을 숙고하여 소비에트 러시아의 지원으로 대대적인 독립전쟁을 할 수 있을 것이라는 판단 하에 일루의 희망을 품고 러시아행을 택하였다. 그러나 기대와 예측과는 전혀 다르게 러시아 한인 무장세력 간의 주도권 싸움의 들러리가 되어 자유시참변의 수난과 모멸을 겪어야 했다.

3. 상해임시정부와 대한국민의회 그리고 한인사회당

3·1운동은 민중들의 자발적인 시위였다

3월에서 시작되어 10월 까지 계속된 3·1독립만세 시위의 공로를 우리 역사는 기미독립선언문에 서명한 33인과 2·8 독립 선언을 한 동경유학생들 그리고 김규식을 파리강화회의에 파견한 신한청년당에게 돌린다. 그들이 기폭제가 된 것은 사실이지만 그렇다고 그들이 3·1운동의 전체를 기획하고 주도한 것은 결코 아니다. 그들의 업적을 부각시키기 위해서 억압당한 민중들의 저항의 의미와 가치를 절하해서는 안 될 것이다. 특별히 몇 개의 종교단체가 3·1운동에 참여한 소속 종교의 역할과 공헌을 강조하기 위하여 학자들의 연구를 통해 널리 주지시키며 자기 종교의 면모를 홍보하고 있는데 다 맞는 말이요, 일리가 있다. 그러나 3·1운동은 우리 민족이 거국적, 거족적으로, 수개월 째 지속한 만세 시위운동이어서 여기에 포함되지 않는 종교나 지역이 거의 없으므로 연구자가 요청받은 연구 주제대로 포커스를 맞추고 얼마든지 입맛에 맞는 연구를 할 수 있다는 사실을 명심해야 한다.

참으로 3·1운동은 처음부터 끝까지 일관성 있게 꿰뚫어 낼 통일된 지도부나 지도자가 없었다. 일제의 폭압에 지친 민중과 학생들이 가능한 학교, 교회, 마을, 각종 단체들과 연합하여 일으킨 자발적인 시위였기 때문이다. 그러기에 시위가 끝났어도 그 지도부의 실체가 드러나지 않았다. 각 지방에서의 3·1운동의 실제적인 추동자들이 고난당하는 백성이었기 때문이다.

3·1독립만세운동으로 국민들의 독립에의 욕구와 의지가 뜨겁게 표출

되자 국내외에서 여러 임시정부들이 출현하였다. 그 중에 3월 17일에 선포된 노령 블라디보스토크의 대한국민의회, 4월 11일에 선포된 상해임시정부, 4월 23일에 서울에서 선포된 한성정부 만이 주목을 받았다.

대한국민의회는 연해주와 중국의 간도를 배경으로 하였으며 무장투쟁 독립노선을 지향하였으며 초창기에 간도와 연해주로 이민을 간 함경도인들이 주류를 이루었다. 상해임시정부는 상해와 미주지역을 기반으로 하고 있었으며 외교를 통한 독립노선을 견지하였으며 주로 양반사대부와 관료출신이었으며 기호파와 서북파가 주류를 이루었다. 한성정부는 3·1운동의 현장인 국내에서 적법한 절차에 의해 선포되었지만 국내에서 조직된 관계로 사실상 구성이 어려웠다. 그러므로 처음부터 임시정부로 인정될 가능성은 거의 없었다.

어느 임시 정부도 국민 전체의 뜻에 부응하기 어려웠다. 당시 파리강화회의와 민족자결주의가 주목받는 정세에서 이승만이 윌슨대통령과 가깝다는 소문이 나서 그가 세 정부에서 물망에 올랐다. 한인사회당을 조직해서 소비에트러시아의 지원으로 독립전쟁을 구상하고 있었던 이동휘 또한 세 정부에서 물망에 올랐다. 그러나 어느 정부도 주동적인 역할을 하지 못하고 있을 때, 안창호가 상해로 들어와서 임시정부의 통합을 추진하였다.

대한국민의회는 1919년 2월 25일 노령 연해주의 니콜스크-우수리스크에서 개편한 것으로 러시아 이민 1,2세대인 원호 그룹과 대부분의 회원이 한일합방을 전후해서 독립운동을 하고자 연해주로 망명을 한 여호로 구성된 한인사회당 당원들이었다. 그들은 모두 다 무장투쟁론자[22]들이었다. 그러나 그들은 상해 임시정부의 제안을 받고 임시정부 통합에 참여하기로 하였다.

상해임시정부는 신민회 출신, 3·1운동 관련자들, 신한청년당 등 구성원이 다양하였다. 입법기관인 상해임시의정원은 기호출신 인물들 중심이었으며 각원은 미주지역(안창호, 이승만), 노령지역(최재형, 문창범, 이동휘), 서간도와 길림지역(이시영), 상해지역(김규식), 북간도지역(이동휘)로 골고루 분배가 된 것처럼 보이지만 이들은 크게 외교론자들과 무장투쟁론자들로 나눌 수 있다. 상해측은 의정원의 대세가 출발 때부터 외교론에 경도되어 있었기 때문에 조선인이 있는 곳, 한국과 국경을 맞댄 곳보다 교통과 안전을 우선시하여 상해를 선호하였다.

상해 임시정부 구성그룹 중의 하나인 한인사회당은 대한국민의회 양대 세력의 하나로 이동휘 등 여호인이 중심이 되어 하바롭스크에서 만들어진 한국 최초의 사회주의를 표방한 정당이다. 한인사회당의 멤버들은 독립운동을 승리로 이끌기 위해서 볼셰비키 원조가 꼭 필요하다고 판단하였고 모스크바에서 온 선전원, 그레고리노프의 지도 아래 한인사회당을 결성하고, 연해주와 아무르 지방에 8개의 지부를 설치하였다.

한인사회당은 대한국민의회의 비주류였지만 레닌과의 협상을 위해서는 임시정부라는 간판이 절대적으로 필요하였으므로 상해임시정부에 참여하였고 대한국민의회와 상해임정이 승인·개조의 문제[23]로 갈등과 대립 상태에 들어가자 상해 편을 들어 대한국민의회와 결별하였다.

대한국민의회의 임시정부 탈퇴 및 자유시참변에로의 일보

상해임시정부와 대한국민의회는 정부 위치의 문제로 갑론을박하였다. 세 정부의 통합을 위해 많은 진통을 겪은 끝에 상해측은 안창호를 중심으로 임시정부 관계자와 몇몇 지방 출신의 인사들의 의견을 모아서 5개의 통일안을 마련하였다.

첫째, 상해와 노령에서 만들어진 정부를 해산하고 한성정부를 봉대한다는 것,

둘째, 정부를 상해에 둔다는 것,

셋째, 상해에서 설립한 정부의 제도와 인선을 없애고 한성정부의 집정관총재제도와 그 인선을 채용하되 상해에서 수립 이래 실시한 행정은 그대로 인정한다는 것,

넷째, 정부 명칭은 대한민국임시정부라 한다는 것,

다섯째, 현재 정부 각원은 일제히 퇴직하고 한성정부가 선택한 각원들이 정부를 이어받는 다는 것이었다.

안창호는 5개의 통일안에 대하여 노령 대표인 원세훈의 동의를 얻은 후에 현순과 김성겸을 노령으로 파송하였다. 대한국민의회는 그 통일안에 근거하여 1919년 8월 30일 해산을 선언하였다. 그러나 상해측이 임시의정원을 해산하지 않고 임시정부만 한성정부 각원으로 개조함으로써, 상해 임시의정원의 해산 여부를 중심으로 한 한성정부 승인과 개조분쟁이 일어났다. 한성정부를 그대로 봉대하고 양쪽 정부를 해산하여 각부 임명과 국민의회 의원을 새롭게 선정하기로 하였는데 상해임시정부 쪽에서 속임수를 부린 것이다. 그들은 한성정부의 집정관을 대통령으로 바꾸고 의정원은 그대로 둔 채로 임시헌법을 만들었다. 결과적으로 상해 임정과

대한국민의회의 통합은 실패로 돌아갔다. 대한국민의회 측에서는 비주류라고 할 수 있는 이동휘, 김립 등의 한인사회당 세력만이 상해임정에 참여하였다. 문창범 등 원호인 중심의 주류는 상해임정을 부르주아계급의 정부로 규정하며 참여를 거부하였다.

1920년 2월 15일 대한국민의회는 상해임정을 비판하며 재건을 선언하였다. 그들은 상해임정이 대한국민의회 측을 기만하여 한성정부를 승인 또는 봉대하기로 하고 실상은 개조한 것이라고 비판하였다. 한성정부의 승인·봉대는 임시의정원의 해산을 전제로 한 것이었다. 그러나 상해임정 측은 5개 통일안에 대한 해석에서 그리고 연이어 추진한 임시정부 개조 작업에서 임시의정원의 해산을 한 번도 고려한 적이 없었다. 안타깝게도 상해측은 대한국민의회의 탈퇴를 심각하게 받아들이지 않았으며 연해주와 간도에서 영향력이 있는 대한국민의회 비주류 대표, 이동휘가 상해임정에 참여한 것으로 이전보다 강화된 통합정부로 출범한 것으로 성공하였다고 생각하였다.

그러나 상해임정의 일방적인 개조 사실이 알려지면서 노령지역의 반상해임정 분위기가 고조되었다. 노령의 한인들은 상해임정측이 현순, 김성겸 양인의 특사와 합의한 협상조건과는 달리 이동휘를 속여 상해로 유인하고 〈대한국민의회〉를 해산하게 만들었다는 사실에 크게 반발하였다. 노령의 한인들 중에는 이동휘를 변절자, 배신자로 낙인찍고 성토하여 노령지역에서 그의 신용에 추락이 왔다. 특별히 이르쿠츠크와 아무르주의 자유시에서는 부르주아계급의 정부에 참여한 이동휘와 한인사회당에 대한 반대가 컸으며 전 러시아 한인공산당을 자신들이 주도해야 한다는 공감대를 형성하였고 그들은 원호로 구성된 〈대한국민의회〉를 자신들의 정부로 봉대하였다. 임시정부의 안이한 자세와 태도가 자유시참변으로 가는 길목을 열어 놓은 것이다.

문창범은 5개 통일안을 어긴 상해 임시정부 교통총장에 부임하지 않았으며 대한국민의회 입장을 어기고 국무총리에 취임한 이동휘와 심하게 대립하게 되었다. 그는 상해를 떠나 노령으로 가던 도중 북경의 박용만, 신채호 등 반 임정파들을 만나서 연대를 하기에 이르렀다, 후일 군사통일회의 및 국민대표회의에서의 창조파의 태동이 그들의 만남에서 시작되었다고 하겠다.

독립운동선상에서 승인·개조 문제는 독립운동에 고질적이며 심각한 분열을 가져왔다. 통합실패 후 탈퇴한 대한국민의회와 임정에 남은 한인사회당의 파벌투쟁으로 자유시참변이라는 비극의 첫 걸음이 시작되었다.

분열의 씨앗이 된 모스크바 레닌 자금

모스크바 자금, 엄밀히 말하면 차관, 언젠가는 돌려받을 것을 전제하고 레닌이 조선 독립운동자금으로 빌려주는 지원금을 둘러싸고 상해임정과 상해고려공산당, 이르쿠츠크고려공산당이 치열하게 각축전을 벌였다.

첫 번째 1920년 봄에 한인사회당 대표로 모스크바 코민테른에 가서 박애와 이한영이 받아 온 자금은 지폐 400만 루블로 이는 순수 지원금이었다, 그러나 200만 루블은 소비에트 정부 외무인민위원부 시베리아 전권위원인 가퐁에게, 100만 루블은 극동공화국 북경주재 전권위원인 유린에게 빼앗겼다. 그들은 나머지 100만 루블을 상해로 가져왔고 그 돈은 한인

사회당이 사회주의 선전 자금으로 사용하였다.

그러나 두 번째 모스크바로부터 받은 금화 40만 루블은 많은 문제를 야기하였다.

상해임정은 어이없게도 1920년 2월에 구미위원부가 재무부 산하의 미주지역 재무관서 기능을 갖도록 하고, 서재필을 재무관으로 임명하는 최악의 실수를 범하였다. 아울러 안창호가 이끄는 대한인국민회 중앙총회가 실시해온 애국금 제도를 폐지시키며 구미위원부에게 독립공채 발행권을 허락하였다. 결과적으로 이승만이 구미위원부의 공채 발행을 통해 미주지역의 재정권을 완전 장악하고 임시정부로 보내는 송금을 중단하는 불법과 독재를 행하여도 제어할 능력과 방법이 전혀 없었다. 게다가 국내로부터 들어오는 독립자금도 단절되어 임정은 여러 달 집세도 내지 못할 정도로 궁핍해졌다. 이런 상황에서 상해임시정부 특사로서 국무총리의 밀서를 가지고 모스크바에 간 한형권이 받아온 차관을 임시정부가 수령하려고 하는 것은 지극히 당연한 처사였다.

위에서 이미 언급하였지만 이해를 돕기 위해서 다시 한 번 살펴보는 것이 좋겠다. 당시 〈대일한로공수동맹〉이 체결되었다는 소문이 있었는바 그 내용은 아래와 같다.

① 한국정부는 공산주의를 택하고 선전활동을 하고,

② 소련정부는 한국독립운동을 지원하며,

③ 시베리아에서 한국군 훈련이 허용되며 보급은 소련정부가 하며,

④ 시베리아 한국군은 러시아군사령부에 예속될 것이며 항일전에 공동행동을 취하며,

⑤ 동맹의 목적을 수행하기 위한 한로공동국을 설치해서 양국이 임명하며,

⑥ 한국정부에 제공되는 군사보급과 기타 원조는 적당한 시기에 보상한다.

〈대일한로공수동맹〉 ①번의 "한국정부는" 라는 말은 말 그대로 임시정부이지 결코 한인사회당일 수 는 없다. 그리고 ⑥번의 문구, "한국정부에 제공되는 군사보급과 기타 원조는 적당한 시기에 보상 한다"는 장차 적당한 시기에 차관을 보상할 주체를 한국정부로 밝힘으로서 군사보급과 기타 원조를 받는 대상이 정부라는 것을 말해주고 있다. 그러므로 상해 임시정부 지도자들이 레닌 자금의 최후 수령자를 임시정부로 생각한 것을, 오늘 우리의 시각으로 보며 민족주의자들의 억지라고 판단할 수만은 없다. 그러나 박진순과 한형권은 수령한 금화 40만 루블을 임시정부에 전달하지 않았고 곧 임시정부에서 탈퇴하고자 하는 이동휘에게 전달하였다. 그로인하여 이동휘와 상해파는 모스크바자금을 부정으로 착복한 자들이 되었으며 모스크바에서 약속한 나머지 140만 루블을 받지 못하게 만드는 결과를 가져왔다. 실제로 이동휘는 모스크바자금을 한인사회당에 은닉하였고 그로인하여 임시정부는 물론이고 코민테른 동양비서부와 이르쿠츠크파로부터 "변절자"와 "배신자"로 완전히 낙인찍혀 버렸다.

또한 자금을 가지고 돌아오는 도중에 ,박진순과 한형권이 베르흐네우진스크에서 김립과 계봉우를 만나, 자금을 상해의 한인공산당 중심의 간부들이 사용하기로 결정한 사실과 동아총국을 조직하여 조선, 중국, 일본 등 동아시아 각국에 공산주의를 선전하며 당 조직을 만들기로 했다는 말이 소문으로 이르쿠츠크에 까지 퍼져 한인사회당은 순식간에 타도의 대상이 되었다. 원호 러시아인인 이르쿠츠크파는 정통 볼셰비키임을 자부하며 러

시아인의 자금은 러시아인이 사용해서 선전할 권리가 있다는 주장과 성명을 발표하였다. 또한 그들은 소문이 사실로 확인될 경우 상해파를 출당 조치를 하겠다는 방침을 정하여 양파의 갈등이 표면화되기 시작하였다.

세 번째 자금은 한형권이 베를린에서 출금한 20만 루블인데 그는 자금을 상해공산당이나 임시정부에 전하지 않고 국민대표회주비위원회에게 넘겼다. 결국 그 자금은 임정내분을 수습하고자 하는 대한국민대표대회 개최 비용으로 사용되었다.

임정측은 모스크바자금 책임자로 알려진 김립과 한형권에게 자금을 돌려받기 위해서 테러단을 조직하였다. 또한 1922년 1월 16일 자로 이동휘와 김립에 대한 성토문을 냈고 김상옥을 시켜 윤해의 암살을 시도했으며 마침내 김립을 암살하였다.[24]

상해고려공산당과 이르쿠츠크고려공산당의 갈등과 충돌

모든 갈등과 충돌의 이야기는 우리를 절망과 분노에 이르게 만든다. 그것이 의로운 사람들, 힘없는 사람들, 죄 없는 사람들을 죽음으로 내모는 비극을 만들 경우에는 더더욱 그렇다. 상해파와 이르쿠츠크파의 갈등과 충돌이 빚은 자유시참변은 일반적인 상식으로 이해하기 어렵다. 어쨌든 계보가 다른 두 공산당이 극적으로 충돌하면서 〈자유시참변〉이라는 비극을 낳았다. 대대적인 충돌로 대량의 희생이 예측되는 상황에서도 그들은 멈추지 않고 브레이크 없는 차처럼 질주하다가 역사에 길이 남을 동족상잔의 비극을 낳았다. 그러나 주도권 다툼을 벌였던 배후의 지도자들은 아무도 죽지 않았고 순수한 애국애족의 청년들, 아랫사람들만 희생되었다. 그리고 자유시에 모였던 모든 한인무장부대 군인들은 상하를 막론하고 자신들이 기대했던 독립전투가 아닌 동족에게 총구를 겨누는 참변의 함정에 빠졌다.

상해고려공산당은 전신은 한인사회당으로 1918년 5월 하바롭스크에서 조직되었다. 그들은 1919년 2번째 당 대회를 통해서 신민단을 영합하였고 박애, 이한영, 박진순을 한인사회당 대표로 모스크바에 파송하였다. 그들은 고려공산당으로서는 최초로 〈코민테른〉에 가입하여 국제공산당의 인정과 지원을 받았으며 그로인하여 한국공산당 운동의 선구자의 자리를 차지하게 되었다. 여기까지 그들의 행보에는 아무런 문제가 없었다. 그러나 그들이 상해임정에 참여하면서 부터 부르주아정부에 참여한 변절자라는 사방의 비난에 직면하게 되었을 뿐만 아니라 금화 40만 루블의 모스크바 자금을 은닉한 사건으로 인하여 임정과도 적대적 관계에 놓이게 되었다. 그러나 그들은 여론에 전혀 개의치 않았으며 모스크바자금으로 자기 세력 확보에 전력투구를 하였다.

첫째 비난은 대한국민의회의에 남은 자들로부터 왔다. 대한국민의회는 원칙과 약속을 어긴 상해임정에 결합하지 않고 재기를 선언하며 대한국민의회의 회원으로서 임정에 참여한 한인사회당 무리들을 배신자로 취급하였다. 그들은 4월참변으로 백군(반혁명군)에게 무너진 블라디보스토크를 떠나서 아무르주 수도 슬라고베센스크에서 활동을 재개하였다. 그러나 그곳을 선점한 상해파의 박애, 장도정, 계봉우로부터 냉대를 받았다. 그들은 부진을 면하지 못하고 있을 때, 아무르주의 알렉셰브스크(자유시, 스보보드니)의 한인의회의 초청을 받아 자유시로 본부를 옮겼으며 그들로 부터 자유시보병대대의 지휘권을 받았다.

둘째 비난은 이르쿠츠크로부터 왔다. 1920년 초에 한인공산당과 무장부대를 조직한 이르쿠츠크공산당들은 7월에 전로한인공산당대표자회의를 열고 고려공산당중앙간부를 구성하였다. 그들은 부르주아들이 만든 임정에 참여한 상해공산당을 기회주의자로 인식하였다. 독립운동을 위해서 공산당에 가입한 상해공산당들을 의심, 불신하였으며 자신들이야말로 전 조선공산당을 지도하여 조선을 일본제국주의 식민통치체제로부터 해방시킴과 동시에 사회주의에 입각한 사회건설을 할 책임자로 인식하였다. 그러나 자신들의 존재가 미약하고 러시아 고려인사회에 알려지지 않았으므로 그들은 자기들과 함께 행보할 볼셰비키들을 만나기 위하여 백방으로 활약하였다.

셋째 비난은 임정과 민족주의자 그룹으로부터 왔다. 그들은 다함께 임정의 이름으로 교섭해서 받은 모스크바 자금을 독식한 상해공산당을 입을 모아서 기회주의자이며 변절자로 낙인찍었다. 그러나 상해파는 코민테른으로부터 자신들이 한국의 유일한 공산당이라는 인정을 받으면 혁명자금을 계속 지원받을 것이고 그 자금으로 독립전쟁을 수행할 수 있을 것이라는 신념으로 자신들의 행보를 멈추지 않았다.

이르쿠츠크파가 확장을 위해 동분서주를 하는 중에 아무르주에 있는 대한국민의회와 연계가 되었다. 대한국민의회는 1920년 9월에 이미 공산주의 수용을 선언하였으며 자유시를 기반으로 하여 이르쿠츠크파와 함께 반 이동휘, 반 한인사회당, 반 상해임시정부의 전선을 형성하고자 하였다. 이런 상황에서 모스크바자금 문제로 상해파공산당 내에 분열이 생겼다. 신입회원들이 이동휘를 비롯한 옛 한인사회당원들이 자기들을 제외하고 모스크바 자금을 사용하려 했다는 사실에 분개하자 그들은 선수를 쳐서 탈당을 선언하고 나가버렸다. 당에 남은 자들은 이동휘, 한형권, 박진순, 김립 등을 제명 처리하였다. 그리고 여운형, 안병찬, 김만겸 등은 이르쿠츠크파를 지지하는 쪽으로 방향을 전환하였다.

상해파와 이르쿠츠크파는 모스크바자금과 코민테른의 인정과 한인사회에서 주도권 확보를 위해서 치열한 경쟁을 벌였다. 지속적인 혁명 자금을 확보하기 위해서는 코민테른에서 유일한 한국공산당이라는 인정을 받아야 했고, 그 인정을 받기 위해서는 보다 더 많은 한인부대와 한인공산당 지부를 통합하며 지지를 받아야 되었다. 한인사회당은 1919년 코민테른에 가입한 이후로 한국의 유일한 공산당으로 인정받으려고 노력하고 있었으므로 자기들의 당이 조선의 유일한 당으로 인정을 받는 것을 시간 문제로 생각하고 있었다. 그러는 찰나에 반기를 든 이르쿠츠크파가 나타나자 그들은 적이 긴장하였다.

당시 상해파는 북간도, 연해주, 극동공화국 한인부, 극동공화국의 크라스노쇼코프 대통령, 코민테른 본부와 든든한 연계를 이루어서 코민테른에 한국의 유일한 공산당으로 인정을 받을 수 있을 것으로 기대하였다.

이르쿠츠크파는 당시 대한국민의회와 자유시, 아무르주, 상해, 코민테른 동양비서부, 비서부의 전권대표 보이틴스키, 슈미야츠키와 연계를 이루었고 상해파의 아킬레스인 모스크바자금건과 부르주아와 연대한 임정 참여를 집중적으로 공략해서 코민테른으로부터 한국의 유일한 공산당임을 인정받고 장차 한국 공산주의 혁명을 지도하는 집단으로 부상하려고 하였다.

그러나 코민테른은 어느 당도 지지하지 않았다. 1921년 11월 결정서와 1922년 4월 결정서를 통해서 양당의 통합을 권고하였을 뿐이다.

양당이 한국의 유일한 당으로 코민테른에 자리 매김하려고 노력하는 아주 중요한 시점에서 연해주와 아무르주의 빨치산부대들과 간도의 독립군부대들의 자유시 집결은 양 집단에게 호박덩이가 절로 굴러들어오는 세력 확보에 다시없는 좋은 기회였다.

문제의 발단은 니콜라옙스크에서 트리아피친 빨치산부대에 참여했던 박병길과 박일리야가 외나무다리에서 만나게 된 것이다. 불행스럽게도 박일리야는 친 이동휘 계열이었고 이동휘가 국무총리로 참여하고 있는 상해임시정부의 정통성을 주장하는 자였으며 1921년 5월 상해파 공산당 창당에서 군사전문위원이 된 사람이었다. 박병길은 코민테른의 지시대로 트리아피친 체포에 참여했고 그 일로 박일리야의 비판과 징계를 받고 니항부대를 떠난 사람이었다. 그는 니항부대를 떠났지만 볼세비키로서 최고려와 오하묵이 지휘관으로 있는 자유시보병대대에 가입하여 간부로 활동하고 있는 중이었다. 그는 자유시보병대 대원으로서 자연스럽게 대한국민의회에 소속되어 있었고 이르쿠츠크파 공산당 회원이 되었다.

4. 그들은 왜 자유시로 갔는가?

1920년 10월부터 1921년 3월에 걸쳐서 자유시에 노령 한인빨치산부대[25]와 간도 한인부대가 시간의 격차를 두고 속속 들어 왔다. 대부분의 글들이 자유시로 온 대한독립단 소속의 군인을 3,500명으로 기술하고 있으며 그들이 소비에트 러시아의 부름에 따라서 시베리아 일군과 전쟁을 치루기 위해서 왔다고 주장한다. 그러나 당시 러시아와 시베리아 상황, 간도와 독립군의 상황을 알게 되면 감히 그렇게 주장할 수 없을 것이다.

이 장을 읽을 때 꼭 염두에 두어야 하는 것이 있다.

1918년과 1919년에는 소비에트가 자국 내 고려인들에게 먼저 러시아 간섭군인 일본군과 싸우라고 격려했다는 것, 1920년 1월에 러시아 내전이 끝나고 간섭군들이 철수를 시작했다는 것, 소비에트가 내전의 승리를 위해서 국민개병제를 통하여 최종적으로 500만 명의 군인을 확보했다는 것, 연해주에서 러시아와 한인 빨치산부대가 일본군을 공격하고 있을 때 이미 소비에트가 일제와 철병 협상을 시작했다는 것, 일제 간섭군이 하바롭스크에서 니콜라옙스크를 잇는 그 아래 남쪽에서만 백군정부가 잔명을 유지하고 있다는 것, 연해주 상부와 바이칼호수 동쪽에 소비에트러시아에 의해서 극동공화국이라는 나라가 일시적으로 세워졌다는 것, 연해주에 4월참변이 일어나서 다수의 한인지도자들이 참변을 당했고 이에 대한 보복으로 5월에 니콜라옙스크 참변이 일어나 1,000여 명 정도의 일본인을 포함한 러시아 양민 6,000여 명이 죽었다는 것, 일제가 니콜라옙스크 참변을 핑계 삼아서 연해주에서의 철병을 미루고 있다는 것 등이다.

노령한인 빨치산부대

먼저 연해주와 아무르주에 있는 노령한인빨치산부대들의 자유시 이동의 원인과 참가한 부대들에 대하여 살펴보고자 한다.

니콜라옙스크참변으로 일본군이 니콜라옙스크에 증파되면서 연해주 지역의 빨치산부대의 안전이 위협받게 되었다. 연해주 곳곳에서 활동하던 한인 빨치산은 안전지대로 피해야 했는데 그들은 일본군이 미치지 않는 극동공화국 아무르주의 수도인 블라고베센스크 목표로 출발하였다.[26] 빨치산부대들이 퇴각하며 부대 정비와 보급문제를 논의하고 있을 때, 극동공화국은 그들에게 보급을 약속하며 철수를 강력히 권하며 한편으로 한인부대를 체계적으로 재편할 구상을 하고 있었다. 후에 극동공화국 산하의 한인부가 이일을 맡게 된다. 한인빨치산부대들은 1920년 10월에서 12월 사이에 자유시에 도착하였다.

자유시에 도착한 노령한인빨치산부대는

이만에서 창설된 이만부대(표트르, 박공서, 김덕보),

다반에서 창설된 다반부대(최니콜라이),

이만에서 창설된 독립단부대(박그레고리, 최파벨, 전응호),

니항에서 창설된 니항군대(후에 사할린부대로 개칭, 박일리아, 임호)가 있었고

자유시에서 창설된 학생대(채영)와 자유시에서 창설된 자유대대(오하묵, 최고려, 황하일, 최호림, 전희세, 유수연, 유선장)가 그들을 영접하였다.[27]

규모에 대해서 반병률은 자유시에 집결한 한인부대들의 총 병력이 1,900명이었다고 한다.[28]

최백순은 1919년도 연합 빨치산의 규모가 1,000명을 넘어섰다고 말한다.[29] 그 때가 한인 빨치산의 가장 전성기였으므로 1920년 자유시에 집결한 빨치산의 숫자는 대략 1,000명 정도로 가늠이 된다.

간도 대한독립군[30]의 회집과 이동

중국에서 러시아로 들어간 독립군에 대한 기록에는 연구해야할 과제가 많다. 인원, 참여한 부대, 밀산에서 만든 독립군단의 명칭, 이만과 자유시에 도착한 시기, 희생자 규모 등에 대하여 글을 쓰는 사람들이 자기 성향과 이념대로 취사선택하여 글을 쓰므로 편차가 참으로 크다.

대부분의 기록들에 의하면, 독립군부대는 12월 중순 경에 밀산에 집결하여 〈대한독립군〉단을 편성한 뒤에 1월 중순 경에 러시아령 이만으로 다함께 들어갔다.

밀산에 회집해서 대한독립군에 참여한 9개 부대는

대한독립군(홍범도),

북로군정서(서일, 김좌진),

간도대한국민회(구춘선, 이명순),

대한신민단(김성배),

도독부(최진동),

의군부(이범윤),

혈성단(김국초),

야단(김소래),

대한정의군정사(이규)로 총병력이 3,500 여 명으로 3개 대대에 9개 중대가 있었고, 1개 중대에 3개 소대를 두어 27개 소대로 편성되었다.

총재는 서일, 부총재는 홍범도, 김좌진, 조성환 이었으며 그들은 함께 밀산으로 들어갔다.

대부분의 책들이 청산리전투의 참가 인원과 동부전선으로 간 부대의 인원 3,500명이 함께 밀산에 회집하여 함께 우수리강을 건너 이만으로 갔다고 기록한다.

　그러나 이와 다른 주장이 있다. 독립군의 러시아 이동이 두 그룹으로 나누어 진행이 되었다고 한다. 대한국민의회는 10~11월 사이에 극동공화국 러시아인민혁명군 제2군과 교섭하여 연해주와 아무르주에 있는 한인빨치산부대를 자유시 일대에 집합을 시켰다. 다음 차례로 그들은 하바롭스크 2군단본부를 방문하여 간도 독립군부대를 노령으로 이동시키는 문제에 합의를 하였다.

　간도 독립군들은 밀산에 집결하지 않았으며 대한국민의회의 권고와 안내를 받은 후 각각의 부대가 주둔했던 자리에서 이만으로 이동하였다.

　가장 먼저 이동한 그룹은 봉오동전투 후에 청산리로 가지 않고 라자구, 동부전선으로 떠났던 최진동 그룹이다. 10월에 대한공의단, 대한광복단, 대한의군부, 대한의사부와 함께 〈대한총군부〉를 조직했던 그는 자기 부대와 남은 대한의군부와 함께 1월 말에 자유시에 도착했다.

　두 번째 그룹은 간도국민회 안무부대로 2월 초순에 도착하였다.[31]

　세 번째 그룹은 흔히 대한독립군으로 알려진 통의부였다.[32]

　청산리전투 후에 홍범도부대(200명)는 대사하에 주둔하였다. 거기서 이청천이 인도하는 서로군정서의 교성대(140명)와 조동식이 지휘하는 광복단과 연합하여 〈대한의용군〉을 편성하였다.

　대한의용군의 병력은 약 400여 명으로 홍범도가 총사령, 이청천이 부사령이 되었다.

　대한의용군은 1921년 초 밀산현 당벽진에서 북로군정서 군대와 만났다. 그들은 거듭 토의를 한 끝에 본부와 1개 대대(600명) 학도대(4~50명)으로 구성된 〈통의부〉를 조직하였다.

본부에는 총재 서일, 부총재 홍범도, 사령부 사령장 김규식, 부관 박두희, 군사부장 김오석, 교육 부장 김좌진을 두었고, 대대장은 이청천, 부관은 김승빈이었으며 학도대 대장은 이범석이었다. 총 규모가 600여 명이었다. 그러나 이만에서 통의부 군인들 380명이 중국으로 돌아갔다. 홍범도는 그의 일지에서 220명을 데리고 3월 중순에 자유시로 들어갔다고 밝히고 있다.

1차와 2차, 3차에 걸쳐서 자유시에 집결한 한인부대는

총군부 : 독군부(최진동), 의군부(허재욱),

국민회군 : 안무, 정일무, 김광, 김규찬,

통의부 : 홍범도부대(홍범도), 서로군정서부대(이청천), 광복단(조동식), 북로군정서(박두희)[30]이 며 총 인원은 900명이다.

반병률은 그의 책 《자서전 홍범도 일지와 항일무장투쟁 홍범도장군》 184쪽에서 자유시에 집결한 한인부대원 총수를 1,900명으로 밝히는데 그 수에는 러시아 한인빨치산부대 군인들 1,000명이 포함되어 있으므로 그 수를 제하면 간도에서 들어간 독립군의 수는 900명이 되는 것이다.

대한독립군단(조선독립군)이 러시아로 이동하게 된 이유와 목적

김삼웅은 간도참변 이후 활동 근거지를 상실한 조선독립군들이 자유시로 간 것은 소비에트노농정부와 상해임시정부 사이에 체결된 군사협정에 근거해서 소비에트 정부의 지원을 받을 것이라고 기대했기 때문이라고 하였다.[34]

김택은 애국지사들이 10여 년간 가꾸어 놓은 기지가 간도참변으로 초토화 되었고 후원의 역량마저 사라졌기 때문이라고 하였다.[35]

김정형은 봉오동전투와 청산리전투에서는 이겼으나 일본의 대대적인 토벌작전에 밀려서 러시아령 이만으로 갔다고 한다.[36]

이태영은 러시아가 대한독립군단의 입국을 허용한 것은 일본군을 퇴치하려는 지원군을 얻기 위해서 였으며 대한독립군단은 분산된 힘을 모아 하나의 통일된 조직아래서 일본군과 싸우기 위해서 였다고 한다.[37]

반병률은 독립군들이 봉오동전투와 청산리전투를 치루면서 탄약이 거의 사진되었고 중국에서 보충할 길이 없었으며, 사단 병력의 일본군의 토벌전과 싸우기에는 무장력이 크게 약화되었고, 화력도 소진되었고 병사들도 지쳐있었기 때문이며 러시아의 지원을 받아 재기하기 위해서라고 한다.[38]

김춘선은 독립군들의 활동기지와 후원 역량이 사라졌고, 계속 포위해 오는 일본 토벌군의 위협에 대처하며, 3,500여 명의 독립군부대의 의식주 문제 해결하기 위해서 였다고 한다.[39]

최백순은 일제가 부대를 대규모로 증원하며 반격을 시작하였으므로 안전한 지대로 퇴각하는 것과 군량미를 비롯해서 필요한 군량미를 보급 받기위해서 라고 하였다.[40]

실제로 자유시에 한인빨치산 부대들이 모여들고 있는 10월에 일제는 만주에서 훈춘사건을 조작을 통하여 2만5천여 명의 군인을 서북간도에 침투시켰다. 청산리로 이동해온 독립군들은 아즈마지대의 군인들과 싸워 이겼지만 일제는 독립군들의 기지와 배후인 조선인 마을에 들어가서

3,600여 명 이상의 조선인들을 학살하고 교회와 학교를 불태우고 가옥과 식량을 불태워서 독립군이 재기할 수 없도록 터전을 초토화시켜 버렸다.

이상을 종합해 보면 대한독립군단의 러시아로의 이동은 우리가 막연하게 알고 있는 대로 러시아의 강압적인 요청이 아니었으며, 일제의 간도 대토벌로 위기에 빠진 만주의 독립군이 활로를 찾기 위한 노력의 결과인 것을 알 수 있다. 벼랑 끝에 선 독립군들은 각 자 부대의 존속과 안전을 도모하며, 장차 독립전쟁에 필요한 물품을 지원받기 위해서 당시로서는 최선의 방법인 러시아행을 선택하였다. 실제로 대한국민의회와 상해파 고려공산당이 그들의 러시아행을 권면하며 안내하기 위하여 러시아 군부대와 극동공화국과 협상을 벌였다.

5. 설마 동족이 동족을 독립군이 독립군을 죽이지는 않을 것이다

10월부터 12월 사이에 극동공화국의 강력한 권고와 일군의 공세를 피해서 한인 빨치산 부대들이 안전한 자유시로 집결하기 시작하였다.

가장 먼저 들어온 니항부대는 이름을 사할린부대로 개칭하고 극동공화국 인민혁명군 산하에 편성되었다. 이어서 이만부대, 다반부대가 도착하는 가운데 당시 자유시의 자유보병대대를 인솔하고 있던 오하묵과 최고려는 자유시에서 아무르한인회를 대표하는 대한국민의회를 한인무장부대의 상급지도기관으로 결정하였다. 그것은 바로 임정에서 탈퇴한 후, 재기를 선언한 대한국민의회의 지도를 받아야 한다는 뜻이었고 자유보병대대가 한인부대의 지휘권을 장악한다는 뜻이었다.

그러나 친 이동휘 파에 속하는 니항부대 박일리야는 상해임시정부의 정통성을 내세우며 오하묵의 의견에 격렬하게 반기를 들었다. 그는 내심 트리아피친 체포사건으로 자기 부대에서 쫓겨난 박병길이 자유시보병대대에 간부로 있는 것이 불편하였고, 하여 군대 통합의 주도권을 잡기위해 판세를 뒤집을 궁리를 하였다. 그는 친 이동휘파가 운영하고 있는 극동공화국 한인부가 있는 치타로 갔다. 당시 치타의 한인부는 친 이동휘 파로 구성된 한인사회당 소속의 박애, 계봉우, 장도정, 김진이 장악하고 있었다. 그는 한인부 지도자들과 함께 비밀회합을 가졌고 전한의병대회를 개최하여 한인의병대를 조직하기로 하였다. 그들은 비밀회합에서 결정된 사항을 한인부대들에게는 극독공화국의 공식입장인 것처럼 전달하였고 극동공화국에는 한인부의 공식입장으로 전달하였다. 극동공화국의 대통령 크라스노쇼코프도 한인부를 적극 지원하였다.

1921년 1월에 극동공화국 한인군사위원회 명으로 포고문이 발표되었다. 포고문의 내용은 러시아와 공산당과 합의하여 500명 정원의 사관학교를 만든다는 것과 사단규모의 부대를 연속적으로 만든다는 것이었다.

한인군사위원회 포고문이 선포됨과 동시에 박일리야는 오하묵이 백군에 가담한 전력이 있으며, 최고려가 부하를 태형했다고 흑색선전을 시작하였다. 오하묵은 박일리야가 백군의 밀정이었다고 박병길 앞장세워서 응수했으나 판세를 뒤집지 못하였다. 그는 치타로 가서 상황을 보고하며 도움을 요청했으나 친 이동휘 파의 한인부는 냉정하게 거절하였다.

그가 부대를 비운 사이에 한밤중에 일어난 테러로 박병길이 살해를 당하였다. 오하묵이 떠나면서 자신의 결정 없이는 일체의 군사적인 행동을 하지마라는 지시를 받은 자유보병대대는 무방비상태에서 고스란히 테러를 당하였던 것이다.

박병길의 장례식은 자유시를 애도하는 사람들과 외면하는 사람을 반반으로 가른 채 진행이 되었고 며칠 후, 그의 약혼녀가 유서를 남기고 박병길의 무덤에서 자살한 일로 인하여 자유시는 일촉즉발의 위기상황에 직면하였다.

양파의 감정의 대립과 격화로 자유시는 참변을 향해 나아가고 있었지만 통합부대 주도권을 잡는 일에 눈먼 상해파와 이르쿠츠크파는 게임을 중단하지 아니했다.

극동공화국 한인군사위원회가 박창은을 사령관으로 그레고리예프를 참모장으로 세웠다. 그들은 국동공화국의 군사 명령서를 휴대하고 나타나서 한인부대 개편을 시작하였다. 자유보병대대는 한인부의 결정에 격렬하게 반발하였다. 이에 박창은은 사령관 직을 사임하고 떠나버렸다.

박창은 카드가 실패하자 박일리야는 그레고리예프를 사령관으로 하고 자신을 군정위원장으로 임명한 군사 명령서를 자유보병대대에게 내밀며 강압적인 편성을 시작하였다.

그즈음 3월 중순경에, 홍범도와 220명의 간도독립군 부대 2진이 자유시에 도착하였다. 박일리야는 조선인무장부대를 사할린의용대로 개편하면서 자기 부대와 다반부대를 75km 떨어진 마사노프로 이동을 시켰다. 간도

독립군부대들이 이동을 유보하며 머뭇거리자 박일리야는 3일간 식량을 공급을 중지하는 초강수를 썼다.[41] 사할린부대[42]로 편성을 거부한 자유보병대대는 무장해제가 되어 극동공화국 지방수비대에 포로로 넘겨졌다.

오하묵과 최고려는 이르쿠츠크에 있는 동양비서부에 사태 해결을 요청하였다.

레닌은 1921년 1월, 이르쿠츠크에 코민테른 동양비서부(극동비서부)를 세웠다. 운명의 장난이라고 하여야 할까? 동양비서부의 전권대표는 보이틴스키였는데 그는 회원 대다수가 러시아국적인인 이르쿠츠크 고려공산당의 적극적인 후견인이었으며 김만겸과 함께 상해를 방문했던 자로서 상해파 고려공산당원들을 기회주의자로 인식하고 있었다.

코민테른 동양비서부가 이르쿠츠크에 설치되면서 한인부대 통합운동 결정권이 극동공화국 한인부에서 동양비서부로 이관되었다. 보이틴스키와 슈미야츠키는 극동공화국 한인부를 인수하며 양파 통합과 단결을 추구하며 시베리아 한인 무장세력의 단일화에 중점을 두었다.

이르쿠츠크 동양비서부는 극동공화국 상부조직이었다. 오하묵과 최고려의 보고를 접한 비서부 부장인 슈미아츠키는 한인부대들 간의 대립으로 혁명운동이 막대한 지장을 받고 있다고 판단하고 동양 비서부 산하에 임시 〈고려혁명군정의회〉를 설치하여 한인부대를 재편하기로 하였다. 그는 상해파의 행보에 신속하게 못을 박았다. 모스크바자금 집행문제, 박일리야의 트리아피친 빨치산대장 체포 시 항명, 이어서 터진 박병길의 타살은 그의 상해파에 대한 불신을 깊게 해주었다.

그는 임시 총사령관에 갈란다시윌린, 부사령관에 오하묵, 군정위원에 김하석, 채성룡 임명하였다. 그들은 4월 중에 기병 600명, 보병 600명과 함께 극동공화국의 수도 치타에 도착하였다. 그러나 극동공화국 한인부는 박일리야가 군권을 장악하도록 시간을 끌며 사보타주를 하여서 동양비서부를 자극하였고 그 결과로 5월 9일에는 극동공화국 총사령부에 의하여 박애, 계봉우, 장도정, 김진 등이 반혁명의 혐의로 체포를 당하였다.

1921년 3월 사할린 의용대가 조직될 당시 1,400명[43]이었던 한인 무장 세력은 극동공화국 한인부 해체와 극동공화국의 지원 중단으로 식량사정이 악화되고 정치적 압력이 강화됨에 따라 이탈 세력이 많아져서 약 1,000명의 규모로 줄어들었다.

5월4~17일 이르쿠츠크파는 창립대회 둘째 날에 임시 〈고려혁명군정의회〉를 정식으로 조직하였고 임시 총사령관과 부사령관, 군정위원으로 임명했던 자들을 그대로 임명하였다.

5월 20일에는 상해에서도 이르쿠츠크파에 대응하기 위하여 고려공산당이 창립되어 이동휘가 위원장이 되었고 박일리야와 이용은 군사 위원이 되었다.

6월초에 정식으로 공인된 〈고려혁명군정의회〉는 치타에서 자유시로 이동하여 전한군사위원회 산하 사할린의용대 통합에 나섰으나 그들은 반발에 직면하였다. 한인부대 중에 홍범도의 통의부[44]군인들과 안무부대는 무장해제를 하고 자유시로 이동하였고 사령관인 그레고리예프는 투항하였으나 부사령관인 박일리야는 끝까지 항명으로 응수하였다.

〈대일한로공수동맹〉 4번째 조항은 시베리아 한국군은 러시아군사령부에 예속되어서 항일전에 공동행동을 취한다고 명시되어 있다. 4번 조항에 근거해서 볼 때 박일리야가 상해임정의 정통성과 명분으로 코민테른 동양비서부가 공인한 〈고려혁명군정의회〉에 항명한 것은 죽음을 자초하는 행위였다.

그는 설마 볼셰비키가 볼셰비키를 죽일 수 있겠는가? 설마 동족이 동족을 죽일 수 있겠는가? 설마 독립군이 독립군에게 총질하겠는가? 를 반신반의하며 저항하였는지도 모른다. 아니면 이동휘가 레닌을 움직여서 막판에 판세를 뒤엎을 수 있다고 믿었을지도 모른다.

어쨌든 그는 다른 부대와 부하들이 이탈하지 않도록 공포 분위기를 조장하며 서로 감시하게 하였다. 그러나 그가 기대하는 기적은 일어나지 않았고 6월 28일, 운명의 날에 볼셰비키가 볼셰비키를 동족이 동족을, 독립군이 독립군[45]을 죽이는 상잔이 일어났다.

결국 〈고려혁명군정의회〉는 강제로 무장해제를 단행하기로 결정하였다. 오하묵의 자유수비대와 적군 제 29연대 4개 중대는 제 2군단에서 증원한 장갑차 2대와 30여 정의 기관총의 엄호 아래서 600여기의 기마대를 앞세우고 마사노프로 진격하였다. 전투는 제야강을 빨갛게 물들인 채, 오후 3시에 시작하여 7시 30분 정도에 끝이 났다

사할린의용대 소속의 무명의 투사들은 억울한 죽음을 당하였지만 자신과 고려공산당의 주도권을 위해 끝까지 충성을 바치며 참변의 길을 향해서 질주한 박일리야는 마사노프를 탈출해서 이만으로 도망을 쳤다. 그후, 그는 1921년 11월 이만에서 이동휘, 이용, 김규면과 제 3차 전한군사

위원회를 결성하고 위원이 되었으며 1922년 8월에는 고려혁명군정위원회 결성에 참여하여 군정위원이 되었다.

6. 자유시참변의 희생자들

희생자의 규모

예나 지금이나 사람들은 자기나 자기 집단에 좋고 편한 대로 보고 기록하는 모양이다. 자유시참변에 대한 피해기록이 너무 다르다. 이동휘와 상해파 지지자들은 피해 상황을 과장하고 이르쿠츠크파 지지자들은 피해상황을 축소해서 말하고 싶었을 것이다.

그날 사할린의용대의 무장해제를 감행하며 전투를 치룬 〈고려혁명군정회〉는 사망 37명, 도망 50명, 포로 900명이라고 발표를 하였다.

《독립신문》은 사망 36명, 탈출 100명, 포로 900명이라고 하였다.

재 북간도 항일단체는 사살 272명, 익사 37명, 기진해서 죽은 자 200여 명, 행방불명 250명, 체포 917명이라고 하였다.

전로고려혁명군대는 사망 36명, 도망 30명, 행방불명 59명, 포로 864명으로 발표하였다.

국사편찬위원회, 《한국독립운동사자료》는 사망 36명, 행방불명 60명, 최종 무장 해제된 자 가 860명이라고 정리하였다.

자유시참변 당시 대부분의 전사자는 총군부 소속으로 허근이 이끌던 의군부의 독립군이었다고 한다. 참변의 소식을 들은 홍범도는 장교들과 솔밭에서 땅을 치며 통곡하였다고 한다.[46]

참변 후에 상해파와 이르쿠츠크파는 자신들의 권력다툼으로, 조국의 독립을 위하여 일제와의 전쟁에 자원해서 나온 뜨거운 피의 청년들을 희생시킨 자신들의 독선, 야망, 강압에 대하여 일말의 반성도 없었다. 그들은 성명서, 팸플릿,《독립신문》투고를 통해서 자신들의 입장을 변명하거나 상대방을 공격하였다.

이르쿠츠크파는 이렇게 주장을 하였다.

이 사건은 오랜 병폐에서 나온 것으로 한국 독립운동계 내부의 모순이 표출된 것이다. 즉 상해 임시정부와 대한국민회, 상해파와 이르쿠츠크파 공산당의 군권쟁탈전에서 발생된 일이다. 따라서 유혈사태의 책임은 대한의용군 사령부[47]와 고려혁명군정회 양쪽에 있고 유혈사태의 직접적인 책임은 명령 불복을 선동한 대한의용군 측에 있다.[48]

상해파는 다음과 같이 주장하였다.

4,000여명의 독립군이 한 자리에 모인 것은 치타 한인부와 한인사회당의 노력의 결과다. 그런데 대한국민의회 간부들이 개입하여 이르쿠츠크파 공산당과 결합해 군권 쟁탈의 야심을 드러냈다. 사태의 책임은 남의 권리를 빼앗기 위해 군정의회를 조직해 파란을 일으키고 유혈사태를 일으킨 가해자 측에 있다. 대한국민의회와 이르쿠츠크공산당 책임자들과 코민테른 극동비서부장 슈미야츠키, 고려혁명군정의회 사령관 갈란다시월린을 징벌해야 한다.[49]

포로로 잡힌 자들에 대한 처리

고려군정의회는 포로 군인들을 위하여 임시검사부를 설치하고 폭동과 선동의 주모자들을 밝히게 하였다. 5인으로 구성된 위원회는 6월 30일부터 900명의 포로를 심문하였다.

사할린부대의 강압에 못 이겨 잔류한 총군부[50]와 기타 군인 364명은 무죄 방면되어 고려군정회에 편입되었다. 나머지 500명 중 죄가 있다고 인정되는 장교와 군인 72명은 이르쿠츠크로 압송되었고 나머지 428명은 원동공화국 정부 제 2군단의 요구로 우수문벌목장의 노동군으로 강제징역에 처해졌다. 72명은 이르쿠츠크 감옥에 수감되었고 11월 말에 고려혁명군 법원에 의해 재판을 받았다. 채동순, 홍범도, 박승만 3인의 재판부는 3명에게 2년 징역, 5명에게 1년 징역, 24명에게는 1년 집행유예, 나머지 17명은 무죄 방면을 하였다.

재판이 진행되고 있던 7월 5일 동양비서부는 〈고려혁명군대〉의 만주 출동계획을 정지시키고 전원을 이르쿠츠크로 호출하였다. 국동공화국이 일본과 대련에서 회의를 개최하는 중에 국제법상 문제와 관련하여 부득이하게 내려진 조치였으나 그로서 민족주의자들이 주도하였던 북간도와 연해주의 무장투쟁독립운동의 맥이 끊기게 되었다.

8월 그믐 무렵 이르쿠츠크에 도착한 고려군정의회는 해소되고 한인무장부대는 소비에트적군 제 5군단 직속 '조선여단'으로 개편되었으며 여단장은 갈란다시월린, 군정위원장 박승만, 홍범도는 제1대대장에 임명되었다.

7. 아픔을 간직하며

자유시참변의 주범은 한인무장부대를 자유시로 집결시킨 자들이다.

그들을 자유시로 집결시킨 세 개의 그룹이 있다.

첫째 그룹은 레닌이 신생소비에트를 보호하기 위해서 임시로 만든 극동공화국이다. 극동공화국 대통령 크라스노쇼코프는 소비에트정부를 대신하여 연해주에 있는 일본군 철수를 위해 협상을 진행시키는 중이었다. 그는 신생 러시아소비에트혁명의 성공을 위협하는 일본군의 철병을 위해 한인부대를 빠른 시간 내 집결시켜서 무장해제를 단행하여야 했다. 이것은 적군과 함께 일본인들 대량학살에 참여하여 니콜라옙스크참변을 일으킨 한인무장부대에 대한 일본의 단호한 요구이기도 하였다. 뿐만 아니라 그것은 혁명정부의 안전을 우선시할 수밖에 없는 모스크바의 뜻이기도 하였다.

둘째 그룹은 상해파로 불리는 고려공산당 그룹이다. 그들은 임정에서 탈퇴한 이후로 한인사회의 주도권을 잡고 코민테른에 한국의 유일한 공산당으로 인정받기 위해 총력을 다 하였다. 그러므로 그들은 자유시참변에 대한 성토문에서 4,000여 명의 독립군이 한 자리에 모인 것은 극동공화국 한인부와 한인사회당의 노력의 결과라고 주장할 수 있었던 것이다.[51] 독립운동의 노선에서 무장투쟁론자인 그들은 코민테른의 인정을 받기 위해서 한인부대 지휘권 쟁탈이라는 초강수를 두어 같은 독립군을 죽음으로 몰아넣는 자유시참변에 크게 일조하였다. 이들 배후에는 러시아 극동공화국 한인부와 극동공화국이 있었다.

셋째 그룹은 이르쿠츠크파와 대한국민의회와 자유보병대대이다. 문창범은 청산리전투 이후, 해산된 독립군들에게 자유시로 결집할 것을 촉구하였고[52] 오하묵은 이만에서 부대들과 만나 그들을 설득하여 무장해제를 시킨 후에 자유시로 인도했다.[53] 이르쿠츠크파는 부르주아 상해임정과 협력하고 모스크바자금을 사사롭게 착복한 기회주의자인 상해파에 전로 한인공산당 지도권을 내줄 수 없었다. 그들 배후에는 코민테른 동양비서부가 있었다.

상해임시정부가 한인무장부대를 자유시로 집결시키지 않았다고 해서 책임이 없다는 말이 결코 아니다. 그들은 상해임시정부에 자파세력을 공고히 하기 위해서 약속대로 임시의정원을 해체하지 않았고 항의하는 대한국민의회의 의견을 묵살하고 협상에서 제외시킴으로서 상해파와 이르쿠츠크파의 주도권 싸움을 야기 하였으며 임정의 고질적인 문제인 분열의 단초를 만들었다. 또한 양반관료의 습관으로 독립군들에게 임정 봉대를 요청하였으면서 위기에 빠진 독립군들을 위해서는 아무런 책임도 지지 않았으며 그들이 보급이 중단되고 총알이 사진되어 러시아로 떠나는 상황에서도 아무런 대책이 없었다.

러시아령 이만까지 들어갔지만 위험을 인지하면서 돌아 간 군인들이 있었다.

서일은 중로국경을 넘어 갈 때, 40여 명의 무리들과 함께 밀산 당벽진으로 돌아 왔다.[54]

이만에 도착한 김좌진, 김규식, 이범석 등은 볼셰비키군에게 무장해제를 요구를 받자 380명을 데리고 밀산으로 돌아갔다.[55] 자유시에서 상해파

와 이르쿠츠크파의 밀고 당기는 주도권 싸움이 진행될 때 많은 군인들이 부대에서 이탈하였다.[56]

그러나 남은 사람들, 노령의 한인빨치산부대와 간도에서 온 총군부, 국민회군, 통의부의 220명은 당장의 생명 안전의 문제, 군수품 공급의 문제, 소비에트 러시아의 지원으로 독립전쟁을 계속하려는 애국애족의 신념과 투지로 말미암아 주도권 다툼을 벌이는 러시아 빨치산 부대 지도자에게 끌려 다니는 고난과 굴욕을 당해야 했다. 그리고 그들은 끝내 자유시참변에 가해자[57]와 피해자, 목격자와 심판자가 되는 어두운 역사의 한 페이지가 되었다.

자유시에 모인 한인무장부대의 총 병력은 1,900여 명으로 추산된다.

간도에서 들어간 부대는 대한독립단의 이름으로 함께 들어간 것이 아니며 그 명칭도 대한독립군단이 아니고 〈통의부〉이다. 간도에서 들어 간 1차 부대는 총군부 속하는 독군부(최진동)와 의군부(허재욱)이었고, 2차로 들어간 부대는 국민회군(안무, 정일무, 김광, 김규찬)이었으며, 3차로 들어 간 부대는 밀산에서 집결하여 통의부(세칭 대한독립군단)를 결성한 그룹이었다. 통의부에는 홍범도부대(홍범도), 서로군정서부대(이청천), 광복단(조동식)이 소속되어 있었다. 간도에서 자유시로 이동한 군인 수는 3,500명이 아니고 900명으로 추정된다.

노령에서 자유시로 들어간 한인빨치산부대는 니항부대(박일리야), 이만부대(김표트르, 박공서, 김덕보) 독립단부대(박그레고리, 최파벨, 전웅호), 다반부대(치니콜라이), 자유시 학생대(채영), 자유시보병대대(오하묵, 최고려, 황하일, 최호림, 전희세, 유수연, 유선장)이 있었고 규모는 1,000여 명 정도였다.

자유시에 결집한 한인무장부대는 상해파, 극동공화국 한인부가 주도하는 전한군사위원회 산하의 사할린의용대로 편성되었다가 다시 이르쿠츠크파, 코민테른 동양비서부가 주도하는 임시 고려혁명군정의회 산하의 고려혁명군으로 재편성되었다. 이에 상해파의 중앙 군사위원인 박일리야가 반기를 들었고, 6월 28일, 〈고려혁명군정의회〉는 더 이상의 설득을 포기하고 강제로 무장해제를 단행하기로 결정하였다. 오하묵의 자유수비대와 적군 제 29연대 4개 중대가 제 2군단에서 지원한 장갑차 2대와 30여 정의 기관총의 엄호 아래서 600여기의 기마대를 앞세우고 마사노프로 진격함으로 자유시참변이 일어났다.

희생자는 〈고려혁명군정회〉는 사망 37명, 도망 50명, 포로 900명이라고 발표를 하였고, 〈독립신문〉은 사망 36명, 탈출 100명, 포로 900명이라고 하였으나, 재북간도 항일단체는 사살 72명, 익사 37명, 기진해서 죽은 자 200여 명, 행방불명 250명, 체포 917명이라고 하였다.

그러나 전후의 흐름을 살펴건대 〈고려혁명군정회〉와 〈독립신문〉의 발표된 숫자가 합리적이다.

당시 모든 상황을 종합해보면 자유시에 집결한 한인무장부대들의 무장해제는 일본의 압력으로 피할 수 없는 상황이었다. 그러나 우리 독립군 부대들이 위태하고 엄중한 시대적 상황을 파악하여 서로 배려하였으면 최소한 인명 살상은 피할 수 있었을 것이다. 문제는 파국으로 치달으며 수많은 청년들을 죽음에 이르게 한 상해파와 이르쿠츠크파의 관료적이고 권위적인 지도자들이다.

그들은 동북아 정세에 대한 지식과 안목이 부족했으며 특히 러시아와 일본의 역학관계에 무지하였고, 조국독립이라는 대의를 잊고 독립군끼리 경쟁하며 탐욕적인 파벌싸움에 주도하였고, 독립운동이야 어찌되든지 간에 자기파의 권력 강화를 위해 외국세력과 손을 잡고 동족을 죽음의 길로 내몰았다는 비판을 면할 수 없다.

자유시참변이 동족상잔의 비극이요, 한국독립운동계를 좌우로 분열시킨 계기가 된 것이 사실이지만 참변의 이름으로 더 이상 공산주의에 대한 증오와 불신, 선입관과 편견을 확대 재생산하는 일은 멈추어야 한다.

자유시참변의 권력다툼은 지도자들이 벌인 게임이었고 참변에서 희생당한 사람들은 실로 조국의 독립을 위해 연해주에서, 서북간도에서 일본군과 생명 걸고 싸우던 청년 투사들이었다. 그들의 대부분이 1860년대 부패한 양반관료들의 등쌀에 고향산천을 등져야 했던 가난한 천민과 소작인의 아들이었으며 조선이라는 나라로 부터 혜택을 받은 적이 없었던 청년들이었다. 그럼에도 불구하고 그들이 독립전쟁에 참여하여 죽음으로 이루고자 했던 것이 "조선 독립"이었다는 이율배반적인 사실에 전율하며 자유시참변에서 희망을 본다.

그들은 자유시 하늘 아래서 몸뚱이로 조국광복의 불을 밝힌 촛불들이었다.

독립운동사에 이름 석 자 없는 숱한 무명의 상놈투사들이 있어서 우리의 하늘이 어둡지 않다.

자유시참변 99주년을 맞이하면서 남북이 소통되고 동북아에 평화가 정착되길 기원하며 희생으로 민족의 앞길을 밝히는 횃불이 되신 선열들의 영전 앞에서 머리를 조아린다.

미주

1. 경고문, 1919년 4월 5일자 〈매일신보〉 1차 경고문, 그 뒤로 2회에 걸쳐 경고문 게재.《35년 1915-1920 3·1혁명과 대한민국 임시정부》,149,150 쪽, 박시백, 비아북, 2018

2. 적군, 또는 적위군, 1917년 러시아혁명 이후 레닌 정부가 만든 소비에트 러시아군, 노동자와 농민 지원군을 바탕으로 만들었으며 내전 시기에 의용군을 중심으로 재편성되어 백군, 반혁명군과 제국주의 간섭군들과 싸웠다.

3. 러시아 내전, 1917년 10월 혁명 이후, 레닌의 혁명군과 옛 러시아제국의 반혁명군 사이에 벌어진 전쟁. 1917년 11월에 시작되어 1920년 1월에 콜차크 임시정부가 패배함으로서 끝이 났으나 연해주의 백군은 일본의 지원을 받으며 1923년 까지 싸웠다.

4. 빨치산은 러시아어 "partizan"에서 유래하였으며 비정규 군사조직을 뜻한다. 적의 배후에서 지형과 지물을 이용하여 신속하게 이동하며 기습을 통해 적에게 피해를 입히는 30~50명 정도의 소규모 전투부대를 의미한다. 러시아 내전에서 한인빨치산 부대들이 활동하여 백군과 일본군과 전투를 벌여서 적군의 승리에 기여를 하였다. 그러나 한국 현대사에서는 "빨치산"을 빨갱이 잔당 정도의 부정적인 의미로 사용하고 있다.

5. 코민테른 동양비서부는 1919년 모스크바에 세워진 국제공산당 산하에 있는 조직으로 동양 3국 즉 중국, 일본, 한국의 공산당 선전과 설립을 지원하기 위해 1921년 세워진 특별 부서로 지리적인 문제를 고려하여 사무실을 이르쿠츠크에 두었다.

6. 극동공화국은 수도 이름을 따서 치타공화국이라고도 한다. 극동공화국은 시베리아 내전이 종료되고 난 후, 1920년 4월 16일에 일본의 시베리아 간섭군의 서진을 막기 위하여 러시아제국 영토 안에 소비에트 러시아와 일본군 사이의 완충국으로 세운 명목상의 독립 국가이다. 극동공화국은 볼셰비키 소비에트 연방정부의 지도아래 있었으며 영토는 자바이칼지방, 아무르주, 하바롭스크지방, 프리모르스키 지방을 포함하고 있었다. 1922년 11월 15일 시베리아에 진주했던 일본군이 철수하자 소비에트연방으로 합병되었다.

7. 《연변조선족사》상 111쪽, 〈연변조선족사〉 집필소조, 연변인민출판사, 2011년

8. 《최진동장군》, 184쪽, 김춘선 외 2인, 흑룡강조선민족출판사, 2006년

9. 10월 혁명 후에는 〈소비에트러시아〉라고 불렸으며 〈소련〉이라는 국명은 1922년 12월 30일자로부터 사용.

10. 백군은 적군 볼셰비키에 반대하는 구러시아제국의 지지들이었다. 사회혁명당, 멘셰비키, 체코군, 연합군 간섭군들의 지원을 받았다.

11. 러시아는 국민개병제를 이용하여 300만의 정규군을 확보하였으며 친백군파 였던 체코군도 블라디보스토크에서 백군에 반기를 들어 봉기하였다. 일본은 체코군의 봉기를 제압하였으나 일본 내 사정으로 증군을 할 수 없었다. 소비에트러시아가 연해주를 제외한 모든지역에서 승리를 거두었다.

12. 니콜라옙스크전투, 니항전투, 러시아 빨치산 대장 트리아피친과 박병길과 박일리야 한인 빨치산부대가 일본 점령군과 전투를 벌여 크게 승리한 전투. 일본은 니콜라옙스크의 대학살을 핑계로 철수를 거부하였고

연해주 4월참변을 일으켰다.

13. 6,000여 명에 이르는 양민 학살, 4,000여명, 5,000여 명이라는 기록도 있다. 니꼴라예스크시에 대한 방화와 러시아 양민학살로 인하여 볼셰비키정부의 분노를 샀다.

14. 한형권이 임시정부 특사로 가서 1차 지원금으로 금화 60만 루블을 받았으나 너무 무거워서 40만 루블만 수령하였고 20만루블은 다시 러시아 외무위원회에 예치하였다고 한다. 수금자는 한형권과 박진순이었다.

15. "원호"는 조선이 망하기 전 19세기 말에 러시아로 이주하여 러시아 국적을 취득한 고려인에 대한 호칭이다. 이와 반대로 국적 없이 머무는 사람들을 "여호"라고 불렀다.

16. 《대한민국임시정부의 초대 국무총리 이동휘》113쪽, 김방, 한국독립운동사연구소

17. 북로군정서와 대한의용군이 밀산에서 통합하면서 붙인 이름은 실제로 통의부였다. 대한독립군단이라는 명칭은 후인들의 통의부에 대한 기록의 오기이다.

18. 봉금, 청의 건륭제는 산해관에서 흥경과 봉황성을 잇는 975km 거리에서 남으로 압록강과 두만강 변 까지 일대를 청나라 발상지로 묶어 출입금지구역으로 만들었다. 봉금은 한족에 대해서는 1875에, 조선인에 대해서는 1881년에 해제되었다.

19. 〈15만원 탈취사건〉, 1920년 1월 4일에 용정 근교에서 〈철혈광복단〉의 윤준희, 임국정, 한상호, 박웅세, 최봉설 등이 현금수송마차를 습격하여 15만원을 탈취한 사건. 그들은 탈취한 돈으로 무기를 구입하기 위해 블라디보스토크에 까지 갔으나 변절자 엄인섭의 밀고로   체포를 당하

였다. 최봉설은 탈출에 성공. 나머지 4인은 서대문형무소에 수감되었고 사형을 당하였다.

20. 불령선인, 일제는 한인독립군을 불온하고 불량한 조선인으로 호칭 했다.

21. 《자서전 홍범도 일지와 항일무장투쟁 홍범도장군》, 174쪽, 반병률, 한울아카데미

22. 반병률은 그의 저서 《통합임시정부와 안창호, 이동휘, 이승만 삼각정부의 지도자》74 쪽에서 한인사회당이 대한국민의회도 부르주아적 민족의자들에 의하여 주도되고 있는 점으로 방법론상 내용을 달리하고 있지만 상해임정과 같은 부르주아적 외교론자로 보았다고 한다.

23. 상해임시정부 승인 · 개조의 문제는 상해임시정부와 대한국민의회가 통합을 하면서 5개의 통합안에 동의를 하였는바, 상해측이 임시 의정원을 해산하지 않은 것과 한성정부의 각원의 일부를 개조한 것으로 인하여 시작된 문제로 대한국민의회는 한성정부안을 그대로 승인 할 것을 요구하였다.

24. 《통합임시정부와 안창호, 이동휘, 이승만 삼각정부의 지도자》459쪽, 반병률, 신서원

25. 러시아의 한인무장부대들은 대부분이 러시아 내전에 참여해서 적군과 함께 백위군을 물리 쳤지만 비정규군이었으며 빨치산이라 불렀다. 자유시대대도 처음에는 빨치산이었으나 자유시한인의회 소속되면서 극동공화국 산하에 정규군으로 소속되었다.

26. 《알려지지 않은 별 역사가 된 사람들 조선공산당평전》, 183쪽, 최백순, 서해문집

27. 《자서전 홍범도 일지와 항일무장투쟁 홍범도장군》, 184쪽, 반병률, 한

울아카데미

28. 《자서전 홍범도 일지와 항일무장투쟁 홍범도장군》, 184쪽, 반병률, 한
   울아카데미

29. 《알려지지 않은 별 역사가 된 사람들 조선공산당평전》, 185쪽, 최백순,
   서해문집

30. 대한독립군이라고 호칭을 사용하는 것은 상해임시정부가 세워지면서
   모든 독립군이 임정임정을 봉대하였으며 임정 또한 부대들이 징병과 모
   금 등등에 있어서 임정의 지시를 받도록 규제하였다.

   * 리광인의 《백포 서일장군》 407,408쪽
   연변의 조선족 사학자인 리광인은 청산리쪽 서부전선으로 간 독립군
   이 1200여 명, 왕청라자구, 러시아 변경쪽인 동부전선으로 간 독립군이
   800여 명임을 감안하며 밀산에 집결한 독립군 부대가 많아야 2,000명
   이라고 주장한다. 이어서 그는 서부전선의 1,200명 설도문제가 있다고
   제기한다.

31. 《자서전 홍범도 일지와 항일무장투쟁 홍범도장군》, 176쪽, 반병률, 한
   울아카데미

32. 《자서전 홍범도 일지와 항일무장투쟁 홍범도장군》, 177쪽, 반병률, 한
   울아카데미

33. 북로군정서의 김좌진. 이범석, 김규식 등은 이만에서 380명의 통의부 군
   인과 함께 밀산으로 돌아갔다.

34. 《대한독립군 총사령관 홍범도평전》, 208쪽, 김삼웅, 도서출판레드우드
   1920년 여름에 임정 특사로 모스크바에 간 한형권이 치레린과 카라한
   과 맺었다고 하는 〈대일한로공수동맹〉을 의미한다.

35.《걸출한 조선민족영웅 이름난 독립군사령관 홍범도장군》,221쪽, 김택, 김인철, 조룡남, 연변인민출판사

36《100년의 기록 100년의 교훈 20세기 이야기 1920년대》,78쪽, 김정형, 답다

37.《다큐멘터리 일제시대》, 167쪽, 이태영, 휴매니스트

38.《자서전 홍범도 일지와 항일무장투쟁 홍범도장군》, 174쪽, 반병률, 한울아카데미

39.《최진동장군》, 181쪽, 김춘선, 안화춘 허영길, 흑룡강조선민족출판사

40.《알려지지 않은 별 역사가 된 사람들 조선공산당평전》, 151쪽, 최백순, 서해문집

41.《자서전 홍범도 일지와 항일무장투쟁 홍범도장군》, 185쪽, 반병률, 한울아카데미

42.《자서전 홍범도 일지와 항일무장투쟁 홍범도장군》, 186쪽, 반병률, 한울아카데미

43.《자서전 홍범도 일지와 항일무장투쟁 홍범도장군》, 186쪽, 반병률, 한울아카데미

44. 통의부, 밀산에서 편성한 독립군 통합부대 이름. 북로군정서, 서로군정서, 홍범도부대, 광복군이 참여하였으며 흔히 대한독립군이라고 칭한다.

45. "독립군이 독립군을 죽이는"이라는 표현이 일반적으로 3,500여 명의 대한독립군을 가정하고 독립군 553명이 전사, 익사, 행방불명이 되었다고 주장할 때 흔히들 사용하는 문구이다. 여기서는 숫자의 많고 적음의 유무보다 일군과 전투를 치루며 조국의 독립을 위해 한길를 걸었던 투사

들이 서로 총부리를 겨눈 뼈아픈 현실를 강조하기 위해서 쓴 문구이다.

46. 《자서전 홍범도 일지와 항일무장투쟁 홍범도장군》, 187쪽, 반병률, 한울아카데미

47. 대한의용군사령부, 사할린의용대를 편성한 사령부로 극동공화국 한인부가 만든 '전한군사위원회'가 주도하였다.

48. 《35년 1921-1925 의열투쟁, 무장투쟁 그리고 대중투쟁》157쪽, 박시백, 비아북

49. 《35년 1921-1925 의열투쟁, 무장투쟁 그리고 대중투쟁》157쪽, 박시백, 비아북

50. 총군부는 최진동이 1920년 10월 라자구에서 만든 연합군단의 이름, 도중에 탈퇴하고 도독부와 의 군부만이 자유시로 들어 왔다.

51. 《35년 1921-1915 의열투쟁, 무장투쟁 그리고 대중투쟁》157쪽, 박시백, 비아북

52. 《최진동장군》, 188쪽, 김춘선, 안화춘, 허영길저, 흑룡강조선민족출판사,

53. 《알려지지 않은 별 역사가 된 사람들 조선공산당평전》, 151쪽, 최백순, 서해문집

54. 《백포서일장군》414쪽, 리광인, 김송죽 저, 민족출판사 연변인민출판사

55. 《자서전 홍범도 일지와 항일무장투쟁 홍범도장군》, 182쪽, 반병률, 한울아카데미 밀산으로 돌아온 북로군정서군인들은 송곰보의 양곡점을 약탈하였다. 송곰보는 청보산토비무리를 불러서 독립군 무리들을 보복 살해 하였다. 당시 마을로 포교를 떠났던 서일은 당벽진참변 소식을 듣고 돌아왔다. 그는 둔병제 후방기지를 건설하고자 함께 남았던 병사들의 죽음을 목격하고 절망과 고통 속에서 죽음을 택하였다. 《백포서일장

군》, 428쪽, 리광인 저

56. 《자서전 홍범도 일지와 항일무장투쟁 홍범도장군》, 186쪽, 반병률, 한
   울아카데미

57. 가해자, 자유보병대대와 적군 29연대 4개 중대는 제2군단에서 증원한
   장갑차 2대와 30여정의 기관총 화력의 엄호 아래 600여기의 기마대를
   앞세우고 수랍스크(마사노프)로 들어갔다. 나머지 간도 한인무장부대는
   전혀 가담하지 않았다. 동족상잔의 비극임이 분명하지만 모두가 참여한
   것처럼 표현하는 과장은 피해야 한다.

참고서적

• 반병률, 《통합임시정부와 안창호, 이동휘, 이승만 삼각정부의 세 지도
  자》, 신서원, 2019

• 반병률, 《자서전 홍범도 일지와 항일무장투쟁 홍범도장군》, 한울아카데
  미, 2014

• 김삼웅, 《대한독립군 총사령관 홍범도장군》, 도서출판레므우드, 2019

• 최백순, 《알려지지 않은 별 역사가 된 사람들 조선공산당 평전》, 서해문
  집, 2017

• 김택 외 2인, 《걸출한 조선민족영웅 이름난 독립군 사령관 홍범도 장군》

• 심영숙, 《중국조선족 력사독본》, 민족출판사, 2016

• 이태영, 《다큐멘터리 일제시대》, 휴미니스트, 2019

• 김춘선 외 2인, 《최진동장군》, 흑룡강조선민족출판사, 2006

• 박찬영, 정호일, 《한국사를 보다》, (주)리베르스쿨, 2019

- 박영규,《일제강점실록》, 웅진지식하우스, 2018
- 최근갑 외 다수《룡정3 · 13반일운동 80돐 기념문집》,1999
- 김정형,《20세기 이야기 1910년대》, 답다. 2017
- 리광인, 김송죽,《백포 서일장군》,민족출판사. 연변인민출판사, 2017
- 김용달,《대한민국 임시정부 그 100년의 역사》, 역사공간, 2019
- 김제방,《한국현대사》, 문학공원, 2009
- 김남수 외 다수《100년 전의 한국사》,휴머니스트,2012
- 반병률,《여명기 민족운동의 순교자》,신서원, 2013
- 윤병석,《3 · 1운동사와 대한민국 임시정부 광복선언》, 국학자료원,,2016
- 이승우,《시베리아의 별, 이위종》, 김영사, 2019
- 김정인,《역사전쟁, 과거를 해석하는 싸움》, 책세상, 2016
- 정길영,《항일무장투쟁의 별 대한군정서 총재 서일》,경인문화사, 2019
- 김영수 외 10인,《역사 속의 한국과 러시아》,선인, 2014
- 김 방,《대한민국임시정부의 초대 국무총리 이동휘》,역사공간, 2013
- 이근호 편저 외《교과서보다 더 쉬운 청소년들을 위한 한국사사전》, 청아출판사, 2013
- 장상철, 장경희 편저,《새로 쓴 국사사전》, 교문사, 2007년
- 도면회 외 7인,《고등학교 한국사》,비상교육, 2013
- 한철호 외 7인,《고등학교 한국사 교사용교과서》, MiraeN,
- 박시백,《35년 1921-1925 의열투쟁, 무장투쟁 그리고 대중투쟁》, 비아북, 2018

4부

다시 용정에서 보다

망명 지사들의
독립운동 시작과 한계

무엇이나 아는 만큼 보고, 보고 싶은 대로 본다는 말이 맞다.

십여 차례 용정에 다녀오면서 용정을 보는 나의 시각이 많이 달라졌다. 다양한 시각으로 용정을 보노라니 1900년대 초반의 40년간의 용정은 그야말로 팔팔 끓는 거대한 가마솥이었다. 조선이 외교권을 박탈당한 1905년부터 일제가 패망하는 1945년까지 용정 일대의 조선인들은 오늘 한국 사회와 교회가 안고 있는 것과 같은 내부적 갈등과 대립, 정체와 위기를 겪으면서 외부적으로는 중국의 토비와 관원들의 횡포, 일제의 차별과 치욕에 굴하지 않고 폭압과 회유를 견디며 면면연연 독립운동을 견지해 갔다.

학창시절에 선구자를 부르면서 마음으로 그렸던 용정은 조국을 찾기 위해 말을 달리던 독립투사들의 마을이었고 "별을 헤는 밤"이나 "서시"를 읽으면서 느낀 대로 순백의 열정을 가진 저항시인의 마을이었다. 그러나 용정 바로 옆 도시 연길에 와서 살면서 나의 환상이 깨졌다. 조선족 170

여년 역사에서 민족주의 망명 지사들과 크리스천들의 독립운동의 역사가 그리 길지 않았으며 그나마도 1920년 중반을 기점으로 하여 조선족 사회에서 영향력이 점차 잃었으며 시인 역시 시를 썼다는 사실 말고는 용정의 독립투쟁사에 남긴 흔적이 없었다.

내가 알고 있던 일천한 상식과 다르게 용정일대는 1925년을 기점으로 해서 사회주의 물결에 휩쓸렸으며 사회주의 독립투사들의 근거지가 되었다. 용정에서 중공공산당 산하의 조선인공산당이 최초로 결성되었으며 한국인들에게 비교적 친숙한 명동학교, 은진학교는 물론이고 대성학교, 동흥학교에서 반종교 투쟁이 치열하게 일어났다. 이들의 활동으로 인하여 역사의 주체로 깨어난 농민과 노동자, 남녀청년들이 독립 투쟁에 자신들의 생명을 아낌없이 바쳤다. 사회주의 계열의 독립투사로서 독립전쟁에서 목숨을 잃은 청년들이 무려 1만 3,000여명에 이르며 연변 110개의 향(진)에 610개의 조선족 독립열사 기념비가 세워져 있다. 당시 인구 비율을 생각하면 140명중 1명이 나라의 독립을 위하여 산화하였으니 1930년대 용정은 한국독립투쟁 중심지라고 말하지 않을 수 없다.

그럼에도 불구하고 오늘날 대부분의 한국인들이 용정을 망명 독립투사들의 활동지, 시인의 고향으로 인식하는 것은 사회주의자들의 독립운동을 배제할 수밖에 없는 해방 후, 한국 정치상황과 기독교 영향력의 산물이라고 볼 수밖에 없다. 지금도 우리가 역사적 사실과 다른 인식을 계속하고 있는 것은 시류에 민감한 TV 방송과 언론 매체들의 보수성과 중국과 수교 이후 연변 관광의 길이 열리며 여행사들이 한국인이 잘 알고 있는 "청산리전투", "일송정과 용두레 우물", "윤동주 시인과 명동촌" 그리고 "이상설의 서전서숙"을 여행상품으로 개발하여 그것만 보여주기 때문에 우리의 용정에 대한 인식이 고착될 수밖에 없었던 것으로 보인다.

용정을 잘 보려면 먼저 중국 조선족의 역사를 알아야 한다. 중국 조선족의 역사는 그리 길지 않지만 일본이 패망하기 전까지 대략 100년의 역사를 크게 3개의 시대로 구분해 본다.

첫 시기는 1850년대부터 1905년까지이다.

이 시대는 가난한 소작농민들과 노비들이 조선에서 살 수 없어 도망쳐 나와 연변을 비롯한 동북삼성의 강을 따라서 황무지를 개간하여 수전을 일구어낸 농민들의 활동기로 수전민의 시대라고 부를 수 있다.

둘째 시기는 1905년에서 1925년까지이다.

1910년 대한제국이 망하자 독립운동을 하기 위해서 관료, 양반 사대부들이 들어와서 학교를 세워 반일민족교육과 함께 독립 투쟁을 펼친 시대로 망명 지사의 시대라고 부를 수 있다.

셋째 시기는 1925년에서 1945년까지이다.

이 시대에는 사회주의의 영향으로 농민대중과 청년들이 조직화되고 의식화되어 주체적으로 항일독립운동을 전개하였으므로 대중 항쟁의 시대라고 부를 수 있다.

한국사회는 이 세 시기 중 월강 조선 이주민, 수전민의 시대를 알지 못할 뿐만 아니라 관심도 없다. 그러나 이주민, 수전민 시대야말로 훗날 조선인들, 특별히 망명 지사들이 독립운동을 위해 간도로 집결할 수 있는 인적, 물적, 사회적 토대를 형성한 개척의 시대였으며 오늘날 조선자치주 탄생의 시발점이므로 다각적으로 심도 있게 연구해야 할 시대이다. 무책임하고 무능했던 망국의 역사에 대한 철저한 분석과 평가 없이 새 역사는 결코 오지 않을 것이기 때문이다.

그러나 오늘 이 글은 두 번째 시기에 해당하는 망명 지사들의 시대를 다루며 그들의 교육운동과 독립운동을 소개하며 그런 속에서 출현한 사회주의의 활동을 보고자 한다.

두 번째시기에 해당하는 1905년부터 1925년까지 조선은 망국과 식민치 통치 속에 들어갔다. 일본에게 외교권을 빼앗기고 군대가 해산되고 결국에는 일본에게 자주권을 넘기는 나라의 멸망이었다. 그 과정에서 조선인들은 서북간도로 대대적인 이주를 시도하였다.

1904년에 연변지역(북간도, 동만주)에 이주해온 조선 이주민은 50,000여 명에 달하였고 1907년에는 71,000여명, 1909년에는 85,000여명, 1910년에는 109,500여명, 1911년에는 126,000여명, 1912년에는 210,000명에 이르며 1920년에는 277,000여명에 이른다. 일본 척무성의 자료에 의하면 1920년에 이르러 만주 동북지역 조선이주민 인구는 457,000여명에 이른다.

이 시기의 이주민들은 나라가 망하기 전후에 들어온 정치 이민들로서 집단 또는 개인적으로 이주를 하였다. 특별히 〈신민회〉, 〈서북학회〉, 〈청림교), 〈대종교〉 계열의 인사들, 홍범도와 수하 의병들, 이진룡과 수하의 의병들과 함경북도 성진군 학성면 달래동의 양씨 일가친척 150여명은 집단 이주를 하였으며 개인적으로 망명한 이들은 구춘선, 이범윤, 이상설, 이동녕, 정재면, 안중근, 안명근, 양기탁, 서일, 안희제, 안무, 조맹선, 전덕원, 김중건, 김좌진 등이 있다. 이 시기를 주도한 망명 지사들은 조선인들의 반일 정서를 고양시키며 독립투쟁을 준비하기 위하여 항일단체 조직과 독립운동 인재 양성을 위한 사립학교 설립 및 조선인의 이주와 함께 따라온 기독교를 비롯한 민족종교의 전파를 통하여 독립운동을 활발하게 펼쳤다.

1. 1905년~1925년대의 망명 지사들의 활동

첫째로 그들은 항일단체 설립과 항일교육과 계몽으로 독립운동을 시작하였다.

1909년 이동춘의 발기로 〈간민교육회〉가 설립되었다. 이동춘은 당시 변무공서교섭과 통역관으로 등용되어 간도에서 조선족교육체계 확립에 큰 기여를 하였다. 1913년 2월에는 김약연과 이동춘, 구춘선, 김립, 정재면, 정지영 등 기독교계 지도자들이 앞장서서 조선이주민들의 자치와 연합을 위하여 〈간민회〉를 만들었다.

정재면, 김약연, 박태환, 구춘선 등 용정 일대의 기독교 인사들이 이동휘와 함께 〈삼국전도회〉의 기치를 들고 복음전파와 함께 일제에 맞서는 민족 교육을 하는 사립학교를 설립 운동을 펼쳐 나갔다.

1911년 봄에 왕청현 덕원리로 망명한 서일은 1912년에 계화, 현천묵과 함께 반일독립단체인 〈중광단〉을 만들어서 청년들에게 군사 훈련을 시켰으며 1919년 3·13 만세 시위 후에는 〈대한정의단〉으로 개편하였으며 그 휘하에 무장독립단체인 〈대한군정회〉를 만들었다. 1920년 봄에 〈대한군정회〉는 청산리전투의 주력부대인 〈북로군정서〉로 이름이 바뀐다.

1904년에 이범윤의 통역관으로 러일전쟁에 참여하였으며 안중근과 단지동맹을 결성하였던 황병길은 백삼규, 오병묵과 반일교육과 활동을 주목적으로 하는 〈기독교우회〉를 조직하였고, 상인들의 계몽과 교육을 위해 〈훈춘상무회〉를 조직하였다.

황병길, 오병묵, 이종호, 윤해 등은 한족과 연합하여 조선의 독립을 회복하고 일본의 연해주 병탄을 방지하기 위한 〈둔전영〉을 조직하였다.

1910년에 김익근과 김문호는 왕청현 라자구에 농업과 상업을 흥성시키며 일본을 배척하고 한국을 회복시킨다는 취지로 〈라자구농상회〉를 조직하였다. 또한 대별남구에서는 송익준이 주도하여 무력투쟁단체인 〈창의소〉를 만들었다.

1915년에 이동휘, 장종휘 등은 〈만국개량회〉를 조직하여 연해주와 간도가 긴밀한 연락을 취하며 대일작전을 추진키로 하였다.

1919년 3월에 구춘선을 회장으로 하는 반일단체인 〈독립기성회〉가 조직되어 〈간도국민회〉로 개칭하였다. 당시 〈간도국민회〉는 간도에서 가장 큰 무장독립운동단체로 일제의 가장 큰 표적이 되었다.

1919년 4월에 동녕현, 훈춘현의 황병길, 이명순, 오병묵 등의 대표들이 훈춘 탑도구에 모여 〈훈춘한민회〉를 설립하였으며 후에 간도국민회 훈춘지회를 겸하였다.

둘째로 그들은 학교를 설립하여 민족교육을 하며 항일인재를 양성하였다.

항일인재 양성을 위한 사립학교가 동북삼성 곳곳에서 세워졌다.

사립학교는 반일민족단체에서 세운 사립학교, 조선족종교단체와 그 인사들이 세운 학교, 외국인 선교사들이 세운 학교와 만주 전 농촌지역의 농민들이 자율적으로 개조한 개량식 서당학교가 있었다.

〈만주국교육방안〉에 나오는 1928년 통계에 의하면 반일민족 단체인 정의부 22개, 신민부 10개, 참의부가 2개의 학교를 세웠다.

같은 책의 통계에 의하면 조선족종교단체와 지도자들이 세운 학교는 기독교에서 세운 학교는 64개, 천도교, 시천교, 원종교 대종교 등의 민족종교 단체가 세운 학교가 25개였으며 〈최근간도사정〉에 나오는 1926년도 통계에 의하면 외국인 선교사에 의하여 세워진 학교가 19개였다. 〈만주국교육방안〉에 나오는 1928년 5월 통계에 의하면 조선 농민들에 의해서 세워진 개량식 서당학교가 328개였으며, 외국인을 포함한 조선인이 세운 사립학교의 총수는 470개 인 것으로 미루어 보아 당시 조선인들의 반일교육의 의지가 얼마나 치열했는가를 짐작할 수 있다.

참고로 1928년 통계에 의하면 중국인이 세운 조선족 관립학교는 174개였으며 일본이 세운 조선족 학교는 148개였다.

조선인에 의해 세워진 최초의 근대사립학교는 1906년 말에 세워진 서전서숙이었다. 그러나 설립자인 이상설의 1907년 봄, 헤이그밀사행과 일본 〈통감부 간도파출소〉의 억압으로 강제로 문을 닫게 되었다. 그 뒤를 이어서 창동학교, 정동학교, 광성학교, 명동학교가 설립되었으며 계속해서 왕청현에 명동학교, 훈춘현에 신풍학교, 북일학교, 연길에 길동학교, 보진학교, 용정에 영신학교, 명신여학교, 일공학교, 은진학교, 동흥학교, 대성학교, 광명학교, 동양학원, 노동학원, 동아학교 등등이 세워졌다. 불완전한 통계에 의하면 1916년 12월까지 동북3성내 조선족 사립학교가 238개소, 학생이 63,000여명이 있었다. 만주국 시절에 기록된 〈만주국교육방안〉의 1928년의 통계에 의하면 조선족사립학교는 470개소, 학생은 16,929명이 었다.

민족사립학교는 1911년 8월에 선포된 〈조선교육령〉이 조선인을 충성된 식민지 백성으로 만들고자하는 민족말살정책과 동화정책에 반대하는 항일을 교육의 취지로 삼았으며 민족의식과 독립을 고취하는 교육과목에 중점을 두었으며 종래의 한학과 유교의 윤리도덕교육을 혁파하고 근대적인 새로운 문화 지식을 교육하였다.

국어, 역사. 생리, 화학, 지리, 수학, 체육 등 학과목을 중시하였으며 3·13 만세 시위 후 군사교육을 실시하여 독립군의 역량을 강화하고자 하였다. 뿐만 아니라 사립학교들은 조기공산주의자들과 진보적인 지식인에 의하여 마르크스-레닌주의와 사회주의혁명사상을 전파하는 기지가 되었으며 다양한 종교재단이 세운 사립학교에서는 사회주의 사조의 파급으로 교육과 종교 분리운동이 일어났다.

대성유교회 계열에서 세운 대성학교에서는 공자의 위패가 제거되고 매월 초에 드리는 제사가 사라졌으며 동흥학교에서도 천도교 재단으로부터 분리가 되어 일체의 종교 행위가 중단되었으며 기독교 학교도 마찬가지 시련을 겪어야 했다. 명동학교도 반 종교투쟁과 사회적 여론의 압력으로 교장인 김약연이 1928년 교장직무를 사임하고 용정으로 떠난 뒤 오을열이 교장으로 부임하면서 학교가 교회와 완전히 분리되었다. 은진학교는 1927년 졸업을 앞두고 졸업이 취소된 최성회로 말미암아 졸업생 전원이 졸업을 거부하고 해산하였으며 이에 2, 3학년들이 최성회에게 졸업장을 수여할 것과 성경 과목을 취소할 것을 요구하며 동맹휴학에 들어갔고 결국 150명의 재학생들이 대성학교와 동흥학교로 단체로 전학을 가는 바람에 폐교에 위기에 까지 이르렀다. 그리하여 1928년에는 11명이 졸업하였고, 1929년에는 7명이 졸업하였으며 1932년에는 2명이 졸업하는 진통을 겪어야 했다.

민족사립학교는 많은 항일지사들을 양성하였으며 이들의 활동은 3·13 만세 시위, 각 지역의 만세 시위, 15만원 탈취사건을 비롯하여 일본 군대와 경찰서, 관청을 습격하는 일로 나타났다.

일반사립학교에서는 학식을 갖춘 지도자를 배출해내는 것에 중점을 두었지만 무장투쟁을 예상하며 직접 독립군을 양성하는 무관학교도 세워졌다. 이종호의 지원으로 이동휘와 김립이 라자구에 세운 무관학교, 1920년 3월에 서일, 현천묵, 계화가 김좌진을 소장으로 초빙하여 세운 북로군정서 산하의 〈무관연성소〉, 3·1운동 후 임시정부가 지원하여 신흥학교에 세운 〈신흥무관학교〉, 길림성 화전현에 세워진 〈의용군강습소〉, 1920년 5월에 국민회 주관으로 연길현 숭례향 이정배에 세워진 〈사관학교〉, 화룡현 삼도구 능지영에 세워진 〈사관양성소〉, 안도현 내두산에 설립한 〈사관학교〉, 길림성 교하현 남강자에 설립한 〈검성중학〉, 신민부가 목릉현 팔리평 (팔면통 소추풍)에 설립한 〈성동사관학교〉 등이다. 이들 사관학교에서는 군사교육과 실전 훈련을 실시하였으며 임전무퇴의 군인정신을 배양하였으며 하루에 10여 시간씩 강훈련으로 독립군을 양성하여 무장투쟁의 최전선으로 수송하였다.

셋째로 제 종교 포교와 전도활동 및 신도들의 모임으로 독립운동 단체를 조직하였다.

천주교 인사들이 3·13 만세시위에 적극적으로 참여하였으며 방우룡은 김종담, 김연과 함께 천주교를 기반으로 하는 항일무장부대 〈의민단〉를 조직하여 홍범도연합부대에 가담하여 청산리전투에 참여하였다.

캐나다장로교에는 이동춘, 정재면, 박무림, 홍순국, 남공선, 황병길, 오병묵, 구춘선, 안무, 마진, 강백규, 김약연, 이성국 등 많은 망명 지사들이 모였다. 그들은 〈서전서숙〉을 효시로 하여 각처에 교회와 신식학교를 세웠으며 교민회를 만들어서 반일 계몽운동을 벌였으며, 용정 3·13 시위를 계획하고 주도하였으며, 각처의 만세 시위를 조직하여 주도적으로 이끌어 갔다. 그들은 〈간민회〉를 기초로 하여 장로교인 중심의 연변 최대의 반일단체인 〈간도국민회〉를 조직하여 〈국민회군〉를 만들었고 독립군양성소를 세웠다. 국민회군은 봉오동전투와 청산리전투에 참여하여 혁혁한 공을 세웠다. 황병길, 오병묵 등은 훈춘에서 〈기독교우회〉, 〈훈춘상무회〉, 〈둔전영〉, 〈훈춘한민회〉을 조직하여 반일교육과 독립군을 양성하는데 심혈을 기울였다.

이동휘와 김립 등은 대한기독교회를 통하여 연길, 훈춘, 왕청에 교회가 운영하는 학교를 세웠으며 이종호의 후원으로 왕청현 라자구에 무관학교를 세웠다.

나철, 김교헌, 윤세복, 서일, 계화, 현천묵, 김복, 김장, 이장녕, 김규식(우사 김규식과 동명이인) 등은 대종교 교세확장을 통하여 독립운동을 꾀하였다.

1911년에 연변지구에서 포교를 시작한 이래로 교우 자녀들을 위하여 화룡현 청일학교, 환인현 동창학교, 무송현 벽산학교, 밀산현 대흥학교, 용정현 문명학교, 중흥학교, 왕청현 명동학교, 훈춘현 진동학교, 영안현 대종학교 등 많은 학교를 세웠다. 김교헌은 무오독립선언서를 기초하였으며 서일, 현천묵, 계화 등은 1912년에 교도 중심의 반일단체인 〈중광단〉을 만들었고 1919년 말에 김좌진을 무관양성소 교관으로 초청하여 독립군양성을 위해 〈사관양성소〉를 세웠으며 대종교 교도를 기반으로 하는 무장단체인 〈북로군정서〉 조직하였다. 북로군정서는 청산리전투에 참여하여 역사에 길이 남는 전투를 치렀으며 그 후 〈대한독립군단〉으로 재정비되었다. 1920년 당시 밀산에 모인 조선독립군 부대는 모두 3,500여 명이었는데 대종교 계통의 군인이 대다수이었다.

이범윤, 황운세, 홍두극은 유림인사를 중심으로 하는 반일무장단체 〈광복단〉을 만들어 왕청현 춘양일대를 근거지 삼아 반일무장투쟁을 벌였으며 청산리전투에도 참여하였다.

임창세, 신포, 오석영, 김광숙, 윤좌형, 현기정, 지창욱, 임방혁 등은 청림교를 기반으로 하여 무장독립단체인 〈야단〉을 조직하였으며 봉오동전투와 청산리전투에 병력과 군복 등을 지원하였다. 왕청현의 청림교도들은 1922년에 명신소학교를 짓고 80명을 모집하여 반일교육을 하였으며 1920년부터 청림교 지도부는 백두산에 올라 일본의 멸망을 기원하고 나라의 독립을 비는 단군제를 드리며 청림교도들에게 반일의식을 고취하였다.

2. 망명 지사들의 활동 시작과 일제의 만주 진출

일제는 만주를 중국 침탈의 발판으로 삼고자 조선인 보호를 명목으로 1907년 용정에 간도 파출소를 세움으로 침략의 행보를 시작하였다. 이주 조선인들은 일본의 감시와 억압에 직면하여 교육과 종교를 무기삼아서 저항하였다. 1919년에는 용정과 훈춘을 비롯하여 만주 모든 지역에서 대대적인 만세시위가 있었으며 그 후 무장단체들을 조직하여 일제와 〈봉오동전투〉와 〈청산리전투〉를 치루어 승리를 거두었다. 일본은 이에 대한 보복으로 〈경신참변〉 일으켜 독립군의 모체가 되는 조선인마을을 초토화시켰다. 독립군들은 러시아령으로 이동하고 남아 있는 독립군들은 일군을 피해 안전지대로 숨어야 했다. 그리고 간도 이주조선인 사회는 대학살의 후유증에서 벗어나기도 전에 사회주의 사조에 휩쓸리게 되었다.

일본제국주의의 만주 진출

수탈과 억압을 피해 도망처 나온 용정, 연변의 1세대 수전민들은 1905년부터 다양한 망명 지사들 2세대와 동시에 일본 제국주의의 거센 물결을 맞이하였다.

1905년 이후 제국주의 일본은 "간도의 조선인을 보호 한다"는 명목으로 1907년 8월 용정에 〈조선통감부 간도파출소〉를 설치하였다. 1909년에는 〈간도조약〉을 맺고 파출소를 철수하고 그 자리에 〈간도일본총영사관〉을 설치하고 연길, 투도구, 배초구, 훈춘에 영사관 분관을 두었고 화룡현, 남양평, 동불사, 로투구, 명월구, 개산툰, 이도구, 남평, 삼도구, 석현 등 19곳에 경찰서를 세웠다. 뿐만 아니라 총영사관 산하에 〈일본인거류민회〉, 〈동양척식주식회사 간도지점〉, 〈조선인민회〉, 〈조선은행 용정지점〉, 〈용정금융부〉, 〈광명회〉등 정치, 경제, 문화적 침략 기구를 설치하였다.

간도총영사관은 동북의 각종 정보를 탐지하며, 동북의 재산을 약탈하고, 조선인들의 독립운동을 탄압하며 동북을 제 2의 식민지로 삼으려하는 일본 제국주의 본부로서 악명을 날렸다.

일본은 동북거주 조선인들에게 탄압과 회유 양면정책을 취하여 민족을 이간질시켰으며 황민화정책의 일환으로 일본인과 차별과 동화를 전제로 한 일본어 중심, 일본 문화 중심의 실업교육을 실시하였다. 1928년 5월 조사에 의하면 식민지교육정책의 기본 방침에 따라 일본제국주의자들이 세운 조선인을 위한 학교는 148개 이다, 조선총독부의 조선족 공립보통학교 41개, 만철회사의 조선족학교 12개, 조선총독부가 운영비를 보조한 보조학교 82개, 이민회사의 조선인학교 4개, 일본인의 사립학교 9개로 모두 다 식민지 노예화 교육의 첨병들이었으며 조선의 청소년들을 친일기회주의자로 양산하여 독립운동에 쐐기를 박았다.

그러나 용정의 조선인들은 일본의 감시와 탄압, 회유와 이간질에도 불구하고 항일과 독립 의지를 불태웠고 한껏 고양된 민족의식이 바야흐로 1919년 〈3·13만세시위〉로 나타났다.

간도 조선인들의 〈3·13만세시위〉

조선의 〈3·1운동〉이 전국을 휩쓸자 그 불꽃이 간도에서도 거세게 타올랐다. 연변의 항일 지사들은 상해와 연해주의 독립 운동가들과 연계하며 즉시 호응하여 항일집회를 준비하였다. 3월 13일 연변 각지에서 모인 30,000여명의 농민들과 사립학교 학생들은 일본총영사관 소재지가 있는 용정에 모여 항일집회를 열고 독립선언서를 읽고 일본 제국주의 침략을 성토하였다. 일제의 압력으로 중국지방당국은 평화시위를 잔혹하게 탄압하여 그 자리에서 10명이 총에 맞아 숨지고 40여명이 부상을 당하였으며 7명의 중상자가 병원에서 숨을 거두었다.

3월 17일, 1,500여명의 조선인들이 희생자들의 시신을 들고 다시 항의 시위를 하였다.

연변일대에서 〈3·13만세시위〉 후에 30여 지역에서 58차에 걸친 항일 만세 시위가 일어났다. 연길현의 이도구, 팔도구, 투도구, 용두산, 국자가 등지에서 수천 명이 참석하였으며 왕청현의 배초구, 라자구, 석현 등지에서, 안도현의 현성과 관지에서 훈춘현의 현성과 횡부자구, 로황구 등지에서 항일시위의 횃불이 연일 타올랐다. 3월부터 4월 말까지 만세 시위에 참여한 조선인은 86,670여 명이었다.

58차에 걸쳐 86,670명이 참여한 독립 만세시위는 세계적인 동정의 여론을 불러일으켰지만 일본제국주의는 변함이 없었다. 그리하여 만주 여기저기서 독립무장단체들이 결성되기 시작하였다.

독립무장단체들의 결성과 독립전쟁

비폭력 평화 시위였던 〈3·13만세시위〉가 일본의 폭력 앞에 좌절을 겪으면서 독립투사들은 무장의 필요성을 절감하였다. 그들은 각자의 활동 지역에서 무관학교 설립을 추진하였으며 독립군부대를 결성하였다. 그리하여 1920년 여름에 연변지역에는 2,900여 명의 독립군 장병들이 2,600여 자루의 보총을 보유하기에 이르렀다. 홍범도와 박경철의 〈대한독립단〉, 구춘선과 안무의 〈국민회군〉, 최진동의 〈도독부〉, 서일, 현천묵, 계화,

김좌진의 〈북로군정서〉, 이홍수의 〈신민단〉 외에도 〈의군부〉, 〈의민단〉, 황병길의 〈훈춘한민회 급진단〉등이 있었다.

여러 무장단체들은 창건 후 바로 조선 국내진공작전을 펼쳤으며 홍범도가 이끄는 〈대한독립단〉은 혜산과 갑산의 일본수비군을 습격하여 많은 무기와 군수품을 포획하였고 만포진, 자성, 회령, 온성, 종성을 습격하였다.

1920년 재만 독립군들의 국경 3도(함북, 함남, 평북)에서 전개한 국내진공 유격전수는 총 1,700건에 이른다. 국내진공작전으로 말미암아 일어난 봉오동전투와 청산리전투는 한국 독립전쟁사의 백미이다.

봉오동전투는 1920년 6월 4일 〈신민단〉이 종성군 강양동초소를 습격한 사건으로 시작되었다. 일제의 〈월강추격대〉는 독립군을 얕잡아보고 봉오동까지 쳐들어 왔다. 대기하고 있었던 〈대한독립군〉, 〈국민회군〉, 〈도독부〉, 〈신민단〉 등 연합부대들이 홍범도와 최진동의 지휘 하에 매복전을 펼쳐서 일제 침략군에게 치명적인 타격을 입혔다.

〈봉오동전투〉는 연합부대의 승리였으며 중국 땅에서 펼쳐진 조선의 독립군과 일본의 정규군의 최초의 전투로 조선인과 중국인들에게 큰 의미를 부여하였다.

봉오동전투 이후 일제는 중·일 합동수색대를 편성하여 독립군 토벌을 실시하였으나 중국 지방정부가 미온적인 자세로 응하자 〈간도지방불령선인초토화계획〉을 세우고, 〈훈춘사건〉을 조작하였다. 그들은 1920년 10월 2일, 중국의 마적을 매수하여 훈춘의 일본인 민가와 영사관 분관을 습격하여 일본인 13명, 한국인 순사 1명을 살해하고 30여 명에 중경상을 입히게 만들었다. 일제는 훈춘사건을 빌미로 하여 중국에 피해배상을 요청하면서 바로 대대적인 병력을 동북으로 침입시켰다. 조선군 19사단을 주력부대로 하여 블라디보스토크파견군, 북만주 파견군 및 관동군이 합세한 약 2만여 명의 대부대였다. 일본군의 만주 진출의 정보를 접한 독립군 부대들은 연합부대를 결성하였다.

청산리전투의 주역인 서부전선의 독립군은 홍범도와 안무 등이 인솔하는 연합부대에는 〈대한독립군 약 300명〉, 〈국민회군 약 250명〉, 〈의군부군 약150명〉, 〈한민회군, 약 200명〉, 〈광복단군, 약 200명〉, 〈의민단군, 약 100명〉, 〈신민단군, 약 200명〉 그리고 〈야단〉과 〈대한정의군정사〉 등으로 총 병력은 1,400여 명이었으며, 연합부대에 참여하지 않은 〈북로군정서〉의 병력은 약 1,000여명 정도였다. 그들은 동북지역 조선인들의 생명과 안전을 우려하여 지역 근거지에서 나와 백두산 서쪽으로 이동을 하였다. 그리하여 청산리전투가 시작되었다.

1920년 10월 21일부터 26일 까지 홍범도가 인솔하는 연합부대와 북로군정서는 백운평전투, 천수평전투, 만리구전투, 어랑촌전투, 고동하전투 등 10 여 차례 걸친 〈청산리전투〉를 승리로 막을 내렸다. 대한민국 임시정부가 조사하여 발표한 바에 의하면 일본 침략군은 1,200여 명의 전사자와 2,100여 명의 부상자를 냈으나 독립군측은 130여 명의 전사자, 220여 명의 부상자를 냈을 뿐이었다.

청산리전투는 2,000여명의 독립군이 2만 여명의 일본군과 싸워 승리한 한국의 독립전쟁사에 길이 남을 치열한 전투였다. 홍범도를 비롯한 각 부대 지도자들의 탁월한 전략과 협력, 민간인들의 희생적인 협조와 수고, 군인들의 애국애족의 정신이 발현의 결과물이었으며 수전을 개척하고 자녀들을 독립군으로 보내고 세금을 내서 독립군을 지원한 동북 조선인들의 자주독립에의 염원이 피워낸 꽃이었다.

청산리전투는 당시 서부전선으로 떠나 연합부대의 승리였고 한 편에는 러시아 쪽 가까이 왕청현 밀림, 동부전선으로 떠난 연합부대가 있었다. 이들은 서일 총재가 거느린 북로군정서 군인들과 훈춘지역과 왕청지역에서 결성된 무장단체의 독립군으로서 서부전선으로 간 독립군들에게 군수품을 보급하며 블라디보스토크 쪽에서 들어오는 일본군의 서진을 막았다.

봉오동전투와 청산리전투에서 패배한 일제 침략군은 독립군의 모체가되는 조선인사회의 초토화작전을 감행하여 흔히 〈경신참변〉이라 불리는 조선 민간인 대학살을 자행하였다. 그들은 연변지역 뿐 아니라 서만(서간도)에서도 조선인촌락을 습격하여 사람들을 살해하고 부녀자를 강간하는 것은 물론이고 가옥, 학교, 교회에 불을 질렀다. 그들의 학살행위는 1921년 4월까지 계속되었다. 일제 침략자들에 의한 조선인의 총 피해는 아직도 다 밝혀지지 않았으며 1920년 10월 하순에서 11월 까지 연길, 화룡, 훈춘, 왕청 4 지역에서 당한 피해만해도 살해당한 자들이 3,664명, 체포된 자들이 155명, 소실된 민가가 3,520여 채, 소실된 학교가 59개, 소실된 교회당이 19개소나 되었다.

경신대토벌로 조선인사회에 일제 침략군의 대학살이 일어나는 사이에 독립군들은 일본군의 포위망을 뚫고 1920년 12월 중순에 북만 밀산에 도착하였다. 밀산에 집결한 〈대한독립군〉, 〈북로군정서〉, 〈간도국민회군〉, 〈신민단〉, 〈도독부〉, 〈광복단〉, 〈혈성단〉, 〈야단〉, 〈대한정의군정사〉 등은 진지한 토론과 협상 끝에 총재를 서일, 부총재를 홍범도, 조성환, 김좌진으로 하는 〈대한독립군단〉을 결성하였다. 총 병력이 3,500여명에 달하는 〈대한독립군단〉은 3개 대대로 나누고 1개 대대에 3개 중대를 두고 1개 중대에 3개 소대를 두어 총 27개 소대를 이룬 그들은 밀산에서 우수리강을 건너 러시아 이만에 도착하였다. 러시아에서 상반된 정세 판단을 내린 김좌진을 비롯한 일부 지도자들은 북만으로 돌아오고, 볼셰비키만이 조선독립에 도움을 줄 수 있다는 판단을 내린 홍범도, 이청천, 안무, 최진동 등은 계속 북으로 이동하여 자유시에 이른다.

한편으로 이만에서 돌아온 독립군들과 밀산 〈대한독립군단〉에 참여하지 않고 후방에 남았던 구춘선을 중심으로 하는〈국민회군〉은 돈화와 액목현에서, 〈신민단〉은 영고탑에서, 〈광복단〉은 목단강에서 〈한민회〉는 동녕현 등지에서 진영을 재정비하였다. 그러나 전력의 손실과 독립운동의 모체가 되어준 후방기지, 조선인 마을의 초토화로 인하여 일제와 무장투쟁을 전개하기 어려웠다. 그들은 활로를 모색하기 위하여 통합운동을 전개하였다. 결과 대한통의부, 참의부, 정의부가 형성되었으나 망명 지사들이 주도하는 독립운동의 길은 수차례 분열되어 무력화 되었으며 사회주의 계열의 독립운동가들이 출현하여 독립운동에 대대적인 지각변동이 일어나기 시작하였다.

어쨌든 독립군의 대 이동 후 연변 땅에서 독립군무장활동이 자취를 감추었고 활동중심이 남만과 북만으로 넘어갔다.

이렇듯이 망명 지사들이 학교와 항일단체를 세우고 무장단체를 만들어서 독립운동에 전념하고 있을 때, 러시아의 10월 혁명의 승리의 영향으로 사회주의가 용정을 중심으로 하는 연변사회에 뿌리를 내리기 시작하였다. 그로부터 용정 민족주의 계열의 독립운동과 종교 활동은 침체되었지만 용정은 사회주의자들의 거점이 되어서 새로운 차원의 독립운동을 치열하게 추진한다.

3. 러시아 볼셰비키의 영향으로 급변하는 조선이주민 사회

러시아 10월 혁명의 승리는 많은 조선 독립투사들과 청년들에게 사회주의에 대한 신뢰와 꿈을 심어주었다. 레닌의 피압박민족의 해방에 대한 관심과 지원 약속은 조선의 독립투사들에게 한 가닥의 희망이 되었다. 이에 고무된 이동휘, 박애, 박진순은 1918년 6월 26일 연해주 하바롭스크에서 〈한인사회당〉을 결성하였고 김철훈, 이성은 또한 1919년 9월 5일에 하바롭스크에서 〈전러시아 고려공산당〉을 결성하였다.

이동휘는 레닌의 자금으로 사회주의를 선전하는 잡지 〈새벽종〉과 소책자등을 만들어서 동북지역에 배포를 하였다. 조선인이 집중되어 있는 연변에는 다양한 루트를 통한 신문과 잡지 그리고 여운형이 번역한 〈공산당선언〉을 비롯하여 〈노동조합독본〉, 〈레닌〉, 〈우리 무산계급이 나아갈 길〉등의 책들이 재빨리 들어 왔다.

공산주의 간행물들이 밀물처럼 들어오자 이를 연구하기 위한 모임들이 속출하였다.

1922년부터 1923년에 이르는 기간에 용정의 대성중학교와 동흥중학교의 진보적인 학생들이 마르크스주의를 연구하는 비밀 학습단체인 〈광명회〉를 설립하였다. 은진중학교 학생까지 망라한 30여 명으로 구성된 〈광명회〉 학생들은 이인구와 이주화의 지도를 받았다.

1923년 2월 초에 최웅렬, 한상오, 오성륜은 북경 의열단원인 김강, 이열과 함께 영안현 영고탑에서 비밀 결사인 〈적기단〉을 결성하였다.

김사국은 1923년 3월에 조선에서 용정으로 와서 〈동양학원〉을 꾸리고 동북의 조선인은 물론 연해주의 조선 청년들까지 받아들여 공산주의 사상을 학습시켰다.

박윤서와 주청송 등이 1923년 9월에 연해주에서 용정으로 와서 동흥중학교의 진보적인 학생들을 담합하여 〈사회과학연구회〉, 〈학생친목회〉 등을 조직하고 과외시간을 이용하여 사회주의를 선전하였다.

상해 공산주의 단체에서 1924년 7월, 장기영, 주건 등을 연변에 파견하여 옹성라자를 중심으로 청년학생들에게 사회주의 사상을 선전하였다.

1924년 7월, 일본 동경에서 유학하고 용정에 돌아온 김봉익, 오리근, 주채희 등 공산주의자들이 〈노동학원〉을 만들어서 노동자들에게 공산주의와 노농혁명사상을 가르쳤으며 〈노농동맹〉을 창설하였다.

1924년 12월 길림성 반석현에서 김응섭의 발기로 〈한족노동당〉이 조직되었고 기관지 〈노동보〉를 통하여 노동운동을 적극적으로 추진하였다.

1924년 11월 반석현에서 반석일대 11개 단체의 22명 대표가 참석한 회의에서 〈남만청년총동〉을 창립하였다.

1925년 11월에 〈북만노력청년동맹〉이 결성되었고, 1926년 12월 봉천성 홍경현에서 〈남만청년연맹〉이 조직되었다.

1926년 1월 25일 용정에서 동진청년회 등 20개 단체의 대표 28명이 모여 〈동만청년총연맹〉을 창립하였다.

1926년 8월에 조선공산당 중앙에서 파견된 조봉암 등이 용정에 조선공산당 동만구역국을 설치하였으며 산하에 9개구와 16개 지부를 건립하였으며 동흥중학교와 대성중학교에 4개의 지부가 있었다. 동만구역국의 상부인 조선공산당 만주총국은 1926년 초에 중동선 일면파에서 건립되고 본부는 영고탑에 두었으며 산하에 동만구역국 외에 남만구역국, 북만구역국을 두었다.

1926년 10월에 고려공산청년회 동만도위원회가 창설되었다.

1927년 12월에 용정에서 〈전간도조선인단체협의회〉와 〈동만여자청년동맹〉이 결성되었다.

1927년 10월에 중공만주임시성위가 설립되었고 1928년 5월에 동북조선족의 최초 공산당지부가 용정에서 건립되었고 8월에 중공동만특위가 건립되었다.

사회주의 사상이 일파만파가 되어서 연변조선인 사회를 뒤흔들었다.

양반상놈의 계급사회에서 숨을 죽이고 살았던 소작농민 출신의 1세대 이주 조선인들과 2세대들은 착취 없는 세상, 평등한 세상과 대중적 투쟁에 대하여 비로소 눈을 떴다.

조기 공산주의자들은 연변의 조선족을 사회주의 세계로 인도하였고 사상을 접한 진보적인 학생과 청년들은 농촌순회 공연을 통하여 농촌 남녀 청년들을 조직하여 문화와 사상학습을 시키며 몸소 실천에 앞장을 섰다.

조선공산당 만주총국은 및 그 산하의 각 구역국과 기층조직들은 동북 각지의 조선인들에게 마르크스-레닌주의와 항일혁명사상을 선전하고 민족문화교육을 발전시키는 활동을 추진하였다. 기층 조직인 정치 야학교, 농민조합, 노동조합, 청년단체를 확장하여 동북의 도시와 농촌의 조선인 거주지에서 반제와 반봉건의 불길을 일으켰다. 1928년부터 민족통일전선을 결성하기 위하여 각파 성원들을 참의부, 정의부, 신민부에 파견하거나 민족유일당촉성운동을 전개하기도 하였다. 뿐만 아니라 조선인청년 학생들과 조선 농민들을 이끌고 수차례나 항일시위운동을 벌려 일제침략자들에게 타격을 가하고 조선이주민들의 항일투지를 고무하였다. 그러나 그들의 투쟁은 거듭 탄압을 받았다. 일제는 1927년 10월, 1928년 9월, 1930년 4월에 걸쳐서 제1차, 제2차, 제3차 공산당검거사건으로 조선공산당의 수백 명 간부와 당원, 군중들을 체포, 감금하여 조선공산당 만주총국과 그 기층 조직을 파괴하였다. 그러나 일제는 생명을 걸고 저항하는 항일유격대와 동북항일연군을 괴멸시키지 못하였다.

4. 망명 지사들의 역사적 의미와 기여

어렵게 긴 글을 쓴 것은 그 시대의 의미를 생각하며 그 시대가 오늘 우리에게 던지는 메시지를 찾기 위해서다. 용정의 이주조선인 사회의 흐름과 명암, 망명했던 지사들의 의식과 활동에서 보게 되는 명암이 평화로 가는 길 앞에서 좌절하고 있는 현재 우리의 모습을 보여준다.

한국사회에 익히 알려진 대부분의 독립투사들이 이 시대에 만주로 망명을 한 지사들이다. 그들이 독립운동사에서의 차지하는 비중과 위치, 이주 조선인 사회에 끼친 영향이 자못 크다. 봉건사회에서 바야흐로 근대정신의 맹아가 싹트고 있는 시대를 살아야 했던 그들이 우리 역사에 남긴 유산이 무엇인지 먼저 긍정적인 부분부터 살펴보고자 한다.

첫 번째 망명 지사들의 기여는 조선 이주민들에게 항일민족 의식을 심어준 것이다.

1907년 만주에 진출한 일제는 자기들의 정치적 군사적 침략의 기반을 닦으면서 경제적 약탈을 감행하는 한편 사상문화침략을 강행함으로 식민지강점을 하루 속히 실현하려고 하였다. 그들은 "간도조선인의 생명과 안전을 보호한다"는 미명하에 조선인에 대한 탄압을 강화하며 식민지 민족 말살정책과 우민화교육을 실시하였다. 일제의 이런 정책에 저항하여 망명 지사들은 사립학교를 설립하여 민족의식을 고취하며 신학문을 수용하여 잃어버린 국권을 찾는 일에 전력을 다하였다. 당시 사립학교 설립자나 교사는 다 독립투사였고 애국자로서 긍지와 신념을 가지고 있었다. 그들은 교육과 계몽활동을 통하여 민족의식을 함양하고 투철한 항일정신을 배양하여 조선인들을 독립투쟁의 길로 이끌었다.

두 번째 기여는 기존의 교육을 혁파하고 신교육의 체계를 정비한 것이다.

조선 500년 동안 서당, 서원, 향교, 학당에서 교육된 천자문, 동몽선습, 소학, 사서오경 등 공맹을 공부하며 주자학의 도덕윤리를 가르쳤던 교육 체계를 과감히 혁파하고 근대적인 새로운 문화지식으로 교육을 전면적으로 개혁하였다. 새 지식을 전수하기 위해서 교과목 선정에 심혈을 기울였으며 연길에서는 〈간민교육회〉가 산하에 우수한 학자를 초빙하여 사립학교를 위한 교과서를 편찬하였다. 용정, 동변도, 하얼빈에서도 사립학교 교과서가 편찬되었다. 이런 교재는 민족 언어, 민족 문화, 민족의 역사와 지리에 대한 지식을 전수하는 한편 과학, 정치, 수학, 외국어 과목도 중요시되었으므로 후세대가 세계를 향하여 나아갈 수 있는 길을 열어주었다.

특별히 남존여비사회에서 여성교육은 망명 지사들이 이루어낸 교육 혁명이라 아니할 수 없다.

세 번째 기여는 전쟁 없이는 독립이 없을 것이라는 사실을 늦게나마 깨달은 것이다.

사대교린의 외교정책으로 임진전쟁, 정유전쟁, 정묘전쟁, 병자전쟁에도 불구하고 나라를 유지해온 조선의 사대부들은 국방을 튼튼히 세우기보다는 주변의 큰 나라에 적당히 기대는 사대정책을 선호하였다. 아이가 부모에게 기대듯이 큰 나라에 기대어 나라를 유지하며 권력을 잡으려고 했던 친청파, 친러파, 친일파, 친미파로 얼룩진 대한제국의 역사가 당시 사대부들의 나라의 주권에 임하는 자세와 태도를 잘 보여준다. 헤이그밀사파견, 파리강화회의 대표파견, 임시정부의 외교론, 상해파공산주의자들의 레닌 의존 등도 망명 지사들의 사대주의적인 자세를 잘 보여주는 사례로 볼 수 있다. 한국사회가 무저항, 비폭력 시위로 자랑하며 자부심을 가지고 있는 3·1운동은 외교로, 평화로, 지혜로, 인내로, 여론으로, 지배자를 감복시켜서 독립을 얻으려는 사대부들의 자기도취의 결과물이 아닌가! 결국 조선반도가 일제에 의해 다 유린당하고 난 뒤에야 전쟁 없이 독립 없다는 사실을 깨달은 망명 지사들은 3·1운동 후부터 독립군 양성을 위해 무관학교를 세우고 무장단체를 만들지 않았는가 말이다.

네 번째는 신분과 파벌에서 벗어나 연합활동을 시작한 것이다.

망명지에서 인간관계나 생활도 그대로 조선 생활의 축소판이었다. 관내나 동북지방이나 할 것 없이 기호 출신은 기호출신끼리, 서북인은 서북인끼리, 한 사부 밑에서 공부한 동문들은 동문끼리, 대종교는 대종교끼리, 천주교는 천주교끼리, 개신교는 개신교끼리, 왕당파는 왕당파끼리, 공화파는 공화파끼리, 양반은 양반끼리, 상놈은 상놈끼리 어울렸다.

1907년 용정에 통감부 파출소가 세워지면서 일제의 만주 진출로 고난과 시련에 직면한 이주조선인 사회와 지도자는 〈간민교육회〉, 〈간민회〉를 통해서 비로소 자기 단체와 집단 중심주의에서 벗어나 연합활동을 시작하였다. 〈3·13 만세시위〉는 교파, 지연, 신분을 벗어나서 하나 된 망명 지사들의 위대한 연합활동의 결과물이었고 이로서 연변의 조선인들은 파벌과 집단 이기주의에서 벗어나 독립투쟁을 위해 하나로 뭉치기 시작하였다. 봉오동전투에서 신민단, 도독부, 국민회군, 홍범도부대가 연합하였고, 청산리전투에서는 9개 이상의 무장단체가 연합해서 승리를 거두었다. 일반 백성들 또한 연합해서 군자금 모금과 독립군 지원에 열성적으로 참여하여 하나 된 조선인의 긍지와 승리의 기쁨을 함께 누렸다. 연합이 살길임을 비로소 깨달은 것이다.

그럼에도 불구하고 망명 지사들의 한계점은 분명하였다. 그들이 가지고 있는 봉건사회의 장자라는 태생적인 한계가 그들의 의식과 활동을 제약하였으며 부정적인 영향을 끼쳤다. 1920년대 조선이주민사회의 사회주의 독립 운동가들의 구호가 〈반제반봉건〉이었다는 것과 1917년 10월 혁명 이후 10년도 채 안 되는 상간에 조선이주민사회가 사회주의 물결에 휩쓸렸다는 것 자체가 그 것을 암시해주고 있다. 그 이후로 만주는 사회주의노선의 독립 운동가들의 활동 근거지가 되어 1920년에 있었던 전투보다 더 치열한 항일 독립 투쟁을 벌였다. 20년 상간에 항일투쟁으로 희생된 열사가 무려 13,000여명, 연변자치구에 세워진 조선족 열사기념비가 무려 610개에 이른다는 것이 바로 그 증표다.

첫 번째 그들은 망명으로 애국애족의 의지를 천명하였지만 사고와 생활방식이 여전히 봉건사회 수준에 머물러 있었다.

나라가 망했어도 그들은 유교사회의 신분질서와 계급차별, 사대부가 누리는 기득권으로부터 자유로워지지 않았다. 권위의식과 우월감, 배타성으로 독립운동의 암초가 되었으며 파벌과 갈등을 가져왔다. 뿐만 아니라 보통 사람들의 평등과 인권의 존엄성을 인정하지 못하는 자가당착에 빠져있었다. 사실 그들은 나라가 망하기 전까지 조선의 관료, 양반사회를 주도하면서 나라를 멸망의 지경에 이르도록 일반백성들을 수탈하고 억압한 계급의 장본인들이었다.

두 번째 그들은 이주 조선농민대중의 능력과 역량을 과소평가하였다.

그들은 농민과 노동자들이 역사의 흐름을 바꿀 수 있는 위대한 존재이며 역사를 바르게 견지할 수 있는 힘이라는 사실을 알지 못하였으며 농민대중들 속에 들어가서 대중을 조직화하거나 의식화 교육과 훈련을 시도하지 않았다. 그들은 일반대중을 계몽의 대상으로, 자신들을 치다꺼리하는 보조 수단 정도로 취급하였다. 그리하여 그들은 사회주의 사상이 출현하여 농민 대중과 청년들 속으로 들어가서 교육과 훈련에 의해 자신들의 지배질서를 벗어나 신속하게 조직화되고 연대되어 주체적으로 능동적으로 폭발적인 역량을 발휘하며 항일투쟁의 전선으로 나아가는 것을 30년대 역사에서 눈물로 지켜보아야 했다.

세 번째 그들은 시대의 흐름에 역행하며 보수와 진보로 나뉘어 대립하였다.

유교의 신분질서 속에서 상층계급으로 살아온 그들은 폭풍처럼 몰아쳐온 사회주의 사조 앞에서 혼란스러웠고 핵심을 파악하지 못하였으며 이론적으로 실제적으로 유연하게 대처하지 못하고 민족주의와 유교신분질서를 강조하였으며 종교의 근본주의에 집착하였다.

크리스천은 신을 부정하는 사회주의자가 될 수 없었고, 신을 부정하는 사회주의자들은 크리스천이 될 수 없어서 교회를 등져야 했다. 민족주의자는 민족을 부정하는 사회주의자가 될 수 없었고 사회주의자는 민족을 부정해야 했기에 조선인임에도 불구하고 1국1당 만 허용한다는 모스크바의 지시에 따라 중공공산당에 가입하여 먼저 중국의 해방을 위하여 싸워야 했다. 이로부터 시작된 갈등과 대립은 독립운동사에 오점으로 남게 되었고 지금도 남북으로 유전, 계승되어 한국인의 발목을 잡고 있음을 본다.

망명 지사들과 종교단체가 최선을 다하여 세운 학교가 사회주의자들의 활동기지가 되고, 그들의 탈종교 운동으로 말미암아 입지가 좁혀지자 제 종교들이 민족문제와 사회문제에서 벗어나 영혼구원으로 돌아가 버리는 일이 왕왕 발생하였다. 그리하여 1920년대 후반을 통과하며 제 종교는 사회주의 이론 앞에 무너지며 배타와 침체의 늪에 빠져 더 이상 조선이주민사회에 영향을 미치지 못하고 쇠퇴하며 자기 아성에 갇히게 되었다.

한 시대의 사회와 인간의 문제를 해결하고자 사람이 창안해낸 이념과 사상, 제도가 오늘날에도 한국사회를 갈등과 대립으로 몰아가며 편을 가르고 있는 현실이 몹시 가슴 아프다.

지금도 지도자의 생각과 신념에 따라 팔천만 겨레가 그토록 원하는 평화로 가는 길이 막히고 열리는 일이 계속 반복되고 있다. 그 옛날 독립운동의 길도 마찬가지였을 것이다.

평화 교류의 물꼬가 속히 트이길 빌면서 비암산 일송정에서 수전민들이 일군 평강벌과 서전벌을 바라보았다. 그리고 그들의 노고 위에서 출발된 망명 지사들의 시대를 묵상하면서 오늘 우리의 숙제가 바로 그 시대의 숙제였음을 깨닫는다.

참고서적

- 《연변조선민족사》집필소조 편, 《연변조선민족사》상, 연변인민출판사, 2011년
- 김춘선, 김철수 외 10인 공저,《중국조선죽통사》상, 연변인민출판사, 2009년
- 정협길림성연변조선족자치주위원회문사자료위원회편,《연변문사자료2》연변인민출판사,1984년
- 연변정협문사자료위원회편,《연변문사자료6집 교육사료전집》연변정협문사자료위원회 내부발행, 1988년
- 연변정협문사자료위원회편,《연변문사자료 8집 종교사료전집》연변인민출판사, 1997년
- 중국조선민족교육출판사, 《중국조선족교육사》동북조선민족교육출판사, 1991년
- 리광인,《겨레항일지사들1》민족출판사, 2007년
- 심영숙,《중국조선족력사독본》민족출판사, 2016년
- 연변해외문제연구소편저,《중국연변조선족력사화책》1997년
- 한국근현대사학회,《한국독립운동사강의》한울, 2016년
- 김철수,《연변항일사적지 연구》연변인민출판사, 2002년
- 김춘선,《북간도 한인사회의 형성과 민족운동》고려대학교민족문화연구원, 2016년
- 양소전, 차철구, 김춘선, 김철수, 안화춘,《중국조선족혁명투쟁사》연변인민출판사, 2009년
- 관봉 엮음, 중국조선족유래와 20세기초기의 학교,

한국은 여전히 포스트 조선사회이다

　3·1운동 백주년을 앞 둔 지금, 정치, 교육, 종교계는 물론이고 관련 학교와 지역들이 각종 행사를 준비하며 술렁거리고 있다. 전에 없던 흥분으로 3·1운동 100주년을 준비하느라 분주한 각종 시민단체나 기독교 단체들의 관심과 열정에 새삼 놀라면서 3·1정신에 대한 진정한 자각인가? 아니면 "100"이라는 숫자의 마술인가? 아니면 한국 정치지형의 변화의 영향인가를 생각해 본다. 어쨌든 3·1운동 100주년 기념사업추진위원회를 비롯한 기타 기관과 단체들이 준비하는 행사는 규모의 크기만 다를 뿐 내용은 대동소이하다. 독립선언문 학습과 낭독, 만세운동 퍼포먼스, 국내외 역사 유적지 답사, 강연을 비롯한 학술대회 등.

　3·1운동을 기념하려는 국가와 민관단체들의 앞을 다투는 다양한 행사 준비에도 불구하고 국민정신이 업그레이드되는 기미는 보이지 않는다. 각종 행사들이 알맹이 없는 자기 과시적인 화려한 행사, 자화자찬의 엄청난 말잔치로 결국 엄청난 시간과 국고를 낭비하고 일회성으로 끝나버리

고 말 것이란 느낌이 강하게 든다. 조선의 멸망과 3·1운동 실패와 성공에 대한 깊은 역사적 성찰과 반성을 통해서 교훈과 새 길을 제시하지 못하는 행사는 결국 기념이라는 이름의 또 하나의 놀이에 불과할 따름이기 때문이다.

3·1운동 100주년이 되는 2019년 까지, 한국의 변화는 눈부시다. 한국전쟁의 폐허를 딛고 일어난 한강의 기적, IMF 경제 불황극복 끝에 OECD 국가 진입 등 눈에 보이는 가시적인 변화는 밤하늘의 별처럼 헤아릴 수 없이 많다. 더구나 지금은 남북평화협정을 앞두고 세계의 이목이 집중되고 있어서 한민족으로서 정치적인 대립에서 벗어나게 되는 안도감과 자부심이 느껴지기도 한다. 그럼에도 불구하고 우리 의식의 근저에는 500년 조선역사가 심어준 슬프고 아프고 더럽고 비겁한 DNA에서 벗어나지 못하고 있는 것이 있다.

조선 멸망에 대한 민족적인, 거국적인 분석과 성찰이 없으며, 현재에도 구한말의 양반, 관료, 학자들의 가계들이 그대로 정치, 경제, 문화의 주도권을 계승하고 있으며, 사대주의 사상이 모든 국민의 의식에 각인되어서 스스로 힘을 길러 자기 힘으로 나라를 보전하기 보다는 미국이나 중국 등 큰 나라에 기대며 안도감을 느끼는 자기 불신의 심리가 우리에게 있다. 이런 의미에서 나는 대한민국을 새 나라가 아닌 조선의 연장인 "포스트 조선시대"로 본다.

조선이 망했다!
지금도 우리는 그 원인을 일본과 친일파에게 전가하면서 조선사회의 병폐와 구조악에 대한 뼈아픈 반성과 자각, 개혁을 외면하고 있다.

500년 역사를 가진 한 나라가 나라를 사수하려는 피 터지는 장렬한 전쟁을 한 번도 치루지 못하고 망했다. 일본은 1876년 강화도 병자수호조약 이후로, 조선을 식민지로 삼기 위하여 호시탐탐 기회를 노렸으며, 임오군란과 얽히면서 정치개입을 시작하였고, 갑신정변 사주와 갑오농민전쟁당시 고종을 협박하여 관군과 함께 토벌군이 되어 농민군을 초토화시키면서 야금야금 조선을 삼켰다. 조선이 30여년 긴 세월에 걸쳐서 서서히 망했음에도 불구하고 우리는 지금까지도 조선이 망한 이유를 을사5적과 한일병탄에 앞장 선 총리대신 이완용과 비서 이인직, 일진회의 송병준 등 작위를 받은 친일파 76명 매국노들의 행위와 일본제국주의 침략 탓으로 돌리고 있다.

친일파들의 매국 행위와 일본의 침략으로 조선이 역사의 무대에서 사라진 것은 사실이다. 그러나 맹자는 "나라는 스스로 치고 나서 남이 친다." 고 하였다. 조선이 강한 나라였으면 일본이 감히 넘보지 못했을 것이다. 일본 섬나라가 조선을 침략한 것은 조선이 자기 존재를 감당할 수 없을 만큼 병들고 허약해졌기 때문이었다. 3·1운동 100년이 된 지금도 우리는 조선이 약해진 이유, 병든 이유, 멸망한 이유를 이성적으로 논리적으로 바르게 직시하지 않고 있다. 친일파를 변호하고 일본에 면죄부를 주기 위해서가 아니다. 우리가 자신을 바르게 알고 적을 바르게 알아야 싸울 수 있기 때문이요, 망국의 부정과 부패는 바르게 인식하고 지극히 작은 것이라 할지라도 제거해야 오늘의 한국 정치와 사회가 개혁될 수 있기 때문이다. 농부가 소 잃고도 외양간을 고치듯이 사후라도 약방문이 나와야 역사가 건강하게 진보하며 나라가 새로워질 수 있다.

정병석은 망국의 역사에서 오늘 한국 역사의 문제와 해결의 실마리를 보았다. 그는 《조선은 왜 무너졌는가》에서 조선이 망한 이유를 폐쇄적, 착취적 제도를 선택한 결과라고 한다.

"조선은 정치제도 면에서 왕조를 500년 이상 유지해나갈 수 있는 저력을 가지고 있었다. 그러나 경제제도 면에서는 폐쇄적이고 착취적인 특성이 더 강하게 작용하는 바람에 경제가 성장 하지 못했다. 이것이 주변 국가와 국력의 격차를 초래하고 결국 조선 왕조의 쇠망을 초래하였다.

한마디로 압축하면 조선의 제도에는 폐쇄적이고 착취적인 성격이 뚜렷했다. 사농공상의 신분제, 양반관료들의 특권, 착취적 지방 행정, 착취적인 조세제도는 말할 것도 없고, 병역제도와 환곡 등의 복지제도까지 착취적으로 운영되었다. 대외무역을 엄격히 통제하고 국내 상업 활동도 억제해 상공업의 발달, 이를 통한 생산과 소득 증대를 도모하기 어려웠 다. 폐쇄적이고 착취적인 제도가 복합적으로 작용해 경제의 성장을 저해했다. 형이상학적 도덕철학에 심취한 조선의 지배층은 경제성장의 필요성이나 이를 위한 방법론 등에 대한이해도 부족했다."

정병석의 주장에 의하면 망국의 1차 책임자들은 착취적, 폐쇄적 정치와 경제제도를 운영하며 자기들의 기득권, 자기들만 행복하게 사는 나라를 추구했던 왕과 왕족, 양반과 관료 집단 그리고 성리학이며 2차 책임자들은 지방 수령과 지방 사족과 향리 그리고 사원과 서당이다. 그러나 지금까지 우리는 조선 멸망의 원인을 제대로 분석하거나 가르치는 것을 회피하며 망각하였다. 망국에 책임이 있는 왕, 조선 관료들과 양반들에게 책임을 묻지 아니하였고 모든 것을 친일파와 일본에게 떠넘겼다. 조선왕과 관료들이 임진년 전쟁의 패인을 분석하고 책임을 묻고 재발 방지를 위한 대책을 세우지 않았던 것처럼 말이다. 그러나 3·1운동 100주년이 된 지금 우리는 격앙된 감정을 가라앉히고 솔직하게 조선이 망한 원인을 분석하고 나라를 망쳐서, 국민의 10%가 넘는 북관 사람들이 살길을 찾아 만주와 연해주로 유랑을 떠나게 만든 그 시대의 정신과 제도를 지배했던 성리학, 그 학자들, 그 수혜자들인 양반 관료에게 그 책임을 물어야 한다.

3·1운동 이후 100년이 되었어도 달라지지 않은 것이 또 있다!

얼핏 보면 식민지 시대에 모든 것이 뒤집어져 변화된 것 같지만 그렇지 않다. 지금도 우리 사회는 구한말의 양반, 관료, 학자들의 가계들이 그대로 정치, 경제, 문화의 주도권을 계승하고 있으며, 여전히 19세기 말 친일, 친미, 친러, 친중을 오가며 이합집산 했던 양반 후손들의 정치와 교육, 문화 속에 있다. 그 양반이 친일파일 수도 있고 독립운동가 후손일 수도 있지만 말이다.

19세기 중기에서 20세기 초에 조선족 중에 만주로 이주를 한 사람들은 크게 두 부류로 나뉜다. 양반과 관리들의 수탈에 굶어 죽지 않으려고 월강을 한 소작농과 천민들이 한 부류이고, 다른 부류는 을사조약과 한일병탄을 전후로 해서 독립운동을 하려고 들어 간 양반과 관료, 학자들이다. 전자에 속한 자들은 가진 것이 몸 밖에 없는 농부나 천민들이었다. 그들은 지게에 삽과 괭이, 호미 그리고 씨앗을 가지고 관리들의 수탈과 가뭄을 피해 살기 위해 생명을 걸고 국경을 넘어 만주 땅으로 들어갔다. 그들은 청나라 단속에 걸리지 않으려고 산속에 귀틀집을 짓고, 우물을 파고, 광야와 황무지를 개간하여 논밭을 만들었으며 봉금령이 해제된 후에는 강물을 터서 수로를 냈고 평강벌을 비롯한 서전대야, 경신벌, 라자구벌 등 너른 들을 만들어서 많은 인구가 모여 살 수 있는 사회를 만들었다.

후자들은 양반 관료나, 유명 향족과 학자들로서 가진 재산을 팔아서 정리하고 집단으로 들어가서 집을 구매하고 땅을 사고 서당이나 학교를 세우고 교육이나 계몽 단체 및 독립운동 단체들을 만들었다. 그리고 척박한 땅을 개간하여 논농사를 짓고 있는 상민과 천민에게 안전과 보호의 명목으로 세금을 거두었으며 그들의 자녀를 데려다 학교를 채웠으며, 더 나아가서는 그 자녀들을 데려다가 독립군으로 양성하여 청산리전투와 자유시 참변 등등으로 조국 독립의 명목으로 이름 없이 빛도 없이 죽게 만들었다.

박금해는 《19세기 후반기 조선족이주민의 증가와 연변의 개척》에서 두만강을 건너갈 수밖에 없었던 조선 상민들이 겪은 고통과 비참 상을 이렇게 말한다.

> "조선의 봉건 통치배들의 가혹한 압박과 착취, 해마다 드는 자연재해로 하여 빈궁과 기아에 허덕이던 북부 조선의 변민들은 살길을 찾아 끊임없이 범월잠입 하였다. 특히 당시 조선 봉건 통치배들의 군정, 전정, 환곡정과 부역 등의 가혹성은 필설로도 표현하기 어려울 정도였다. 예컨대 조선 왕조의 전정을 놓고 보면 전세, 대동미, 삼수미, 결미 등의 기본세와 거기에 딸린 근 40가지의 부가세를 수탈하였다. ~중략~
>
> 신역은 원래 양민이 부역을 피면하기 위해 바치는 것이었는데 조선왕조 말기에는 노비들에게 부담을 시켰다. 신역은 1인당에 〈가는 베〉 6~7필이었는데 보통 농촌 부녀가 1년 내내 삼으로 베를 짜도 〈굵은 베〉 3~4필 밖에 못 짰으니 〈가는 베〉 6~7필을 교납한다는 것은 도저히 불가능하였으므로

곡식을 팔아 〈가는 베〉를 구매하여 바치는 수밖에 없었다.

군세는 더욱 혹독하였다. 군세도 역시 양민들이 군역을 면하기 위하여 바치는 군포인데 화폐로 환산하면 은 2냥이었다. 문제는 통치세력들이 더 많은 군포를 수탈하기 위해 호적을 개작하여 여자를 남자로 고치고 아직 태어나지도 않은 아이를 군적에 올리거나 어린애를 낳기만 하면 군적에 올리고 군포를 물리었고 죽은 지 몇 년 지난 사람들의 이름을 군적에서 지우지 않고 여전히 군포를 징수 하였다. 더욱 한심한 것은 백성들이 집을 떠나 유랑하거나 한 집이 몽땅 이사하여 화전민이 되거나 동북 범월잠입 하였어도 그 개인이나 그 집의 군포를 친척 또는 마을 전체에 풍기었는데 이것을 인징이라 하고 친척에게 풍기는 것을 족징이라 하였다. ~중략~

조선정부는 범월잠입을 엄금하기 위하여 두만강남안 150리 어간에 30개소 포막을 설치하고 목책을 빼곡하게 세웠다. 1871년에는 포막 30개소를 더 증가하고 매개 포막에는 2~5명의 무장한 포수(군대)를 배치하여 변민들의 월경을 금하려 하였다. 그러나 굶어 죽게 된 변민들은 무리를 지어 범월하여 들어왔다. 심지어 파수를 서던 병사들까지도 유민들과 함께 범월하여 들어왔다. 게다가 부안사 김유연은 두만강 대안 고이도로 건너가서 개간할 것을 허락하였다."

김철호는《조선족역사강좌》제 1장 월강곡에서 월강민들의 참상을 보여준다.

"조선 이조왕조의 부패한 관리배들의 학정으로 풍년이 들었다 해도 굶주림에 시달려야 하는 백성들이였는데 왕가물(1860~1870년 사이의 대 추위, 홍수와

309

가뭄)까지 겹쳤으니 살길이 꽉 막혀버리고 만 것이다. 굶주린 사람들은 산나물, 들나물을 캐먹었고 산열매를 따먹었다. 나무도 열매도 없어지자 그들은 풀뿌리를 캐어먹고 나무껍질을 벗겨먹었다. 집집에 굶어주고 얼어 죽은 사람들이 수두룩하였다. 길가에 임자 없는 시체가 나뒹굴기도 하였다. 어떤 부락에서 는 배고픈 것을 견디다 못해 등에 업었던 자식을 잡아먹는 참상까지 벌어졌다고 한다.

~ 중략~

　처음에 강을 건넌 빈민들은 야밤에 두만강을 건너와 밭을 일구고 씨앗을 뿌리고 아침이면 돌아갔다. 후에는 며칠씩 푹 박혀 있으면서 농사짓기도 했다. 청나라 관청의 령이 엄하면 돌아오고 뜸해지면 또 들어가는 방법으로 두만강연안 순라선에서 좀 멀찍이 떨어진 산골짜기에 숨어 곡식을 심었다. 또 어떤 사람들은 봄에 월강하여 깊숙이 들어와서는 농사를 짓고는 가을이면 타작한 곡식을 등에 지고 고향으로 돌아갔다. 아예 집을 짓고 살림을 차리는 사람들까지 생기기 시작하였다.”

　김철호는《조선족역사강좌》제 2장 간도 (사이섬)에서 1860년 대, 종성군 하산봉에 사는 농부 이영수형제가 뗏목을 타고 강을 건너와서 버드나무를 찍어내고 풀을 베여내고 밭을 일구었다고 한다. 당시 모든 조선족들의 월강 목적은 이영수 형제나 다름없이 먹고 살기 위한 농사였다. 그들이 고향을 등지고 범월의 위험을 무릅쓰며 만주의 땅을 개간하기 시작한 것은 조선의 악정과 경제 파탄에 비롯된 것이었다. 고향에 남아 있으면 굶어서 죽고 강을 건너가서 요행이 청의 단속반에 걸리지 않으면 땅을 일구어 살수도 있다는 실낱같은 희망으로 강을 건넌 사람들이 줄을 이은 것이었다. 봉금이 풀리고 한일병탄이 일어나고 3·1운동이 일어나고 만주국이 설립되고 드디어 1945년 일본이 패망할 때 까지 조선족의 만주 유입은 계속되었다.

1907년에는 연변지역에 5만 여명, 1909년에는 18만 5000여 명, 1916년에는 20여만 명, 1945년에는 200만 여 명의 조선족이 만주에서 얽혀 살았다.

상민과 천민들이 야밤에 지게를 지고 농기구와 씨앗을 들고 생명을 건 월강을 했지만, 양반, 관료, 학자들의 만주 이주는 아주 달랐다.

이덕일은《이회영과 젊은 그들》에서 이렇게 말한다.

"급하게 팔다 보니 제값을 받지 못하는 것은 당연했다. 그럼에도 이회영 형제 일가가 가산을 정리해 마련한 자금은 약 40만원의 거금이었다. 당시 쌀 한 섬이 3원 정도였는데, 이를 2000년대 쌀값으로 단순 계산하더라도 약 600억 원이나 된다. 현재는 쌀값이 당시보다 눅었기 때문에 지금 가치로는 600억 원 이상이라고 보아야 한다. 우당 형제 일가가 이런 거금을 마련할 수 있었던 데에는 둘째 이석영의 동참이 결정적이었다. 물론 다른 형제들도 유족했다. 하지만 이석영은 고종때 영의정을 지낸 이유원의 양자로 출계했고, 한때 대원군의 정적으로 꼽히기도 했던 이유원은 막대한 재산가였다. 이석영은 아우의 뜻에 동참해 이유원에게 물려받은 막대한 재산을 모두 팔아 만주 망명에 동참했다.

~중략~

이회영은 덧없이 먹어버린 44세의 나이에도 아랑곳하지 않고 대륙으로 떠났다. 이회영 뿐만 아니라 그의 형, 이건영, 이석영, 이철영과 두 동생 이시영, 이호영 가족까지 포함된 집단 망명이었다. 국외에 독립운동기지를 건설하기 위해서였다."

조선말 전형적인 양반관료 가문에 속하는 이회영은 오늘날 돈 가치로 환산하면 600억원이 넘는 돈을 가지고 5형제와 함께 독립운동을 하기 위해서 서간도로 들어간다. 그리고 그들은 〈신흥강습소〉라는 학교를 세운다.

같은 책에서 이덕일은 안동 지방의 명문향족인 이상룡의 만주행에 대하여 이렇게 말한다.

"이상룡은 군자정 옆의 얼어붙은 연못을 지나 언덕 위 가묘로 향했다. 선조들의 위패에 마지막이 될지도 모를 절을 올렸다. 이상룡은 동생, 당숙과 상의해 집안일 처리를 맡긴 후 저녁 무렵에 홀로 길을 나섰다. ~중략~

먼 산자락에 낡은 집 한 채가 울타리가 기운 채 서 있었다. 이곳이 바로 빌린 집이었다. 고향에 고래 등 같은 임청각을 두고 온 일가였지만 일단 편히 쉴 수 있는 오두막 셋집이나마 얻을 수 있어 반가웠다."

송우혜는《윤동주평전》에서 명동촌 4 명의 학자들 가문의 북간도 이주에 대하여 이렇게 쓰고 있다.

"이러한 땅 '북간도'에 명동촌이 섰다. 1899년 2월 18일의 일이다. 두만강변의 도시인 회령과 종성에 거주하던 네 명의 학자들 가문에 속한 22개 집안 식솔들로 이루어진 총 141명의 이민단이 그날 일제히 고향을 떠나 두만강을 건넜다.

　종성에서 두민을 지낸 성암 문병규 학자의 남평 문씨 가문의 40명,《맹자》를 만독한 규암 김약연 학자의 전주 김씨 가문의 31명, 김약연의 스승인 남도천 학자 가문의 7명 – 이들 세 가문은 종성 출신이었다. 그리고 회령 소암 김하규 학자의 김해 김씨 가문의 63명이 거기 합류하였다. 김하규 학자(김신묵 여사의 부친)는 동학에 참가했던 일이 있고《주역》을 만독한 분으로 실학사상에 투철한 분이었다."

　김약연 일행은 오늘날 지신과 승지 사이에 터를 잡아 소위 명동촌을 일구었다. 그곳은 본래는 동한이라는 한인 점산호의 땅이었다. 그들은 미리 돈을 모아 선발대를 보내 그 땅을 매입한 후 그 곳으로 들어가자마자 돈을 낸 비율에 따라 땅을 분배했다.

　명동촌을 만든 사람들이 회령과 종성에서 맹자와 주역을 만독하고 있을 때에 함북의 변민들은 굶주림에 벗어나고자 몸부림치다 생명을 걸고 두만강을 건넜다. 월강을 한 그들은 쉴 틈도 없이 흙투성이가 되어 두만강 대안의 야산과 황무지를 개간하였으며 내지로 들어가 농수로를 만들어서 해란강변의 평강벌과 부르하통하 서전벌을 일구었다. 그러나 단체 이주를 시도한 명동촌 사람들은 봉금령이 해제되고, 월강조선인들이 곳곳에 조선인 마을들을 이루며 이미 정착을 하고 있을 때, 땅을 살피기 위해서 대표들이 미리 들어와서 땅을 구입하였으므로 어려움 없이 정착하였으며 그들은 미리 와서 터를 잡은 사람들을 상대로 곧 바로 서당을 열어서 훈장의 일을 계속하였으며 자신들의 터를 폼 나게 일구어 갈 수 있었다.

313

일본의 패망과 함께 중국에 거주했던 조선인들은 부푼 가슴을 안고 고향으로 돌아가는 보따리를 쌌다. 가슴 아프게도 양반, 관료, 학자 출신의 독립운동가와 그들에게 세금을 내고 자녀를 독립군으로 바치어준 보통 사람들인 상민이 돌아가는 길은 달랐다. 독립 운동가들은 영웅이 되어서 비행기를 타고 당당하게 환국을 하였다. 비록 미국이 인정하지 않아서 개인의 자격으로 입국하였지만 말이다. 그러나 농민들은 떠나올 때 초라한 행색 그대로 고난을 겪으며 배로, 기차로, 걸어서 환국을 하였다.

김구는 《백범일지》에서 27년 만의 환국을 이렇게 기록하고 있다.

"고국을 떠난 지 27년 만에 희비가 엇갈리는 심정으로 하늘에 높이 떠서 신선한 공기를 들이마시며 상해를 출발한 3시간 만에 김포비행장에 내렸다. 비행기에서 내리자 눈앞에 보이는 두 가지 감격이 있었다."

비행기를 타고 환국한 백범은 광산업으로 큰돈을 번 최창학에게 기증받은 죽첨장(백범이 머물면서 이름이 경교장으로 바뀜)에 여장을 풀었고, 임시정부 국무위원들과 나머지 일행들은 한미호텔에 여장을 풀었다.

신주백은 《청렴결백한 대한민국 임시정부의 지킴이 이시영》에서 환국 장면을 이렇게 쓰고 있다.

"이시영은 11월 23일 임정요인인 김구 주석과 김규식 부주석, 그리고 김상덕, 유동렬, 엄항섭을 비롯해 15명과 함께 제1진으로 귀국하였다. 42세에 고국을 떠났는데 돌아올 때는 77세의 노인이 되어 돌아 온 것이다."

《연변문사자료 제 5집 교육사료 전집》명신여학교 약사에는 "이 때 (1946년)를 즈음하여 간도 조선인들 가운데서 재산이 많은 일부 기독교 교인들이 식솔을 거느리고 남으로 이주해 간 것은 주지의 사실이다."고 쓰고 있다.

《정암촌 사람들》을 쓴 이혜선은 1935년 청주, 충주, 보은 일대에서 모 집되어 훈춘현 정암에 조선족 집단마을을 이룬 사람들에 대한 방문 조사 에서 그들이 고향으로 못 돌아가고 남은 이유를 '돌아갈 여비가 없는 가 난' 때문이었다고 말한다. 그는 해방이 되었어도 돌아가지 못한 남은 자 들, 실의와 좌절 속에서 아픔을 삭이며 여비만 마련되면 곧 떠나리라 했 던 그들이 1948년에 북한 쪽의 통로가 닫히게 되어 그대로 눌러 살게 된 한 많은 사연을 책에서 폭포처럼 쏟아 놓는다.

심영숙은《조선력사독본》에서 일본 패망 직전에 중국의 조선족 수는 당시 조선 인구의 10%에 해당되는 200만 명에 가까운 숫자였으며, 일본 패망 후, 3년 사이에 절반이 조금 넘는 숫자가 고향을 찾아 떠났으며 남은 조선족이 90 여만 정도였다고 한다. 그는 남은 자들을 중국 공산주의 사 상과 신념에 동조한 사람들이거나 아니면 가난한 자로 분류하였다.

나 또한 개인적인 관심을 가지고 조선족 마을(신툰촌, 무주촌)을 방문해서 중국에 남게 된 사연을 물었을 때 대부분의 사람들이 '가난' 때문이라고 하는 말을 직접 들었다.

일본 패망 이후, 양반과 관료, 학자 출신의 독립 운동가들이나 기타 이주민들은 비행기나 배를 타고 일찍이 돌아 왔다. 돌아온 그들은 곧 바로 건국을 위해 정치 행보를 시작하였고, 학교를 세우며 정치, 교육, 언론, 사회 문제에 관심을 가지고 애국애족의 정열을 불태우기 시작하였다. 그러나 상민과 천민들은 고향으로 돌아와서 다시 농사를 짓기 시작하였다. 그들의 신분이나 사회적 지위, 경제적 상황은 떠날 때와 돌아왔을 때 달라진 것이 하나도 없었다.

한일병탄 때나 지금이나 양반은 양반을 낳고 관리는 관리를 낳고 학자는 학자를 낳고 부자는 부자를 낳는다. 약한 자는 약한 자를 낳고 노동자는 노동자를 낳고 농부는 농부를 낳고 가난한 사람은 가난한 사람을 낳는다. 조선을 망친 양반, 관료들과 노론과 소론, 남인들의 후손들이 지금도 한국의 정치 경제, 문화와 교육을 주무르고 있다.

3·1운동 이후 100년이 되었어도 달라지지 않은 것이 또 있다. 아주 슬프고 못난 DNA, 사대주의가 바로 그것이다!

사대주의는 자국의 방위를 이웃 강한 나라에 의존하는 약자들의 지혜로운 생존방식일 수도 있겠지만 자기 나라의 현재와 미래, 독립과 주권, 안전과 생명을 이웃에게 의존하는 것 자체가 국가의 주인으로서 할 수 있는 발상은 결코 아니다. 힘을 키워서 자기에게 속한 것을 스스로 지키려는 의지와 정책을 가지지 아니하고 국민들의 안전과 생명을 대국에 맡기려는 생각 자체가 불순하다. 우리는 이 슬프고 못난 사대주의 DNA 덕분에 일본 패망과 더불어 남북 분단의 비극을 맛보아야 했다.

임진년 일본의 침략을 받은 선조가 사대주의에 기초된 조선의 외교이념대로 명나라에 청군을 요청하였다. 그리고 뒤를 이어 고종은 동학농민전쟁을 진압하기 위해서 청나라에 청군을 요청하였고 결과적으로 일본군까지 한반도에 끌어들여 조선은 청일전쟁의 전장이 되는 고난을 겪어야 했다. 고종은 조선을 청과 일본으로부터 지키고자 친중파, 친일파, 친러파, 친미파를 오가며 애를 썼지만 친일사대주의자들의 매국 행위에 왕위를 내려놓아야 했다.

　고종이 나라를 구해 보려고 한 마지막 몸부림이 헤이그에서 열리는 만국평화회의에 '밀사'를 파송한 일이었다. 일국의 왕이 러시아를 통해서 국제사회에 조선의 억울함을 호소하면 강대국들이 동정하여 일본을 물리쳐 줄 것이라고 진정으로 믿고 밀사를 파송하였을까? 그렇게 믿었든 믿지 않았든 간에 무능하고 무력한 왕이 나라를 지키고자 초청받지도 않은 국제회의에 밀사를 파송해서 강대국에게 도움을 호소하고 탄원하겠다는 발상 자체가 얼마나 아프고 슬픈지!

　문제는 이런 사대주의 정신, 타국을 의지해서 자국의 독립을 꾀하겠다는 마음과 자세를 독립운동을 하는 독립투사들이 가지고 있었던 것이었다. 국토와 국민도 없이 출범한 상해 임시정부는 태생적인 한계성으로 말미암아 강대국을 의지할 수밖에 없는 상황이었다. 친소파 사회주의자로 이동휘, 김립, 한형권 등이 있었고, 친미 지향적인 외교론자들로 이승만, 김규식, 안창호 등이 있었다. 임시정부는 이승만이 미국 정부에 대하여 영향력이 있다고 판단을 해서 그를 대통령으로 추대를 하였고, 이동휘가 레닌과 소비에트에 대하여 영향력이 있다고 판단하여 그를 국무총리로 추대하는 우를 범하였다. 그리하여 임시정부는 사회주의 계와 민족주의 계, 무장투쟁론자들과 외교론자들의 주도권 싸움으로 처음부터 소란하였고 삐걱거렸다. 임시정부의 파벌싸움은 일본 패망 후 한국이 겪을 이념적, 사상적인 분단을 예고하는 것이었으나 안타깝게도 몽양 여운형을 제하고는 민족의 분열을 예견하지 못하였으며 민족주의자와 사회주의자들의 화합과 협력을 위한 준비나 수고를 하지 않았다.

임정은 출범 이후로 고집스럽게 자기들의 정통성을 주장하면서 민족주의자들만의 항일투쟁을 고수하다가 1939년 장개석의 주선으로 김원봉의 조선민족전선연맹과 연합하여 함께 항일투쟁을 시작하였다. 그러나 동북항일연군에 가담하여 항일투쟁을 벌이다 1940년. 시베리아로 퇴각하여 소련공산당의 지도 아래 있었던 최석천, 김책, 김일성 그리고 모택동의 팔로군과 신4군에 편입되어 항일투쟁을 벌인 연안파 김두봉, 무정, 최창익과는 일체 합작, 협력하거나 대화를 나눌 채널조차 갖지 못한 채로 해방을 맞이하였다. 그 결과 해방은 분단의 비극을 한반도에 선물하였고 오늘에 이르도록 국민들은 분단의 고통과 불안, 공포를 겪고 있다.

독립 운동가들이 서로 다른 강대국을 의지해서 항일투쟁을 벌일 때부터 이미 남북분단의 씨앗이 심어졌었다. 그 사대주의 DNA가 아직도 우리 피 속에 있어서 해방 이후부터 지금까지 우리는 미국과 소련, 미국과 중국, 일본과 중국, 소련과 중국 사이에서 눈치를 보며 살고 있다. 남은 남대로 북은 북대로 사대주의 DNA가 얼마나 맹위를 발휘하는지 역사적으로 미국이 늘 우리의 우방이 아니었다는 사실을 알면서도 남한은 미국 사대주의에 경도되어 있다. 중국과 소련이 역사적으로 늘 우리의 지지자가 아니었다는 사실을 알면서도 북한은 시종일관 중국과 러시아(소련)사대주의에 빠져 있다. 일본이 우리나라를 침략하여 수탈, 억압하고 차별하면서 우리민족을 지상에서 없애려고 했던 역사적 사실을 알면서도 친일 사대주의에 매달려 있는 한심한 사람들이 아직도 많이 있다.

3·1절 100주년이 되는 지금, 남북평화협정의 문 앞에 서있는 지금 우리는 우리 안에 있는 사대주의 DNA를 솔직히 인정하고, 아프고 슬픈 역사의 반복하지 않기 위해서 강대국에 기대는 습관적인 의존성을 말끔히 청소해야 할 것이다. 지금이 바로 우리나라가 우리 힘을 키우고 신뢰하며 주변 강대국과 대등한 관계를 맺고 현재와 미래, 국민들의 생명과 안전을 스스로 지킬 수 있는 강한 나라로 변화해야 할 시기다.

부기

임시정부는 민족주의자들과 사회주의자들의 갈등과 대립으로 초기부터 분열하였다.

민족주의자들은 대미 외교를 통한 독립을 추구하는 이승만, 안창호, 이시영 등이었고 사회주의자들로는 레닌의 약소민족 해방지원을 의존하는 이동휘, 한형권, 박진순 등이었다.

임시정부는 레닌의 해방지원에 고무되어서 레닌에게 보낼 대사로 여운형, 안공근, 한형권을 선정하였으나 당시 임시정부의 국무총리를 맡은 이동휘는 자기 휘하의 한형권만 보내서 레닌이 임시정부에 지원하기로 한 금화 200만 루블 중 60만 루블을 받아서 자기들이 주도하여 만든 상해 "고려공산당"도 배제한 채, 전 "한인사회당" 멤버들에게만 사회주의 선전자금으로 배분하였다. 이로 인하여 고려공산당이 분열되었고, 임시정부도 혼란과 파국 위기에 직면하게 되었다.

코민테른(국제공산당)을 의지하였던 사회주의자들은 이르크추크파 (오하묵, 김철훈)와 상하이파(이동휘, 한형권) 나뉘어 권력투쟁을 하다가 "자유시참변"으로 "대한독립군단"을 와해시켰다.

결과적으로 국민당 장개석과 미국을 의지해서 독립투쟁내지는 독립외교활동을 벌인 투사들은 남한으로 결집하였고 중공과 소련을 의지해서 투쟁을 벌인 투사들은 북한으로 갔다.

안타깝게도 지금도 우리는 그 분쟁 선상 속에 있다. 사대주의 DNA가 필요한 독재자들, 정치인들, 지식인들, 기업인들에 의해서 확대 재생산되기 때문이다. 이를 부추기는 정치, 경제, 언론, 교육, 문화를 식별하지 못하고 사대의 예를 갖추는 것이 선진과 안보의 지름길이라는 거짓에 속기 때문이다.

한 민족이 서로 화해하며 만나는데 주변 강대국의 눈치를 살피며 그들의 동의와 허락을 받아야하는 슬픈 우리의 현실이 우리 세대에서 끝나고, 사대주의 DNA를 떨치고 자주 국방으로 자주 자립하는 나라와 민족으로 세워지는 새 날을 꿈꾼다.

참고서적

- 조선족 재발견, 한주, 유아이북스, 2017
- 이회영과 젊은 그들, 이덕일, 역사의아침, 2014
- 조선은 왜 무너졌는가, 정병석, 시공사, 2016
- 윤동주평전, 송우혜, 서정시학, 2015
- 다큐멘타리 일제시대, 이태영, 휴머니스트, 2019
- 청렴결백한 대한민국 임시정부의 지킴이 이시영, 신주백, 한국독립 운동사 연구, 2014
- 대한민국임시정부의 초대 국무총리 이동휘, 김방, 한국독립운동사연 구소, 2013
- 35년 1916-1920 3·1혁명과 대한민국임시정부, 박시백, 비아북, 2018
- 연변문사자료 제5집 교육사료전집, 리봉구 외, 연변정협문사자료위 원회, 1988
- 중국조선민족발자취총서1 개척, 박금해 외, 민족출판사, 1999
- 몽양여운형평전, 김삼웅, 채륜, 2015
- 중국조선족력사독본, 심영숙, 민족출판사, 2016
- (인터넷)김철호의 조선족력사강좌 제2장 간도(사이섬), 2018.11.23
- (인터넷)김철호의 조선족력사강좌 제1장 월강곡, 2018.11.22.

한국 심장부에
독립투사추모탑을
세워야 한다

대한민국은 어느 날 갑자기 하늘에서 떨어진 것도 땅에서 솟아오른 것도 아니다. 역사가 인정하든 안하든 간에 대한민국에는 대한민국의 건국자들이 있다. 독립투사들이 바로 그들이다. 그러나 반민특위가 와해되면서 나라의 독립을 위해 생명을 바친 무명, 유명의 독립군과 독립운동가들이 뒷전으로 밀려났고 그 때부터 지금까지 대한민국의 심장부에 독립투사들의 피가 제대로 흐르지 않고 있다. 역사 회복을 위해서, 종전선언과 남북화해를 위해서 대한민국의 심장부에 독립투사추모탑을 세워 그 분들을 기억해야한다. 끊임없이 우리 역사 중심으로 그 분들을 불러서 경청하며 역사의 정기와 길을 바로잡아야 한다.

3·1운동 100주년! 생각만 해도 가슴이 뛰고 눈물이 샘솟는다. 총칼 앞에 맨 주먹으로 서서 독립을 외쳤던 조상님들, 특별히 망국의 고통을 고스란히 받으면서, 경제파탄의 암담한 생활 속에서 나라의 독립을 염원했

던 노동자와 농민들의 외침이 귀에 쟁쟁하다.

망국의 차별과 절망이 일상화된 그 때에 "우리는 조선인이다.", "우리는 일본인이 아니다.", "우리는 일본의 지배를 원치 않는다.", "일본은 물러가라.", "조선독립만세!"를 목청 높여 함성을 질렀던 사실이 후손인 우리들을 한없이 감동시키며 부끄럽게 만든다. 만세시위를 통해서 우리 조상님들은 일본의 내선동화와 조선의 문명화라는 거짓을 전 세계를 향하여 폭로하였으며 스스로도 한민족의 정체성과 독립에의 의지를 확인하였다. 그리하여 독립 투쟁의 불꽃이 거세게 타오르며 새로운 변화가 국내외에 일어났다.

박은식은 《한국독립운동지혈사》에서 한민족의 독립의지가 분출된 3·1 운동을 총 집회 수 1,548회, 집회 인원 2,046,938명, 사망자 7,509명, 부상자 수 14,849명, 수감자 수를 46,306명으로 기술하였다. 당시 인구를 2,000만으로 계수할 때 이는 놀라운 수치다. 3·1만세 시위가 아닌 3·1 독립전쟁이라고 불러도 과언이 아니다.

독립운동의 분수령이 된 3·1운동과 임시정부 출범 백주년을 앞 둔 지금, 정치, 교육, 종교계는 물론이고 관련 학교와 지역들이 각종 행사를 준비하며 물 끓듯이 술렁이고 있다. 잘못된 역사와 민족정기를 바로 잡을 수 있는 절호의 기회로 삼기 위한 치열한 노력으로 보여 진다. 그러나 정부의 3·1운동 100주년 기념사업추진위원회를 비롯한 기타 기관과 단체들이 준비하는 행사는 규모의 크기만 다를 뿐 내용이 대동소이하다. 독립선언문 학습과 낭독, 만세운동 퍼포먼스, 국내외 역사 유적지 답사, 강연을 비롯한 학술대회 등.

3 · 1운동을 기념하려는 국가와 민관단체들의 앞을 다투는 다양한 행사 준비에도 불구하고 국민정신이 업그레이드되는 기미는 보이지 않는다. 각종 행사들이 알맹이 없는 자기 과시적인 화려한 행사, 자화자찬의 엄청난 말잔치로 결국 엄청난 시간과 국고를 낭비하고 일회성으로 끝나지 않기를 바라마지 않는다. 100주년 기념행사가 후손들에게 새로운 이정표를 제시하게 되길 바라면서 "독립투사추모탑 및 추모광장 조성"과 "친일파 박물관" 그리고 "독립운동사를 국사 교과서에서 따로 분리하여 한 과목으로 선정하여 교육할 것"을 감히 주장한다. 그러나 본 글에서는 "독립투사 추모탑 및 추모광장" 설립에 대한 건만 다루기로 한다.

70여년이 넘는 남북분단의 시대를 극복해야하는 민족적, 역사적 과제 앞에서 국민들의 의견이 분분하다. 국민들을 선도하며 새 역사를 창출해야할 정치 지도자, 학자, 관리, 언론인이 이념으로 국민들을 호도하며 분열을 부추기고 있다. 지역, 이념, 기득권의 문제로 국민들을 첨예하게 대립하게 만드는 언론과 기타 양상이 위험 수위에 있다.

저마다 나라와 민족을 사랑한다고 하면서 유튜브를 이용하는 거짓 인신공격, 전자매체를 통한 유언비어 유포, 5.18망언 등으로 나라와 민족의 앞날에 암운을 드리우고 있다. 마치 동학농민혁명을 진압하기 위해서 청나라에 군사를 요청하며, 나라를 개혁하겠다고 하면서 일본군을 끌어들이고, 조선의 문명화, 개화를 위해서 일본의 속국이 되어야 한다는 논리를 폈던 시대가 다시 재현되고 있는 느낌이다.

남북화해의 시대를 열어야 하는 지금 무엇보다 시급한 것은 국민들의 마음을 모으는 일이다. 3 · 1운동과 임시정부출범 100주년을 맞이하는 지금, 우리는 망국 백성으로 산 일제 식민지에 대한 쓰라린 기억과 망국에 대한 깊은 성찰과 그 토대 위에 조국독립을 위해 생명을 바친 독립군, 투사들의 순수한 애국애족의 정신을 가슴에 새기며 한민족으로서 정체성을 확인하며 화해와 일치의 역사적인 과제를 완성하며 동북아 평화는 물론 보다 세계 평화에 이바지하는 미래지향적인 한국인으로 성숙, 진보해야 할 때다. 그런 의미에서 대한민국 1번지인 광화문 사거리나 시청 앞 광장에 조국의 독립을 위해 희생한 모든 독립군과 독립운동가들을 기념하는 추모탑을 세우는 것을 제안하는 바이다.

나라가 외세에 의해서 망하였다. 그러나 국민들은 외세의 탄압과 회유에 굴복하지 않고 독립을 위해 목숨을 걸고 싸워서 나라를 되찾았다. 그렇다면 새 나라, 대한민국의 지도자들은 당연히 망국의 치욕을 기억하며 경계하기 위해, 조국을 위해 생명을 바친 유명, 무명의 독립군과 투사들의 애국애족의 정신을 추모하며 계승하기 위해서 나라의 심장부, 1번지에 추모탑을 세웠어야 한다. 그런데 불행하게도 친일파와 결탁한 초대 지도자들은 그분들을 중심에 모시지 않고 후미진 곳, 인적이 드문 곳, 특별히 마음을 먹어야 갈 수 있는 곳으로 흩어 버렸다. 국민들의 눈길과 발길이 미치지 않는 곳으로 유배를 시킨 것이다. 국민과 유리된 그들은 자연스럽게 잊혀 졌고 한적한 곳에 갇혀 지내며 광복절에나 잠시 빛을 보다가 다시 무대 뒤로 사라지기를 반복하였다. 친일파들에 의해서 왜곡된 역사를 바로 잡으려면 무엇보다 대한민국 건국 공신들의 자리를 바로 잡아주어야 한다. 그들이 광장과 거리로 나와서 자유롭게 국민들을 만날 수 있도록 3·1운동과 임시정부 출범 100주년을 맞이하는 지금, 대한민국 정부와 서울시가 앞장을 서서 민족정기를 바로잡고 애국애족 정신을 선양하며 남북화해의 시대를 열기 위하여 국민을 대동단결시킬 수 있는 독립군과 투사들을 위한 추모탑을 세우기를 바란다.

나라를 찾기 위해서 생명을 바친 독립군과 독립투사들에게는 대한민국의 건강한 심장으로서 애국애족의 뜨거운 피를 전 국민들의 가슴에 끊임없이 흘려보내며 나라가 나약해지지 않도록, 외세에 의존하지 않도록, 두 번 다시 주권을 잃는 일이 없도록 국민들은 물론 청년들을 각성시키며 경각심을 일으킬 수 있는 열정과 의지, 순수한 조국애가 있다. 국민들은 그분들의 가슴에서 터져 나오는 나라 사랑의 메시지를 언제 어디서나 들을 수 있어야 한다. 청소년들은 나라와 민족을 사랑한 선열들의 메시지를 가슴으로 들으며 성장해야 한다.

국민들이, 청소년들이 일상적으로 그분들을 만날 수 있는 방법은 그분들을 광화문 광장이나 시청 앞 광장으로, 거리로 모시는 것이다. 추모탑을 통해서 부단히 그 분들을 기억하며 우리 역사 속으로 불러내야 한다. 그분들의 넋이, 영혼이 광장과 거리에서 친히 국민들을 만나며 국민들의 가슴에 나라 사랑의 뜨거운 피를 쏟아 부어 심장이 펄떡펄떡 뛰게 해야 한다.

추모탑이 세워지면 역사가 살아난다. 추모탑이 광화문이나 시청 앞 광장에 세워져 국민들이 날마다 반복적으로 독립투사들의 영과 넋을 만나면 역사가 스스로 말을 하게 되며 국민들의 역사인식에 새로운 변화가 오게 된다.

첫째, 망국이 과거의 역사가 아니라 오늘의 역사라는 사실을 실감할 수 있다. 나라가 조선처럼 수탈과 폐쇄구조로 병약해지면 언제든지 망할 수 있다는 교훈을 얻을 수 있다.

둘째, 대한민국이 독립투사들의 피 값으로 세워진 소중한 나라임을 깨달을 수 있다. 연합국의 승리의 부산물이 아니라 의병들과 독립군들의 희생으로 세워진 위대한 나라임을 알 수 있다.

셋째, 추모탑은 우리 후손들이 해방된 조국에서 살 수 있도록 생명을 바친 독립투사들에 대한 존경과 감사의 장으로서 국민들이 긍지를 가지는 성스러운 공간이 될 것이다.

넷째, 청산되지 못한 친일파에 대한 문제를 인식하며 나라사랑의 바른 길을 교육할 수 있다. 역대 독재정권들과 야합하며 끊임없이 변신하며 역사를 왜곡시키는 친일파의 실체를 깨달을 수 있다.

다섯째, 애국애족의 뛰어난 인재들을 간접적으로 양육할 수 있다. 나라가 자신을 위해서 무엇을 해줄 것인가를 기대하기보다는 자기가 나라를 위해서 무엇을 할 것인가를 생각하며 꿈꾸는 동량재들이 키울 수 있다.

여섯째, 망국의 치욕과 독립투쟁을 추모하는 기억의 장으로서 다양한 한민족이 함께 만날 수 있다. 일제 식민지 통치로 말미암아 나누어진 한국인, 북조선인, 조선족, 고려인, 재일동포가 한민족의 정체성을 확인하며 동질성을 확보할 수 있는 좋은 장이 될 수 있다.

일곱째, 범국민적인 화해의 장이 될 수 있다. 독재자들이 통치의 수단으로 만든 동서 지역 갈등과 남북이념 분쟁을 풀어갈 수 있는 성찰과 해결의 공간이 될 수 있다. 범국민적인 각성과 화해, 통찰의 장으로서 민의를 수렴하는 좋은 장이 될 수 있다.

추모탑은 어디에 세워야 하는가?

대한민국 건국공신들을 위한 추모탑의 자리는 당연히 대한민국 일 번지, 심장부여야 한다. 동서남북 어디서나 한국인들이 쉽게 접근할 수 있는 곳, 역사적인 의미가 있는 곳, 넓은 공간이 있는 곳, 청년들이 잘 모이는 곳, 외국인 관광객들이 빠지지 않고 들릴 수 있는 편리한 장소이어야 한다.

두개의 후보가 있는데 하나는 광화문 사거리에서 경복궁 앞까지의 길이고, 다른 하나는 시청 앞 광장이다. 광화문 사거리에서 경복궁 앞까지의 거리는 식민지 치하에서는 조선총독부로 가는 길이었으며 3·1만세 시위의 날에 1,000여 명의 시위자들이 체포되어 무릎 꿇고 앉은 채로 만세를 부른 장소이다. 시청 앞 광장은 대한문과 바라보고 있으며 3월 1일, 만세 시위대와 3월 3일, 고종의 국장과 3월 5일, 남대문 역 앞에서 출발한 시위 대열이 일제의 강경진압으로 총칼에 쓰러지는 것을 목도하였다.

거리에서 또는 버스를 타고 지나가면서 바라보기에는 광화문 사거리가 좋지만, 추모탑을 세우고 추모관을 만들어서 망국과 독립운동, 친일파와 독립투사들을 알리며 역사바로잡기를 하려면 시청 앞이 더 나은 곳이다.

추모탑에는 누구를 모셔야 하는가?

1905년부터 1945년 사이의 일본의 통치하에서 한국 본토, 중구 만주와 관내, 연해주, 일본, 몽골, 미국과 하와이 등지에서 대한민국의 독립을 위해 다방면에서 활동하는 중에 부상을 당하거나, 전사하거나 또는 감옥에 갇힌 유명, 무명의 모든 투사들이 그 대상이다. 지역과 학벌, 신분과 종교, 사상과 이념을 막론하고 나라의 독립을 위해서 희생한 모든 분들이 추모탑에 모셔져서 대한민국의 건국자로서 존경과 추모를 받아야 한다.

독립군과 독립운동가들의 가슴에서 활활 타올랐던 조국 사랑과 해방을 의미하는 횃불이 24시간 꺼지지 않는 추모탑 제단 앞에서 옷깃을 여미며 묵념하는 한국의 청소년들을 그려본다. 향불을 사르며 꽃을 바치며 나라 사랑을 다짐하며 일꾼이 되기로 결심하는 수많은 청년들의 모습도 떠올려본다. 군악대의 연주로 국기가 게양되며 추모의 노래가 바쳐지는 환상도 본다. 영화, 연극, 시와 음악, 그림으로 표현되는 망국과 독립투쟁의 이야기가 우리 가슴을 떨리게 하고 그들의 넋이 우리 곁에서 미소 지을 것이다. 추모탑에서 미래를 바라보며 남북화해의 새 역사와 세계 평화를 향해 가는 한국인의 발걸음이 힘차다.

우리가 몰랐던
북간도 독립운동 이야기

초판 1쇄 인쇄 _ 2020년 11월 10일
초판 1쇄 발행 _ 2020년 11월 15일

지은이 _ 이옥희

펴낸곳 _ 바이북스
펴낸이 _ 윤옥초
책임 편집 _ 김태윤
책임 디자인 _ 이민영

ISBN _ 979-11-5877-206-2 03910

등록 _ 2005. 7. 12 | 제 313-2005-000148호

서울시 영등포구 선유로49길 23 아이에스비즈타워2차 1005호
편집 02)333-0812 | **마케팅** 02)333-9918 | **팩스** 02)333-9960
이메일 postmaster@bybooks.co.kr
홈페이지 www.bybooks.co.kr

책값은 뒤표지에 있습니다.
책으로 아름다운 세상을 만듭니다. — 바이북스

미래를 함께 꿈꿀 작가님의 참신한 아이디어나 원고를 기다립니다.
이메일로 접수한 원고는 검토 후 연락드리겠습니다.